U0140408

大雅

为一种品格注脚

旧邦新命讲谈录

郑开 著

广西人民出版社

出版说明

　　每个时代的优秀教师，都以他们独特的言说影响着时代的精神状况乃至历史走向。今天仍然如此。因是，以出版的形式保存并共享这些珍贵的声音，以加深这种影响的广度和深度，是我们尝试"新师说"丛书的初衷。

　　早在人类轴心时代，柏拉图学园的门扉上就镌刻着"不懂几何学者不得入内"，学园里的教师们极深研几，试图以像数学一样精确的方式，对复杂而微妙的世界进行解释和分析，并赋予它们以秩序。孔子杏坛讲学，目的也是传授一种贯通天道与人伦的法则，这种法则既是宇宙的动力，也是我们日常生活与内心秩序的基础。此外，他们还试图唤醒一种行动的力量，一种合理塑造这个世界的简便方法。这些，对后世影响至深。

　　在今天，即使那些最好的教师或许都不再具有以上雄心。但哪怕是出于功利化的考量，他们的工作也并非可有可无。一旦跳出宏大的历史之流，把他们放到具体而微的时代横剖面，我们就能意识到这一点。他们对经典的熟稔以及对时代的感知，使得传统呈现出历久弥新的光亮，也使得时代的问题在一个不一样的视野中被照察。这些，对于我们处理今天的问题，无疑是富于启示性和建设性的。

　　除此之外，我们也有着其他方面的兴趣，我们希望保持足够的开放性，以面向世界与人本身的丰富性，以及思想的诸多可能。课堂蕴含着无限宝藏，积历史之厚，展未来之阔，愿"新师说"延续古老的"师说"传统，一如我们先人以及很多文明在传承中所做的那样。

　　郑开，祖籍合肥，1965 年生于呼和浩特，1999 年毕业于北京大学哲学系，哲学博士。现任北京大学哲学系教授、博士生导师、中国哲学教研室主任、北京大学道家研究中心主任，兼职华东师范大学中国现代思想文化研究所研究员、贵州孔学堂高等研究院研究员。著有《道家形而上学研究》《德礼之间——前诸子时期思想史》《庄子哲学讲记》《道家政治哲学发微》等，发表专业论文逾百篇。

序

  驰光不留。一转眼，我回北大教书倏忽已十余年。教书匠的日常不过是授课和著述——也就是教学与科研两方面而已。俗话说"教学相长"，科研与教学的确相得益彰，而我也很享受课堂内外、讲坛上下与师友们一起切磋学问、讨论学术的时光。然而近年来伴随着弘扬传统文化风尚的熏染，我们的讲学以及学术文化交流活动更加多样，形式更加多元，既不拘于高头讲章，也不限于象牙塔内。实际上，各种各样的会议论坛、学术讲座、文化访谈和对话交流等有力推进了学术发展和文化繁荣，起到了传播和启迪思想、弘扬和坚定精神信仰的作用。因此，当广西人民出版社建议我把近年来的讲演和访谈结集出版时，我觉得很有意义并欣然应命，于是在研究生同学的帮助下，编成了这册讲谈录。

  讲谈录的内容比较广，涉及古今历史文化特别是以中国哲学和古代思想史为中心的精神文化诸多方面，然而其根本旨趣则聚焦于旧邦新命：中国哲学以及近现代以降的中国人文学术的历史使命就是"阐旧邦以辅新命"，因应时代精神之风云际会，面向过去和未来以重建中国文明，推动中华民族的伟大复兴。还有什么比该历史使命更重要？而生于这样一个百世一时的大时代且可能投身于其中，那是何等的幸运！我近年来反复以不同方式、从不同角度围绕"旧邦新命"主题展开讲论。倘若我们追寻中华文明五千年一气呵成的原因、中国文化历尽劫难又化险为夷且与日常新的秘密，或者说探究古代王朝更迭中呈现出来的那种出乎寻常的稳定性，须从那种强韧无匹的"旧邦新命"之历史文化意识叩问答案；实际上，"旧邦新命"思想文化传统同样也是中国之为中国的牢固纽带。

如果说"旧邦新命"是近现代中国人文学术特别是中国哲学的研究旨趣和历史使命，那么"反本开新"就意味着不断地回到历史深处，开掘古代思想文化的精神价值，激发内蕴于历史文化传统的、生生不息的活力。如此看来，当下哲学史、思想史研究的学术使命就是探索、论说和阐扬中国哲学的独特精神气质与理论意义。比如说，我们特别强调从整体视角、全局视野把握中国哲学的理论范式和独特价值，注重分析和阐发其中的心性论、精神哲学、实践智慧和境界理论，而上述中国哲学的理论形态和特点恰与古希腊以来的西方哲学传统中的知识论、逻辑学、本体论形成有趣对照，这有助于我们更深入地理解中西方哲学彼此间的差异和特色。又比如说，"礼"具体呈现了中国文化的特殊性，因为从世界诸民族文化角度看，古代中国的"礼"卓然不群；然而更值得探究的是，作为无所不包的文化体系，"礼"或者说礼乐文明既有仪式感又具有神圣性，因而古代中国文化内具某种深邃的神圣意味，甚至能够提供人生所需的所有答案，亦足以抗衡诸世界宗教，也许这也是历史上中国宗教一直不发达的根本原因，同时也是传统文化没有发展成一神教的部分原因。再比如说，庄子所热衷谈论的"梦"与"化"，隐含了更深刻的理论意义，既可以说明宇宙万物无穷无尽的迁流，且能提示个体生命的永恒价值;《中庸》之所以特别重视"诚"这个概念,并不是因为它的道德伦理学意义,而是因为它指向了那种活生生的、深切动人的精神体验,而当"诚"这种内在精神体验匹配着礼乐文明的仪式时,就能在人我、古今之间建立起内在联系,就能加深人们对自我与他者关系的理解。可见,中国哲学(无论是儒家还是道家)从来都对那种故步自封、以邻为壑的个人主义不屑一顾。

另一个耐人寻味的问题是,古代文明经历了太多的险阻、曲折与黑暗,绝非一帆风顺;古代思想文化有精华也有糟粕,为取其精华去其糟粕,不能不深入挖掘古代思想文化中适合于现时代和未来发展的那部分精华并予以创造性转化、创新性发展。这本小册子讲谈的主要内容就是褒扬、阐扬中国文化和中国哲学的价值与意义,同时我们也应该清醒认识到,反思、批判和抵制传统文化中的糟粕与腐朽,同样任重道远。

还有几篇访谈出乎师友间的对话与互动,讲的都是家常话,不少话都直抒胸臆,也没有在意可能会得罪什么人。如果说这些访谈有什么价值,那就是向前辈学者致意,同时也海阔天空,畅聊了在时代边缘的思考和感喟,也谈了一点儿自己多年来的治学体会,希望能启发更多的人以学问为志业。是耶非耶?敬请方家指正。

这本小册子的出版印行,首先应归功于广西人民出版社的热情推动,其次有赖于北京大学哲学系研究生魏长祺、许睿、宋耀仁等同学的无私付出。贵州孔学堂发展基金会、贵阳孔学堂为拙稿的整编定稿提供了资助和各种便利。谨致谢忱!

郑 开

2023 年 7 月于贵阳孔学堂

目　录

第一篇　旧邦何以能够新命

第一讲　旧邦何以能够新命 _003

一、轴心时代与思想经典 _005 / 二、圣人观念与历史文化意识 _011 / 三、和谐与包容 _013 / 四、中国哲学的使命与抱负 _016

第二讲　中国哲学的使命与未来 _020

一、近代尺度：世界历史时间线，近现代学术转型中的中国哲学 _020 / 二、旧邦新命：思想史语境下的"中国"，历史文化意识 _026 / 三、返本开新：向历史深处的回溯与开掘，中国哲学的特质与范式 _031 / 四、面向未来：中国哲学价值与潜力何在？_035

第三讲　中国哲学的特质 _039

一、比较会通的方法与中国哲学的理论范式 _039 /
二、理性与灵性：中西哲学对"思想"态度的不
同 _046 / 三、原子式个人与联通的群体：中西哲
学中的自我与他者 _052 / 四、中国哲学的本体论与
形而上学 _060

第四讲　自我与他者 _065

一、引言 _065 / 二、我是谁 _066 / 三、我与你 _068 /
四、吾丧我与民胞物与 _074

第二篇　中国文化及其价值

第五讲　礼的仪式感与神圣性 _087

一、礼：作为象征仪式和文化模式 _088 / 二、礼：
作为早期思维和儒家思想的基础 _093 / 三、祭：礼
乐文明的核心 _097 / 四、神道设教的人文意义：仪
式感与神圣性 _102 / 五、诚：儒家哲学语境中的神
圣性与真实感 _116

第六讲 《中庸》的"诚"概念 _119

一、"诚"与真实感 _120 / 二、交于神明:"诚"的
创造性转化 _125 / 三、"诚明"与"神明" _130

第七讲 古代思想世界里的"法"与"政" _133

一、引言 _133 / 二、中国古代的"政" _136 /
三、中国古代思想世界中的"法" _145

第八讲 稷下学宫与诸子百家 _151

一、稷下学宫与稷下先生 _151 / 二、稷下学宫与
诸子百家 _156 / 三、稷下之学与黄老思潮 _161 /
四、稷下学宫的思想遗产与历史意义 _166

第九讲 中国思想文化中的常与非常 _171

一、"挖脑洞":古代哲人如何思考? _171 / 二、常
与非常:永恒与流变 _173 / 三、自然与因果 _182 /
四、混沌与秩序 _184

第三篇　道家哲学精神

第十讲　《史记·老子列传》新解读 _189

一、引言 _189 / 二、"史官"与"著书" _193 /
三、孔子问礼于老子 _197 / 四、道德之意 _204 /
五、"出关""入秦"与"莫知所终"的路线图与思
想史隐喻 _208 / 六、儒道分歧和老氏后裔 _212

第十一讲　自由、秩序与价值 _216

一、道家的批判精神与理想主义 _216 / 二、研
究范式的转换 _217 / 三、"玄德""帝道":道
家政治哲学的几个例子 _218 / 四、道家政治哲
学 _220 / 五、现实关切与守正创新 _221

第十二讲　道家的自然概念 _223

一、道家的自然概念 _224 / 二、自然的意义 _229 /
三、自然与无 _231 / 四、自然与 Physis _238

第十三讲　梦与化：庄子关于无限流变与永恒生命的思想
_241

一、梦的问题 _243 / 二、化的问题 _247 / 三、髑髅梦 _248 / 四、梦中梦 _251 / 五、蝴蝶梦 _253 / 六、孟氏梦 _256 / 七、流变之化与永恒之不化 _257 / 八、物化：审美之意味与永恒生命 _260

第十四讲　批判、理想和自由：道家哲学的精神气质 _264

一、形而上学与《道家形而上学研究》_264 / 二、"无""有"与"道德之意" _266 / 三、道家的精神共鸣权 _269 / 四、从"反形而上学"到道家形而上学 _271

第四篇　时代精神与学术志业

第十五讲　饮之太和
——余敦康先生访谈 _277

一、人生经历、思想与精神气质 _277 / 二、经典诠释与研究方向 _281 / 三、文化价值和精神理

想 _283 / 四、文化史学的方法论 _286 / 五、困
惑、遗憾与无奈 _286

第十六讲　学者的使命与哲学的追寻 _290

一、一代人有一代人的学术 _290 / 二、所有科学
严谨的东西最终都会殊途同归 _298 / 三、寻找一
些新的学术生长点 _304 / 四、为中国哲学的学术
共同体培养人才 _312

第十七讲　学哲学是要成为独立思考的人 _318

一、如何学习哲学、阅读经典？_318 / 二、道家
思想及其当代启示 _323 / 三、独立的思想，与哲
学的融会贯通 _327 / 四、"旧邦新命"与传统的
激活 _331

第一篇

旧邦何以能够新命

第一讲　旧邦何以能够新命 *

　　"旧邦新命"这个题目大家都很清楚，是我们老师的老师冯友兰先生经常讲的问题，他讲这个问题不是偶然的——这样一种历史文化意识是从古到今一直延续下来没有中断的。我们知道中国文明、中国文化五千年来一气呵成从来没有中断——尽管经历了很多风雨，经历了很多曲折的过程，但是总有一些转机。这样一种连续的发展，我们称之为连续体，也就是说文明、思想、文化是一贯的和连续的，如果从世界的尺度来观察各个文明兴亡的规律，中国文明是反规律的，也就是说它不常规。我们知道古代有很多文明都陨落了，我们说的四大文明，其中有一些文明的体量很大，比如说中东一线、两河流域的文明影响非常深远，但是我们要看到它的现实，用衰败来形容一点也不过分。印度的古文明在古代也很辉煌，是高度发达的文明，但是现在它也是夕阳斜照，这样形容也不过分。

---

*　本文整理自 2016 年 11 月 7 日北京大学哲学系"社会·文化·心灵"系列讲座第一场。

　　对比来看中国文明的命运和中国文化发展的轨迹，可以发现，古代中国文明领先世界两千多年，在经历了近代约两百年的曲折屈辱的血泪史之后，又呈现出民族崛起、文化复兴的必然趋势。中国文明是世界民族文化里非常特殊的存在，我们也知道西方的一些政客、学者以及老百姓都觉得中国是个谜。那么为什么会这样？我们今天就是希望通过世界历史的尺度和思想史的视野来探究这样的一个问题。

　　我们提出来的这个问题，包括我刚才讲的这些东西，也许有一些人会觉得我夸大其词了，说中国文明没有中断，但是中华民族经过长期历史发展，融合了很多其他民族，不是所谓"纯种的民族"。这是一个问题，但我们知道这一问题不值得一辩。还有一个流传较广的问题，有人认为中国历史上汉人的政权在南宋末年就彻底地被扑灭了，从中国政治的正统的角度讲，崖山海战陆秀夫背着小皇帝跳海之后，就说崖山之后再无中国，中国到此为止了。这些见解都是不对的，我们要做的是探究其不对的原因。王国维先生莫名其妙地自沉昆明湖，在这之前没有任何征兆，他穿得整整齐齐，并且把书桌擦得非常干净，没人觉得他有什么异常的地方，他为什么自杀也是一个谜，没人知道原因，但是我觉得有一个重要的原因是他觉得中国文化已经万劫不复了，没有挽狂澜于既倒的可能性，帝制已经被送到坟墓里去了。这是一个相对合理的解释，实际上陈寅恪先生在王国维墓前所写的内容与这个观点也是比较一致的。实事求是地讲，王国维先生当然很了不起，但是他太迷恋皇帝制度了，他觉得帝制加上宰相制度是所有的政治制度里面最合理的，把这个拿走中国文化的魂就没了。从我们今天的视野来看，特别是王国维先生身后一百多年发展的情况来看，我们对待这个问题就不见得像他们那样了，中国文化所谓的"新命"在很多地方会生长起来，不见得传统形式断了，"新命"就没了。

　　在今天的传统文化热、国学热中，有些说法也是甚嚣尘上。比如说中国的礼教如果不行了，中国文化就彻底不行了，婚丧嫁娶这些制度如果不行了，中国文化就彻底没命了，国祚就不在了。这些问题对于我们来说是很有挑战性的，对此我们需要加深对一个问题的认识，就是中国文化为什么会有那种"命"？很多文明没有"新命"，在新的时代或者随着历史的前进，它就永远步入黑暗了。中国文化不是这样，如今中国文化显示出复兴的景象，而且越来越强，它也显示出中国文化的规律不同于世界其他系统的发展。从学术界到一般老百姓，欧洲中心主义给我们洗了好几遍脑子，认为从宗教到哲学再到科学的进展是人类发展的普遍规律，资本主义是大家都应该接受的东西，包括马克思对于资本主义的批判其实也来自资本主义的内部。这里面的一些东西，也就是以西方的历史文化经验为基础所概括出来的人文社会科学的基本理论，长期以来宰制着我们的头脑。有人认为那些东西不言而喻，都是一些普遍的东西，而中国是一个例外，可能在正常的跑道上跑到别的地方去了，不合规范。但是我们今天来看，为什么说中国的历史发展很有意义？就是因为它有可能给整个人类的困境带来新的光明，探寻一种新的道路。

　　在此，我想由远及近、由表及里地谈几个问题。

一、轴心时代与思想经典

　　首先讲一讲"经典"。"旧邦"是有经典的"旧邦"，这么说不是因为我们是做经典研究的，而是说我们的经典在古代的文化史上有重要的意义。从文化的交流和传播这样一种非常广阔的世界历史的图景来看，很多文化都被彻底地连根拔起，这都是随着文化征服的脚步而实现的，特别是资本主义全球扩张。西方学者讲资本主义的全球扩张都讲得很抽象，说这是贸易或者技术层面的一些问题，但是我们发现不只是这样，它一定会伴随着文化上的一些配套设施。中国文化和西方文化的切磋，除了以鸦片贸易为特点的贸易之外，还有基督教来华传播，这都是互相配合的。对于西方人来讲，一个根深蒂固的想法是，整个世界的格局就像一盘棋，是上帝和魔鬼下的一盘棋，下棋的时候你吃我一个子我吃你一个子都是很正常的，君士坦丁堡的陷落就是撒旦赢了一个子，哥伦布航海发现美洲大陆后基督教传到美洲则是上帝又赢了一手，这个时候为什么不讲贸易了呢？实际上这两个方面是一体的，我们这么说不是说反西方，在这些问题里面我们想提醒大家的是，西方的一些理论以及一些学者有太多的偏见，我们需要打破这样的一些偏见。

我们讲旧邦何以能够新命的基础，需要回到轴心时代发掘一下它的遗产，中国文化既然是连续的，那么它的历史的早期、黎明的时期就是很重要的。雅斯贝尔斯提出"轴心时代"这个概念是为了说明，在历史的早期，用他的话讲就是在公元前8世纪到公元前2世纪这个区间内，世界的各个文明都有了突破，比如古希腊就有苏格拉底、柏拉图乃至前苏格拉底时代的哲人活跃着，在印度有《奥义书》，紧接着佛陀又出现了，两河流域也出现了很多重要的先知，在中国则是出现了老子、孔子、墨子这些人物，这个概念是我们如今解释早期文明的变化经常用到的。我个人认为这个概念用在中国历史上是最契合的，因为中国的轴心确定之后从来没有变过，后来西方之所以要文艺复兴就是因为它中断了，要回到古希腊罗马寻找新的头绪，要接上那个断了的部分。因此"轴心时代"这一个概念对于我们来说十分重要。但是也有一些学者思想很开放，说宋明是第二个轴心时期，我们这个时代又是一个新的轴心时期，这种看法还是需要讨论，一个文明有好几个轴心我觉得是不太合理的。

我们在轴心时代奠定的最重要的基础是经典。理解中国历史首先就需要找一些历史文献，中国古代的历史文献的存量在世界上是排第一的，汉语文献排第一，梵文文献排第二，但是梵文文献大部分都是宗教的东西，重复的内容很多，它对历史、政治、民众生活等各方面的讨论反而不如汉语文献多元。同时，在传统的学术史上还有一个说法，章太炎先生就说，了解中国不需要读特别多的东西，就读先秦两汉时期的差不多一百部书，这些书是最核心的，奠定了经典文化的基础。汉代之后的思想史、哲学史，用冯友兰的话说，就是进入了经学时代。冯先生说的经学时代含义特殊，指的是汉以后人们依据经典进行思考，通过诠释经典、发挥经典以推陈出新，而所谓经典则是轴心时代产生的基础性文献。

对于轴心时代的理解我们要从三条历史分界线来看。第一条历史的分界线就是殷周之际。我个人的研究以及大部分研究可以上溯的思想史的起点最早的时期就是殷周之际，殷周之际再往前也有人研究，但是我觉得，思想史的起点如果没有文字，思想史料的传统是很难研究的，或者说我们现在没有什么成熟可靠的方法来突破帷幕，这个帷幕后面的东西我们看不清楚。从文献的角度讲，殷周之际就是一个分水岭。最重要的是殷周之际是一个变革的时期，王国维先生的《殷周制度论》就提出，殷周之际的变革奠定了中国历史上最深刻的一条线索。有的人可能不同意，但是我们经过长期的研究发现王先生的观点是可靠的。

第二条历史分界线是在春秋战国之交。我们给大家讲中国哲学课程的时候也是从这条线开始讲的，因为哲学就是从这条线开始突破出来的，在此之前的思想史的各种形态可以说包含宗教的因素，但是它不具备哲学的高度，所以说这一条线也非常重要。

第三条历史分界线就是秦汉交替。"周秦之变"基本奠定了中国古代政治和社会的基本形态，这个形态一直到前现代时期都是比较稳定的。我们这里顺便提一下，学术界很多学者跟着内藤湖南、宫崎市定讲中国"近世化"的过程，他们说这个"近世化"可以讲到北宋，南宋时就更明显了，所谓的"近世"就是说有一些近代的因素，这么说我觉得是对中国古代历史脉络的不理解，或者说理解得不够深刻。宋明以来我认为还是古代，称之为近古比较合适，因为它和我们说的近代化没有什么关系。

经典的形成不是一个一蹴而就的过程，先秦的重要著作都不是一个人写的，也不是在一个时期写的，而是经过长期酝酿，不断修改、补充和发展而形成的，是活的东西，经典本身展现了它们的生命力，这就叫经典化，经典化的过程使得经典变成有生命的形态。进入经学时代之后，对经典进行解释和再解释又使得经典的思想空间被推扩得越来越广，从思想史的角度分析中国的材料会发现这样一个特点。

我们要知道这些经典起到什么作用。我们今天认为《诗经》特别是其中国风的部分，都是文人骚客写下或者整理的，但实际上来源完全不是这样，是通过采风形成的。采风有各种各样的动机，有的是政治方面的，有的是文化方面的，国风里面的内容抒发的感情是很多的，人类免不了这样。雅、颂则是和一些礼乐制度有关，比如颂就和祭天有关系，与古代的礼是分不开的，所以《诗经》和礼是完全分不开的。除了这些东西之外，我们有时候不经意间会发现《诗经》的读法和别的书不一样，《诗经》被拟定之后，就伴随着一种读的方法，实际上是定了一种标准的音，在背诵诗的时候就要把这些音记住，这是很重要的。古代也有方言，不同方言之间互相听不懂很正常，但是把这个文字拿出来之后要读《诗经》本身的正音，《诗经》的编纂和流传被官府所重视是有深意的，这在文字和语音统一的层面起了很大的作用。设想，如果我们这么大的国家在语音和文字上不能统一，后果是什么？或者说真的把汉语都写成拉丁化的拼音，那直接结果就是和古代彻底说再见了，割裂了现代和古代的关系。另外，写下来的拼音文字和汉字割裂之后会出现很多问题，就有可能用方言去读，这样广东人念《诗经》里的一句话和北京人就完全不一样，这样的话，中国就可能会分裂成很多国家。这样说不是没有根据的，欧洲在拉丁语瓦解之后就分裂成多个所谓的民族国家。

《春秋》也很重要，把历史的书当作经典来看待是很少见的，其原因就是《春秋》当中包含了很多观念，比如其中讲夷夏的关系，诸夏文化的自信心和文化意识就是在这部书中体现的。经典经过了经典化的过程，其中很多哲人灌注了大量心血形成经典的体系，这是很有意义的。除了这些，我们也知道《诗经》《楚辞》《庄子》《孟子》作为文学作品也是很有魅力的，还有屈陶李杜这些伟大的诗人给我们留下的那些文学经典。

如果没有这些经典，我们根本就不知道我们所维护的"旧邦"是什么东西，"新命"就更无从谈起。

经典都是些书本。如果从虚实相生的角度讲，再虚无的东西都会变成实的东西，会发生重要的作用。这里可以举几个例子。有观点认为人类最早是从非洲走出来的，非洲文化可以追溯到很远很远，但是我们现在去非洲，发现当地的传统文化遭受了巨大的冲击，就是因为在西方文化的强势入侵之下，特别是资本主义文化全球扩张所伴随的文化的大规模交流，非洲基本上就是溃不成军。美洲大陆的历史也是很悠久的，我们知道玛雅文化、阿兹特克文明都是很早的，美洲大陆上一万年以前的人类活动遗迹也非常多，这些都得到了考古学的证明。但是现在来看，美洲文化，特别是南美洲的文化，基本上被基督教摧残殆尽，一个很大的原因就是它们没有经典文化。经典文化是文化大传统中非常重要的层次，如果没有古典的语言和经典，文化的成熟度和高度是不够的，而且在文化的碰撞和交流过程中，在挑战和回应的情况下会觉得手足无措。

中国晚近两三百年的近现代历史十分曲折、屈辱、凄惨，古老的中华文明在穿越古今的分界线时，经历了激烈无比、残酷无情的中西文化冲突与碰撞。具体地说，就是被列强打得满地找牙，以中国为中心的东亚文明秩序溃败、崩塌，巨额财富被洗劫一空。这在积贫积弱的那个时代没有什么办法。然而，即便如此，中国一直没有沦为殖民地，这说明近代中国仍维系文化认同，换言之，内在于中国文化的某种力量是中国经历了沧桑巨变后仍能继续存活于近代民族国家之世界体系之中的根本原因。经典不仅是我们思想的资源，还是我们心灵的寄托，或者说在这之中我们找到了感情抒发的渠道，这只是一个方面，最重要的是我们知道这是一个文明非常核心的问题。对于今天的中国哲学来说，只有用中国字写出新时代的经典，才能传承我们的经典文化，舍此没有第二条道路。

二、圣人观念与历史文化意识

接下来谈谈圣人观念与历史文化意识。

早期经典一般都和圣人联系在一起。《诗经》里面有一些是周公、召公的诗，《尚书》里面有《召诰》，都和重要的人物联系在一起，这些人物都逐渐被奉为圣人。圣人的观念在晚近以来受到了激烈的抨击。前几年我们开会的时候，美国威斯康星大学林毓生教授做了个报告，讲中国的圣人传统如何不可理喻，如何成就腐败。我们一开始听了很纳闷，后来就有些生气了，正要发作时，陈来老师站出来说：你讲的倒是不错，但是能不能解释一下，圣人、圣王的思想出现在中国思想史上的必然性在哪里？这一下就点了林先生的死穴，他也没有正式回答这个问题。这实际上是他们的一种偏见。这些人的水平都很高，但是他们和中国文化的命运没有建立起血脉的联系。

《尚书》的《尧典》讲了几个问题，都跟圣人观念密不可分，讲到尧的时候，说他制定了历法，奠定了天文的秩序，舜则是奠定了人伦的秩序，包括政治的秩序。战国以来的儒家特别喜欢讲尧舜之间的禅让，这背后的思想动机是要在世袭的制度之外找一种更合理的制度。《禹贡》这一篇实际上是奠定了我们所说的"旧邦"在地理上的概念，也就是大地的秩序，中国在地理上的概念就是从大禹开始的。

事实上，如果从历史文化的整个波澜起伏的过程来看，世界各地都出现了圣人，也就是文化的英雄，一些划时代的人为我们带来了制度、经典，奠定了生活秩序。但是这些英雄不是一个人，我们现在更愿意把经典文献中的尧舜禹看成是部族。黄帝生二十五子是不是真的我们不知道，但是黄帝部落随着人口的繁殖、土地的扩张会逐渐分化出各种各样的部族，这是可以理解的。早期历史上的人类是很脆弱的，会面临很多问题并且有可能会进入很长的黑暗时期，这种现象即使在现在也是存在的。一种文化、一个文明、一个社会或者说一个种族走出黑暗的时代需要领路的人，可以是一代人或者几代人的不断奋斗，圣人的出现就是把这种集体的意识凝聚于个人，以个人为符号代替集体的意识。在中国的思想史语境下审视圣人观念，并不是来指出它有多么不合理——当然是不合理的，舜生重瞳，黄帝生而能言，这些都是不可能的事情，这种不可思议的现象在早期经典中确实出现了，我们探求其背后的动机，就是要强调其神圣性。圣人的观念在之后的历史阶段也一直在发展，孔子被圣化之后就有很多封号，关羽也不遑多让，对他们的圣化就是一种需要。

围绕着圣人的观念，我们会发现其中的涵义更加深邃，比如说对于黄帝和炎帝，顾颉刚先生他们就认为这不是历史是传说，是层累起来的，都是胡编乱造出来的。这种说法不是没有道理，但是顾先生不太关注为什么要这样胡编乱造。黄帝的传说由来已久，司马迁也说"百家言黄帝，其文不雅驯，荐绅先生难言之"，他自己也去寻访各种遗迹试图进行验证。但是我们在思想史的研究中发现，黄帝的出现和中华民族的形成是有关系的，讲黄帝的时候是春秋的中期，或者说比中期更早一点点，这个时代正是北狄与南夷交侵的时代，古代意义上的"中国"——也就是旧邦的统称——在南夷与北狄两个方向上被挤压，此时已经命悬一线，诸夏这个民族也是危如累卵，在这个时候出现了春秋五霸聚合属下来抵御外部威胁。从民族融合的视角来看，这个时期正是大规模的民族融合的时期，很多夷狄在这个过程都归附了中国，按照早期经典的说法，其原因在于受圣人之教，受到中国文化的化育。最典型的例子就是过去的楚国，楚国当时对自己的蛮夷身份是很骄傲的，要征服那些诸侯国，这时候楚国还不在华夏中国的范围之内，现在有很多线索都可以证明楚国当时的语言和汉语不太一样，也就是说楚人完全是另一个民族。经过民族融合，出现了黄帝，黄帝就变成了中国人文的始祖了。

我们今天仍然讲炎黄的意义，主要是从我们的民族这一角度上讲。在其他的历史时期我们也会发现，有些匈奴各部比较有文化，或者受汉文化影响比较深，他们就会把他们的祖先和大禹等人建立联系。圣人作为象征的符号，是包含着更深刻的意义的。同时我们也知道，圣人意味着合理的政治，特别是在儒家或者道家的文献里面，如果我们知道了它背后是这样的一个原因，就能够比较容易理解两家学说在取舍上的差异。

三、和谐与包容

和谐与包容是中国传统文化的重要特征，也是旧邦之所以能够新命的重要原因。这一点可以从文化角度上讲，也可以从政治理念角度上讲，还可以与世界历史比较看中国文化的一些特点。

中国文化是多元的，在非常广阔的空间之下，不同历史时期形成的东西可以凝聚成一体。我们知道云南自古通于中国，我去大理的时候看南诏德化碑，碑是唐代的，我们可以用碑上刻的文字印证更加早期的一些历史，而这些历史在中国唐以后的史料中几乎见不到。所以说这其中的深度和广度是常人很难想象的。

中国文化从上古到中古有一个很大的机缘，就是佛教来到中国。如果以佛教在中国传播的背景来看待这个问题，我们就能知道中国文化是怎么吸纳佛教的，同时佛教经历中国化的过程变成了不同于印度佛教的中国佛教。在佛教研究领域有一个说法，即佛教发源于印度，但是如果去除了中国的佛教，佛教也不能被称为世界宗教。事实上原来的佛教在印度也消失了，佛教是反种姓制度的，应该说是印度文化的精华，但是它在印度本土不见了。佛教辗转一大圈，从河西走廊一直深入中原，在中原得到了很好的发展，这个发展不是许理和讲的佛教征服中国，而是佛教的中国化。印度现在想要恢复佛教，还需要依靠中国找那些典籍。佛教的中国化是一个很成功的例子，对于宋明理学而言也有着重要的作用，按照陈寅恪先生的说法，宋明理学在吸纳佛教的这些东西之后发展成为文化上的一个高峰。陈寅恪先生他们所处的时代受到西方文化的冲击甚至于压迫，他们要思考中国文化的前途在哪里，或者说我们的未来在哪里，而历史上有成功的例子，就是佛教进入中国，最后变成了中国化的东西。所以他们有信心期待下一次成功，也就是我们正在创造历史的现在，我们要自觉参与其中，把西方文明的核心和精华进一步创造性转化。马克思主义创始人马克思、恩格斯都不是中国人，我们也可以讲马克思主义。我们也知道，在中国近代的民族存亡之际，西方的学说像潮水一样涌进，大家都在分享新的东西，这是中国文化的包容性，中国人很灵活地看待这些问题。只有在文化上有包容力，才有进一步新的创造的可能。

佛教初传入中土的时候，老百姓不知道佛教是怎么一回事儿，以为和道教、民间宗教差不多。佛教的传播与发展，是因为道家思想和道教接引了它，所以说最初的佛教被看作是道术之一，早期僧人为了让老百姓起信，常常会显示"神通"，比如给人治病或者凭空抓二两银子出来——而这些都曾是佛陀严令禁止的。许理和写过一本书叫《佛教征服中国》，我认为这个观点至少是不太准确，因为"征服"这个词的色彩不适合表达佛教中国化——或者说中国人接受、接纳佛教的具体情况。经过了长达数百年的佛教中国化的历程，经西域舶来的佛教蜕变、发展为中国化佛教，殊于原汁原味的印度佛教。佛教之所以能成为具有广泛影响力的世界宗教，中国佛教功莫大焉。佛教般若中观之学与魏晋玄学之间的切磋互动特别有意思。魏晋风流热衷辩名析理，耽于玄理，但是他们发现自己说理不如比丘，论辩也讲不过沙门，于是他们就向佛教徒学习。魏晋时期的思想领袖支遁（道林）、陶弘景等都推崇佛教。玄学化的佛教恰恰表明了佛教中国化和本土思想世界已接纳了佛教思想。佛教中国化的一个里程碑是《肇论》，实际上《肇论》也是玄学的一种，要放到玄学的背景下来认识。佛教最终成了中国文化的一部分，而早期的儒道互补之思想文化格局亦演变为儒释道三教并存的局面。

我们这么讲是要强调旧邦有很强的包容力，能把域外之人都纳入自己的范畴，把那些异质的文化和思想通过深刻的对话变为自己的东西，这是很了不起的。包容的反义词是排他，某些排他性强的宗教的信徒传教都是要力求化尽天下之人，不能留下一平方厘米的土地给异教徒，一定要在思想上、信仰上彻底统一。中国没有因这种宗教的排他性对立而演变成非常剧烈的宗教冲突或者战争，虽然中国的历史上出现过"三武灭佛"的法难，但是对于中国文化来说、对于旧邦能否有新命来说无关痛痒，而这种问题对于宗教矛盾尖锐的地区来讲就是要命的事情。我们还是强调和谐、求同存异，这是典型的中国智慧，没有这些东西也不可能有新命。西方的一些知识分子的视野还是比较狭隘的，西方的政治家也缺乏那种高屋建瓴的人物。中国讲和平崛起、和谐世界，西方人特别是美国人始终不相信，始终满怀疑虑，认为这是中国在放烟雾弹、布迷魂阵，但是实际上中国与西方世界从来都不是宿敌。西方思想世界中的伦理学与政治哲学之源泉几乎已山穷水尽，丛林法则、竭泽而渔、零和游戏如脱缰的野马，人类历史即将进入一个新的转折点：是沉入无边的黑暗还是柳暗花明又一村？

四、中国哲学的使命与抱负

中国哲学或者思想史研究的使命是什么，它能在旧邦何以新命这个问题上做些什么？我们知道中国在近代遭受了巨大的挫折，大家可以阅读茅海建老师的书，他在书中讲到中国鸦片战争的失败以及一系列军事上的挫折，在根本上是政治制度的问题，农业社会碰见了资本主义工业社会，不失败才奇怪。近代中国的失败不是简单的军事布防上的那些问题，实际上是政治制度已经烂透了，解决这些问题必要要通过革命，也就是旧邦新命的问题。

中国思想史上旧邦新命的意识是非常强烈的。汉代的张迁碑是很重要的书法作品，碑文中讲"三代以来，虽远犹近，《诗》云旧国，其命惟新"。三代以来的历史对我们来说"虽远犹近"，这里的"近"是在文化的世界里面来衡量的，《诗经》提到的"旧邦新命"观念是贯穿在历史文化意识之中的。对于中国哲学来讲，历史文化意识是非常重要的，冯友兰先生、汤用彤先生和张岱年先生写了很多文章讲文化，讨论国故是否合理等问题。但是这个问题在我们的思想史研究或者说哲学研究里面还是空白，其原因在于西方哲学基本上不研究这些问题，只有中国人会把自己的历史或者文化当作神圣感的寄托，而不是寄托在宗教的形态之中。

我们现在的中国哲学研究有一个内在的要求，就是要把古代的绵延不断的历史文化遗产当作一个或者说把它论证成一个哲学问题来进行探讨。当年冯友兰先生很自信，指出中国文化有强大的生命力，不会屈服于日寇的铁蹄，在南渡之后还会回来。我们今天对这些信念展开科学的讨论，发现这些信念是很深刻的。当年冯先生对此的分析可能不够透彻，但是这种信念是一辈一辈传下来的，从来没有中断过。我们之所以重视历史的书，历史的书之所以能够成为哲学的经典，就是出于这样的原因。

我们现代中国的兴起也和这种思想有千丝万缕的关系。民族国家的逻辑是使用同一种语言的一个民族要成为一个国家，但是中国不是这样。我去过内蒙古的锡林郭勒草原、呼伦贝尔草原，这些地方的蒙古族等少数民族居民中有相当多的人不会说汉语，但是他们对中国的认同是很强的，他们不会说自己要独立成一个国家。这种情况是我们近代人的观察，但是放到更长远的历史中，西方所讲的城邦、帝国、民族国家完全不适用于中国的历史，中国古代的诸侯体系不是城邦的制度，朝代国家一般也不是帝国，帝国是建立在一个民族对其他民族的欺负、压迫的基础之上的，元代人的统治和清朝前期的统治可能有点像帝国，但是其他时期都不是这样。现在的中国也不是欧洲意义上很典型的民族国家。民族国家各有各的立国基础，近代以来的民族国家和意识形态结合非常紧密，美国就自认

为是以作为启蒙运动成果的那些理念建立起来的国家，中国也需要
这些理念，但是如果没有这些理念中国也不会说就彻底崩溃了，新
中国也经历了很多挫折，使其没有崩溃的纽带就是历史文化意识，
这个纽带是很强的。我很期待和印度的学者交流，因为印度人对印
度这个概念比较疏离，他们都知道自己是某个邦的人，但是他们对
整体的印度的感觉不太强烈。南美洲的朋友在看到汶川大地震之后
说这肯定恢复不了，我说肯定能恢复，而且能更好。他们没有中国
人一样的国家观念，对自己的国家没有特别强的归属感。对于中国
这种历史悠久的、从文明古国脱胎而来的历史国度，历史文化意识
是非常重要的。

我们要看到，即使是我们今天的中国，从各个层面讲，都有一
些不同于西方历史经验的地方，今天我们说的主要是优点，但是不
那么好的地方也是有的。

在所有的学科里面，中国哲学史是最关注中国文化命运的一个
学科。我们的老师，这些专家、前辈都是——我们不说是以天下为
己任——以中国文化为己任，就是想要找到使得旧邦能够在现代世
界绵延下去的新命。这个过程会面临很多挑战。儒家能救中国吗？
道家能救中国吗？某种达尔文主义能救中国吗？无政府主义能救中
国吗？无政府主义对很多人是很有吸引力的，当年毛泽东也是一个
无政府主义者，他在见了陈独秀之后才转变成为一个共产主义者。
新中国是在很惨烈的战争的废墟上建立的，战争的洗礼我们暂时不
讲，但这对于旧邦的自生能力是很重要的。

从思想史或者说中国哲学的角度来看，要想使我们古代的思想
世界焕发出新的光芒、投射出新的光明，就不能拘于一家一派，所
有的东西都需要拿出来，因为我们目前面临的问题太复杂了，远远

超出了古代，当今的国际、政治、经济、金融、社会、宗教各方面纠葛太深，稍有不慎就被卷到历史的车轮下去了。我们要有明确的意识，要会通中西、熔古铸今，使中国的历史文化意识发扬光大。这不光是从中国哲学学科的发展规律来看这个问题，在整个中国历史文化命运的宏阔的进程之中，这个问题仍然是如此。我们要用特别包容的、开放的心态看待各种思想资源，今天都说哲学贫困，中国有没有哲学都是一个问题，当年贺麟先生就说中国有没有哲学或者中国现在是亡还是存这个问题，有赖于儒家能不能回答现实的问题，中国经济上和军事上都受制于人，以及民族的危亡问题，在根本上都是文化危机，文化危机的解决需要新儒学的出现，这是贺麟先生在抗战胜利前夕发表的言论，是有启发性的。

我们今天继承了一部分有启发性的观点，还要进一步更广阔地阐发中国历史文化中有价值、有意义的东西，这个线索按照梁启超先生的讲法就是以复古为解放，我们的工作不断追溯到历史深处，一直追溯到轴心史时期，这么做的意义在何处？汤一介先生经常讲"返本开新"，返本才能开出新的东西，二者都是必要的。我们要回到历史的长河里，得到中国文化的滋养，同时也要跳脱出来，要从事新的创造。我们最期待的是将来不会再和别人争论中国有没有哲学，或者说中国哲学有没有合法性的问题，大家都是哲学家，都能够从事自由的思考、伟大的创造，所有的质疑都尘埃落定。

在最后"返本开新"的这个命题下，我们的问题已经变了，不是说旧邦何以能够新命，而是旧邦开出了新命，我们哲学上的新的创造在思想和信仰上赋予了它一种理论形式，这应该是对于我们近代以来两三百年的曲折伤心史的最好的回答。

第二讲　中国哲学的使命与未来 *

"中国哲学的使命与未来"，这个题目对我来讲有点吓人，有一点儿宏大。但是我想，这个题目之所以吓人，主要还是由我们所研究的中国哲学的特点决定的。我们也不能回避这一点，中国哲学的确有它自己独特的价值和使命，还有开创未来的雄心壮志。

一、近代尺度：世界历史时间线，近现代学术转型中的中国哲学

首先我想提到一点，古代是没有"中国哲学"这样一个名称的。我们今天讲的老庄孔孟、程朱陆王，在古代都不对应"哲学"这样一个名目，儒家、道家、宋明理学，都是按照过去的学术形态进行

＊　本文整理自 2022 年 6 月 13 日武汉大学"珞珈山-空中杏坛"第 201 讲。

命名，这些名称跟我们讲的"哲学"毕竟有一些区别。请大家注意，我们把老庄孔孟、程朱陆王当作中国哲学的研究对象来看是近代以来才有的事情。也就是说，它是近代学术转型——一场大规模的转型，非常剧烈的结构性变动——而导致的结果。

既然讲到近代，我们一定要知道，近代不仅仅是时间概念，它本身就是一个尺度，是衡量学术形态的一个尺度。因为在近代之前没有哲学，那么近代之后，随着中西文化、中西思想的交流切磋碰撞，才出现了哲学这样一个学科，特别是中国哲学。

我们从现象上看，在近代以来的人文社会科学各个学科里面，中国哲学是最特殊的。为啥特殊？我们看看中国的文学和史学就知道了。中国的文学研究屈陶李杜、唐诗宋词、明清小说，谁也不能否认这些是 literature。这种文学在世界各地形态差不多，都能找得到，大家也没有什么分歧，类似说李白的诗不叫诗，只有莎士比亚的十四行诗才叫诗，没有这样的道理。但是在哲学方面问题就复杂了。在历史学这个行当里面，古代的史学被称为"乙部之学"，基本上是附属于经部，或者说是作为经学的附庸而存在的，这一点当然不符合我们近代的比较会通意义上的历史学，必须要进行"革命"，所以说我们知道古史辨运动对传统历史学、历史观念、历史学科的意识进行了彻底的洗礼，经此之后，过去的"乙部之学"就和现代的 history 基本接轨。但是唯独中国哲学的问题很复杂：中国哲学到底是不是 philosophy？Philosophy 是单数的还是复数的？西方的很多学人基本上认为 philosophy 就是古希腊哲学那种形态，或者说由那种形态所发展出来的各种各样的思想形式，只有这些才能称为哲学。那么中国历史上产生的思想著作、思想体系，能不能被称为哲学？这个问题讨论起来非常复杂。所以说，在近代学术转折的过程当中，中国哲学应当说是独树一帜，而这当然与它独特的价值和使命有千丝万缕的联系。

我们接下来说"近代尺度"，当然要从广阔的方面来讲这个问题。我们讲到近代的时候，要有一个明确的意识，就是我们已经跟世界历史的时间线合并了。近代以前，我们的历史和欧洲的历史，这两个文化系统之间，其实没有什么太多的可比性。为了加深对这个问题的讨论，我举一个例子。乾隆皇帝死在公元1799年，在同一年，美国的开国总统华盛顿也死了。我最初了解这些情况时非常吃惊：华盛顿和乾隆皇帝是同时代的人？！从我们中国历史的角度讲，乾隆皇帝是了不起的君主，但是我们知道，他跟华盛顿总统差别很大。美国当时开制宪会议讨论国家的百年大计，华盛顿的威望非常高，但是他坐在那里一言不发，别人就问他，说：你身为总统，是我们的领袖，为什么不表达自己的观点呢？华盛顿就跟他们讲：正因为如此，我不能随便发言，因为我一发言就可能会影响别人自由表达他的意见。我们知道，这其中的差别就很大。华盛顿跟乾隆皇帝，既在同一个时代，又不在同一个时代。我们还可以举出更多的例子。王夫之比笛卡儿的岁数还小，比斯宾诺莎大十几岁，我们知道，王船山从我们中国哲学史的角度讲，也是了不起的人物，但是我们研究一点点哲学就知道，从哲学角度讲，王船山跟笛卡儿、斯宾诺莎基本上是属于两个世界、两个时代的人物，这非常刺激我们的神经。再往下看，我们会发现戴震——可以说是古典中国时代的最后一个代表——和德国古典哲学的大师康德同庚，但是他们在思想理论上的建树根本不能同日而语。在王船山和戴震之间，还有很多人物，这些人物在中国历史上可以列举出来不少。那么在笛卡儿和康德之间，我们知道有一大批哲学家，比如说启蒙运动时期的伏尔泰、卢梭。我们如果拿世界历史的绝对时间线来比较他们，会发现没有可比性，他们处在两种不同的文化发展阶段。从王船山到戴震，很多历史学家讨论这个时段，觉得中国已经有了近代资本主义的萌芽，说黄宗羲《明夷待访录》里面提出来的一些惊世骇俗的说法就代表了中国的启蒙运动。请大家注意，如果把这个称之为启蒙运动的话，那欧洲的卢梭、伏尔泰他们是干啥的？我们一定要知道，我们那个时候还没有进入真正的近代，与西方处在两个不同的历史发展阶段。如果我们采用共同的世界历史的时间线，将中西放在里面做横向比较的话，我觉得我们跟西方没有什么可比性。

但是，没有可比性反而凸显出来近代尺度的重要性。我们进入了近代的历史发展阶段，进入了近代的思想史，催生了哲学的思考，国家迎来一种很大的改变，历史进入了一个新的阶段，我们过去的学术史、思想史称之为中西古今的鸿沟，那么怎么才能越过这条鸿沟？

我们说，在近现代学术转型的过程中，产生了中国哲学。如果我们细究中国哲学的产生，会发现有很多东西很耐人寻味。我举几个例子。第一个，我们知道中国哲学，以及中国的人文学术里面的很多重要的概念，都是从日本引介而来，因为日本比我们更早接受西方的文化。明治维新以来，日本接受西洋文化非常彻底，经济社会发展速度非常快，学术的发展也基本上是匹配的。我们所说的"哲学"，是日本学者西周翻译的；我们所说的"形而上学"，是井上哲次郎根据《易传》翻译的；我们所谓的"宗教"，也是日本的学者先翻译的。我们的人文学术中有很多东西从日本舶来，因为日本也用汉字，这是它的一个优势。我们对哲学的理解，一开始大家都稀里糊涂的，在最早的时候，用什么词来翻译 philosophy，争论了很长时间，最后是"哲学"一词脱颖而出，被大家认可。这一过程背后显示出，我们东方，或者准确地讲，东亚的思想世界，是在接受西方思想、西方哲学以后，才开始在近现代学术里面启用了"哲学"一词。这虽然只是一个词，但是背后关系到了我们对于哲学的理解。日本学者在融会中西方思想来创造哲学、形而上学、宗教各种各样的词语的时候，实际的背景是按照近代西方哲学（特别是德国的古典哲学观念论）来建立起所谓的东洋哲学科。东洋哲学科对于我们中国本土的影响也是非常大的，因为最早的中国哲学史是由日本学者写的，比谢无量、钟泰、胡适写的中国哲学史都要早一点。总之，我们东亚思想世界是在接受西方文化或者说自身转折的过程当中确立了中国哲学这个学科的名称。

第二个，关于哲学的价值与意义，在民国早年也有过一些讨论，其中比较典型的是王国维先生写了一系列稿子。当时京师大学堂搞复辟，又设了经学门，好像要倒退。于是王国维先生就写了一些稿子，呼吁在中国的近代学术中，我们必须要有哲学这一门学科，它的价值和意义是不同一般的。请大家注意，这样一种意识渗透在我们整个中国哲学学科当中，形成了一种强有力的责任感与使命感。我们为什么在近代的学术转型当中要和西方哲学、西方学术进行深度的切磋交流，而不是简单的移植？在这个时候，我们创设了中国哲学这样一个学科，这个学科是要干啥的？它要把古代思想的精华，比如说究天人之际、关于有无的玄理，或者宋明理学里面讲的普遍的"理"，延续到我们近代以来的哲学讨论当中。所以说中国哲学有一个非常重要的使命，就是要继往开来。

现在我们知道了中国哲学是近代以来的产物，中国哲学学科的创立，实际上时间并不长，到目前为止刚刚过了100年。如果站在历史的纵深来看这一学科百年的发展，我们知道实际上这中间有很多时间都浪费掉了，真正的沉潜于学术研究，或者说有理论思维的巨大进步的时间很少。

我们讨论了中国哲学这门学科大概的脉络，下面再通过几代学者来进行补充。从事中国哲学的第一代学者，像马叙伦、陈汉章、陈黻宸，是我们北京大学哲学门最早的三个教职，称"二陈一马"。陈黻宸先生是浙东史学的传人，陈汉章学问比较渊博，但是属于那种老学究类型的，马叙伦基本上还是在训诂和义理结合的方面，也比较传统。胡适来了之后，就不同了。胡适有一个自觉的意识，要按照西方哲学的体系来整理国故，重新梳理中国古代的思想史料，通过梳理中国哲学史的脉络来讲中国哲学，这是我们北京大学最早的关于中国哲学和中国哲学史关系的奠基性的工作。这个传统被我们几代学人继承下来，我们通过中国哲学史来讲中国哲学，也通过中国哲学来重新认识过去的思想史料。同时，我们以西方哲学为参照系和对话者，对中国思想经典进行了重新诠释，或者说创造性转化。

通过以上对背景的介绍，我们知道，中国哲学这个学科在一种很复杂的脉络下存在着。很多同学也有体会，我们学中国哲学的课业是很重的，既要懂一些中国古代的文史作为基础，又要加紧做经典研究方面的工作，而且对西方哲学从古到今的来龙去脉也要有一些了解，这是由中国哲学这门学科本身的复杂性决定的。

二、旧邦新命：思想史语境下的"中国"，历史文化意识

刚才我们提到，王国维先生讲，中国必须要有哲学，没有这门学科，好像是对我们的历史不负责，对我们的将来也自暴自弃了。所以必须要有中国哲学，这样我们民族的心理、深邃的思考，才能有一个容身之地，进而淋漓尽致地展现出来。把这个学科拿下去，那我们中华民族算什么民族？更谈不上卓然自立于世界民族之林。所以我们下面要讲的第二个问题就是"旧邦新命"，这是我们中国哲学最重要的使命。

讲旧邦新命，当然有重要的历史意义，冯友兰先生终其一生讲旧邦新命，这不是偶然的。旧邦新命也不是冯先生自己的发明，《诗经》里面就有这个说法，《大雅·文王》篇里讲"周虽旧邦，其命维新"，这一条被历代的思想家、文化人进行了深度的诠释，形成了非常强韧的历史文化意识。比如说，汉代《张迁碑》就讲"三代以来，虽远犹近，《诗》云旧国，其命惟新"，说夏商周三代虽然离我们很远，但是也很近，我们跟过去总是联系在一起。

纵观世界历史，这是一个很独特的现象。我们知道，在世界各个文明古国里面，现在还能展现出活力、有继续发展下去的前景的，中国肯定当仁不让。时至今日，我们的经济发展、文化发展和其他各方面的事业发展，仍然保持欣欣向荣、蒸蒸日上的势头，这个在世界历史上是不多见的。其他古代文明基本上都奄奄一息了，现在的印度虽然也在发展，但是实际上它跟古代的印度已经切断了历史的联系。我们也知道，美国现在是很强大的，从美国的历史来看，

美国也可以说是一个伟大的国家，虽然说现在存在着很多问题，但历史上从来没有过这样一个国家。当年托克维尔写《论美国民主》，讲欧洲的理想在大西洋彼岸实现了，对美国非常推崇。美国立国的基础在哪儿？美国的立国基础当然是民主、自由，这样一套启蒙运动以来的价值使各种各样的 state 变成一个 united state，美国是靠这样一种价值观的共识凝聚起来的。

但是我们中国完全是另外一套规律，中国靠的是历史文化意识。过去讲天下、国家，两者完全不是一个概念。天下是天下，王朝归王朝，姓刘的不行了，姓赵的上，王朝会更替，但是天下还在。所以亡国和亡天下，是两种不同的事件。那么，是什么使得我们在亡国之后，还能在废墟上重建一个国家，并且这个国家跟历史上曾经的国家还能建立起来一种内在的、紧密的、必然的联系呢？除了旧邦新命这样一种历史文化意识之外，别无可能。所以说，旧邦新命涉及中国文明很重要的特点。

我们也在思想史的语境下，探讨"中国"这一概念究竟是什么样的意义，在这里我大概讲一讲我们现在的研究情况。首先，中国的国家从古代开始，就跟古希腊的那种城邦不一样。我们所说的封建，即西周以来的封建宗法制度及其形成的政治社会模式，和古希腊的城邦社会完全没有什么直接的可比性。秦汉以后，中国进入另外一个历史阶段，和古罗马以来帝国的模式也是不同的。秦汉以来的王朝国家，虽然说也有皇帝，但是这个皇帝不可以翻译成 emperor。"皇帝"到底是什么意思呢？早期的思想语境里面，"皇"更多是一个形容词，"帝"则是相较于"王"而言。秦灭六国之后，建立了秦王朝，历史上从来没有这样一个幅员辽阔的国家，于是秦始皇与李斯等大臣讨论，应该给自己定个什么名号。李斯讲了三个词，一个是"皇"，一个是"帝"，一个是"王"，这三个词都是好词。讲"王"，西周以来称周天子为"王"，"王道"所指也是"王"。"王"当然不错，但是"帝"更高级。再加上"皇"，陛下又是第一个，定名号为"始皇帝"。秦汉以后一直到辛亥革命，这么长的时间内都称皇帝。但是这个皇帝跟 emperor 根本没有什么关系，历代王朝国家和欧洲出现的各种各样的帝国，其实不具备可比性。现在的国际体系的基本构成，我们称之为民族国家，nation，放到我们中国，我们知道"中华民族"这个概念在西方学者看起来根本没有什么逻辑性。我们是在一种近代以来的特殊语境下，提出了"中华民族"的概念，孙中山先生重新解释三民主义的时候，其实就讲了这样一个意思。更早些，章太炎写《中华民国解》，基本也上表明了这一点。比章太炎更早一点点，是梁启超首先提出来"中华民族"。后来我们知道，历史学家顾颉刚先生，以及社会学家费孝通先生等，都发展了这一概念。

我们这里要说的重点是什么？中国无论是旧邦也好，还是有了新命的新中国也好，中间都贯穿了一种历史文化意识。这个和西方认为的社会人文学术的普遍规律，根本上是不相侔的，我们很难用西方那样一套现成的东西来讲中国。所以说思想史语境下的中国，跟西方的世界在很多方面格格不入。

旧邦新命的历史文化意识在近代以来非常强韧，而且它的出现对于我们中国哲学来讲非常重要。冯先生把"阐旧邦以辅新命"当作自己的学术旨趣，或者说已经成为他的精神信念。冯先生的代表性著作被称为"三史六书"，早年写了《中国哲学史》两卷本，这是在清华北大上课的时候，一边写稿一边讲课完成的，后来他到美国，在哥伦比亚大学讲中国哲学的课程的时候，写了一本《中国哲学简史》。写完这本书之后，冯先生干了啥呢？在中国哲学史的脉络比较清楚之后，他找不到一个思想发展的方向。这个时候抗日战争爆发了，北京大学、清华大学、南开大学，一路南迁，到了长沙郊外，成立了长沙临时大学。冯先生晚上在敌机轰炸的间隙，在南岳的掷钵峰下，看着黑黢黢的山体，思考自己的思想何去何从，思考中国历史文化的命运。这时，他找到了思想的方向，就是通过中国哲学史来讲一套新的哲学。不是"照着讲"，而是要"接着讲"，接下来他在联大时期陆续写了"贞元六书"。冯先生贞元之际著书的理论，实际上具体体现了旧邦新命的抱负。张岱年先生在回忆冯先生时，说他的新理学本质上是抗战建国理论。面对近代西方文化的冲击，哲学家很清楚所谓"近代"背后不只是时间观念，实际上是两种不同层次、不同阶段的文明的交锋。古代中国文明和近代欧洲文明的碰撞，实际上是古老的农耕文明，遭遇了经过文艺复兴、启蒙运动、航海大发现、近代科学、工业革命、资本主义兴起，加之基督教的普世主义，这些打包在一起的强悍的西方文明，这种对比之下，古老的中国没有办法与之抗衡。所以说，我们一定要跟古代说再见，必须跨过近代的门槛，才可能在世界历史的格局下求生存。这个情况哲学家非常清楚，但是他有一个非常强的信念：虽然说我们是一个古老的农耕文明，但是我们坚信在将来仍有"新命"。放眼全球，其他的古老文明尽数陨落了，虽然有旧邦，但是无新命。具体一点来说，冯先生讲南渡北归，历史上的南渡从来没有北归，但是冯先生有一个信念：我们怎么会亡于倭寇之手？我们一定会回来的。经过艰苦的抗战，的确北大、清华、南开在抗战之后都复了校，这是一件富于象征意义的重要历史事件。

旧邦新命的意识非常重要，我们谈到中国，经常会讲它是一个文明。白鲁恂（Lucian Pye）说，中国是一个伪装成国家的文明，这个说法有那么一点道理，也就是说不能把中国简单地当作一个国家，她有着以文化为本的特殊意义。关于以上这些问题，在中国哲学发展的早期，我们的第一代大师，无论胡适先生也好，汤用彤先生也好，冯友兰先生也好，还是后来的张岱年先生也好，他们都特别地讲中国文化论。胡适先生写过中国的文艺复兴，我觉得是写得很好的一篇文章。冯先生就不用说了，念兹在兹的就是旧邦新命。汤先生提倡昌明国故，当年学衡派的讨论，也体现了他的文化观念。张岱年先生在晚年，除了倾全力写《天人五论》之外，还写了大量文化论的稿子。为什么他们会这样关注中国的文化问题？这就说明历史文化意识，对于中国的思想世界来讲，是一个基础，它内在于中国哲学。这一点和西方哲学传统不太一样，西方哲学讲历史、讲文化，基本上在哲学中是属于比较边缘化的，它的重心是讨论知识论、形而上学问题。

　　简单总结一下，中国哲学是在近代以来学术大转型的过程中创造出来的新学科，这个学科本身最深切地关注中国的历史何去何从，中国文化的命运也是由它来负责、来思考的，要由它来指出一个前进的方向，这一点我想具有特别重要的意义。我们知道，过去的日本学界有一些雄心壮志，现在我们看到东京大学已经把东洋哲学科改成了思想文化系，相当于已经放弃了对于东亚的思想世界进行创造性建构的努力。在这个时候，我们不会跟着他们的脚步，我们当然要继续前进，沿着自古以来的旧邦新命的意识，从事中国哲学的工作，这是一个了不起的使命。

三、返本开新：向历史深处的回溯与开掘，中国哲学的特质与范式

下面继续讨论一个问题。我们刚才讲了中国哲学学科的创立之初，就有非常强大的旧邦新命的意识，这个意识使得中国哲学的思考与中国历史文化的命运息息相关，有了一种内在的联系。不过，具体讲学科的工作态势、学术本身的规律，还不是旧邦新命所能涵盖的。汤一介先生在他晚年经常讲返本开新，返本开新讨论的正是解释学的规律。我们中国哲学，或者说一切人文学术，都遵循解释学的规律；而解释学的规律和返本开新，其实是一个规律。那么返本开新，讲的正是我们中国哲学所具有的那样一种深切的学术特点。

从表面上看，返本开新是要向历史深处回溯与开掘。我们通过举例来说明。民国时期的这一批学者，他们的学术背景基本上都是宋明理学。西方对中国的研究，即所谓中国学、汉学，最早成系统的，比如美国的费正清，他基本上是研究中国的近现代。他发现，仅仅从近现代研究近现代是不够的，必须要把观察的时段放得更长一点。往前推到什么地方？我们知道，费正清就推到了宋明理学，从宋明一直到近现代，把两段联系起来看，这样子就好了很多。中国最早的哲学教育，是从北京大学开始的。"二陈一马"这些最初的教授，基本上满脑子都是宋明理学的内容，这些内容我们现在看起来肯定是不够的，还要向前回溯魏晋玄学以及隋唐跌宕起伏的思想史，更重要的是，早期的先秦两汉的思想是基础。这个基础是很重要的，这才是根源。我们为什么说根源非常重要？这是跟中国历史

或者说跟所有文明的历史是有关系的。因为中国的历史，是沿着轴心时代开创出来的，轴心时代以后的所有时代，都跟轴心时代有这样那样的联系。在轴心时代，经过长期的经典化，形成了一些对于思想世界来讲非常重要的经典体系，以及随之而来的经典的意识。汉以后的整个思想活动，都是对古代经典进行解释的历史。再深刻的思想，实际上也要去解释古代的思想，以这种形式来发展。王弼就是这样的，我们知道王弼首先是一个经学家。经学自身有所不足，经典的范围还需要进一步扩大，于是将《老子》《庄子》也作为经典来思考。这样比较会通，才能大畅玄风，魏晋玄学才能开展出来。他也是通过解释，解释《老子》，解释《周易》，解释《论语》。

这样的话，我们知道返本是非常重要的。回到历史深处为什么重要？因为历史的早期奠定了我们思想的基础。而且我们知道，早期文献，从解释学的角度讲，它有什么原义不是那么重要，重要的是我们怎么能从中解释出来一些东西，这些解释在历史中不断增殖。这种增殖，实际上就是我们这个题目所讲的返本开新的意义。回到历史的深处，激活了经典，我们才能开创出来新的东西，这是我们自己的一个规律。

对于我们今天来讲，我们要通过对历史的回溯，跟古代人在思想上建立起来一种内在的联系，通过这些，我们才能找到思想发展的方向。其中有一个非常重要的工作，就是我们怎么能把中国古代哲学的特质把握好，把它的价值认识清楚。这个工作，现在有了一个比较成体系的，或者说比较清晰的思路。中国哲学不论从哪个方向看，都需要与其对话者和参照系——西方哲学，进行比较会通。通过比较，我们的目的是认识清楚双方的特质、特点。但是，我们如果从事比较哲学的研究，比较起来如同汪洋大海，那种表面的相似、偶然的相似很多。比如笛卡儿也讲梦，庄子也讲梦，这两个梦比较的必然性在哪里呢？把亚里士多德的思想跟孔子的思想放在一起相提并论，你的必然性在哪儿？

讨论中国哲学的特质和价值的时候，一定要深入探讨中国哲学的理论范式。范式是不可以通约的，托马斯·库恩写《科学革命的结构》的时候，他提出来"范式"的概念。范式是不可通约的，近代科学跟古代科学的理论范式是不可以通约的，现代的相对论力学或量子力学跟牛顿时期的经典力学也不一样。讲好中国哲学，不见得非要沉溺于讨论中国哲学的合法性，更根本的工作，是讨论中国哲学的特点在哪里，它有没有一种理论范式？它是不是在更高的、更广泛的角度具有可以称之为哲学思考的意义？哲学如果说是复数，而不仅仅是单数的话，一定会呈现为类型之不同。对中国哲学的理论范式的探讨，我相信对于我们今天的中国哲学研究具有举足轻重的意义。

我想总结一下，如果我们把古希腊以来的西方哲学的理论范式，概括为以逻辑学、知识论、本体论这套东西为核心，那么其他的问题应该都是边缘的。以逻辑学为例，我们沿着这样的理论范式标尺，来重新审视中国古代的思想形态，会发现中国没有什么典型的逻辑学。中国的逻辑学家也特别纠结这样的问题，他们都试图提出一些建设性的思考，这些思考是非常纠结的。我们知道，中国古代所谓的逻辑，与西方莱布尼茨以来的逻辑思想，根本不在一个轨道上。你要说亚里士多德的形式逻辑，跟我们的古代的名辨之学有没有可比性，那是另外一个问题，可以讨论。但是我们知道，进行这些比较会非常复杂。我想强调一下重点，如果说站在西方哲学的立场来看中国古代的思想，就发现不了哲学，因为没有那种逻辑学，没有什么典型的知识理论，没有一些本体论意义上讲存在的那些东西。如果这样，中国哲学是不是就不存在了？但我们说，中国哲学从古至今一直开展，有它自己的独特的价值。我们敢于这样说，就一定要探求中国哲学的理论范式是什么。

在这里我把我的思考跟大家分享一下，我们通过最近一段时间的研究，看到了解决这个问题的曙光。我们认为，中国哲学的理论范式，是心性论、精神哲学、实践智慧，还有境界说、形而上学这一套东西。这套东西才是中国哲学里面最有特点，并且最核心的内容。

我举两个宋明理学的例子。第一个，"理一分殊"这样一个观念，实际上是很深刻的。但是如果从西方哲学的角度来看，显得荒谬绝伦、不可理解。只有把"理一分殊"放在心性论的模式下来认识，才能把握它的精髓，如果你把握不了，还讲它的价值，那不是天方夜谭吗？第二个，"知行合一"，从常识观点来看，是很荒谬的。如果不从心性论、精神哲学、境界说的角度来分析它，不从实践智慧的角度来分析的话，"知行合一"是没有任何意义的。常识中"知"与"行"怎么能合一呢？我有一个犯罪的想法，没有诉诸现实，你能判我刑吗？那不可以，想法跟行为是两回事。但是阳明提出知行合一，绝对不是这个意义上的合一。就像"良知"不同于一般意义上的知。所谓哲学的知识论，什么时候能把"良知"讲得更加清楚一点？"良知"只在中国哲学的脉络中才能讲清楚。从孔子开始就有"生而知之"的"生知"，指的就不是经验的知识；孟子开始讲"良知"，阳明又接着讲。我们也知道，《老子》讲"无知"，《庄子》讲"真知"，这些特殊的"知"，都和常识中的"知"是不同的，并且超出了古希腊以来的知识论意义上的"知"。

我们在这里讲一个结论：我们中国哲学的理论范式，是以心性论、精神哲学、实践智慧和境界说这一系列为核心，这些范畴之间实际上也是相互联系的，这同时也是中国哲学最重要的特点。有了这样的一个视野，我们和西方哲学的比较才能渐入佳境。我也做一点点比较哲学，但是说来惭愧，做的工作不多，也比较肤浅。但是我有信心，我们可以为比较哲学提供一个更科学的方法，即把比较提升到范式之间的比较。总之，探寻中国哲学的特质和理论范式，是我们返本开新的一个很重要的方面。我们沿着这条道路前进，肯定会有更多的收获。

四、面向未来：中国哲学价值与潜力何在？

接下来我们讲一讲，中国哲学面向未来或者继往开来的意义。

我们首先要说一下，经过前面的讨论，我们知道中国哲学的使命，一个是为旧邦新命做辩护，具有很强的现实意义，另一个是通过做返本开新的工作，来发掘中国哲学的价值和意义。那么接下来，我们想说中国哲学有继往开来的意义。为什么这么讲？是因为我们认识到，哲学在进入了世界历史的时间线之后，面临着一种深刻的危机。

我们看一看西方的哲学同人或者哲学界，他们关注的一些问题，我觉得他们已经对人类探求真理、解决历史的前进的方向，对各个民族的文化命运、人类整体文明何去何从这些问题漠不关心。如果哲学缺少了这些维度，缺少了这些雄心壮志，那么哲学的存在根本没有任何意义。你还不如去学其他实用学科，能赚更多的钱。但是我们讲，人生的意义，灵魂的解放，这些问题是不是需要哲学来回答？就像我刚才批评的东京大学东洋哲学科的这些同人，已经放弃了他们自己的学术使命，如今西方的一些哲学家也满足于枝节性的工作，他们还能称为 philosopher 吗？

我们刚才从近代尺度开始讲，我们的近代化、全球的近代化，都和资本主义有关系。但是，资本主义出现了四五百年的时间，是不是要走向一个历史的拐点？资本主义的兴起，无疑是人类文明历史上重大的创新，带来了不可估量的意义，深刻地改变了我们地球的文明。可是到了今天，我们越来越发现，资本主义所创造出来的那样一种思想文化以及各个方面的精华，差不多已经消耗殆尽。那么，历史是不是到了一个拐点？

在这个拐点，或者说百世一时的历史契机，我们判断一下，我们是不是生活在这样一个时代？在这个时代，我们思考中国哲学能干什么，能带给我们什么，能解决我们面临的哪些问题，或者说能不能指引我们面向未来，这些都是与我们息息相关的重要问题。当然，我个人也没有什么明确的答案。我今天胆子比较大，选了这个题目来讲，下面我来讲几个跟我们中国哲学有关的问题。

第一个，我们发现人的精神是很复杂的，目前我们不可能把人的精神活动用人工智能或机器人来还原。现在的人工智能或机器人的理论，基本上是以图灵机作为基础。而图灵机，以我个人肤浅的理解来看，就是一个可计算的东西。我们知道，人的价值意义、人的精神活动，不能还原为可计算的部分，或者说低层次的可计算的部分不能涵盖更复杂的层面。现在人工智能当然已经很了不起了，有各种各样复杂的理论，我就不班门弄斧了。那么我提一个问题：

你能让人工智能或机器人做个梦吗？我们知道，任何一个普通的人都可以做梦，但机器人不会做梦。那机器人到底是要干啥？我们知道，现在下围棋人类棋手根本下不过机器人。柯洁跟 AlphaGo 下了半天，输掉了，输了以后哭得很伤心。有一个评论很能激发我们对这个问题的思考，说：AlphaGo 赢了之后不会笑，柯洁输了以后会哭。这个差别在哪里呢？下棋除了胜负之外，是不是还有更多的东西？最起码有乐趣吧？我们知道，你花了很多时间干的某件事情，只要有乐趣，就不是浪费时间。但是机器人不会考虑这个，它只是执行任务，而乐趣本身，不能成为任务的一部分。

而中国古代哲学的长处，正在于讨论精神活动，特别是复杂的、身心交互的精神活动。在这个基础上，讨论的是境界说。比如说庄子讲"逍遥"，它就是一种超然物外的境界，不能用物的规律来讲它。"藐姑射之山，有神人居焉……不食五谷，吸风饮露"，现实中哪有不食五谷的人呢？神人的境界不可思议，超出了常人的范畴。"大浸稽天而不溺，大旱金石流、土山焦而不热"，人哪具备这样的特点呢？精神高于物外的神人、圣人、至人，就具有这样的一种力量。他讲的不是现实，讲的是理想。我们知道，古希腊哲学讲 eidos、idea 也有理想的意义，哲学就是寄寓和表达最高的理想，如果只是斤斤计较于现实，那么跟其他学科没有区别。这是我们讲的精神活动。人工智能虽然发展得很快，但是人的精神活动也深不可测，要想把它化简为人工智能，还有很长的路要走。

第二个，刚才我们也提到了，从经验知识角度讲，讲上一万年，能讲出"良知"吗？一定不会。我们知道，有很多问题，它的价值不在于在经验上、现实中能产生什么具体效果，而在于思想上是不是能有所突破。我们如果从经验上看，世界上没有"无"，哪有

"无"？哲学上讲的"无"在现象界里找不到踪影，数学上讲的"0"也没有。具体的东西都是1、2、3、4，"0"是绝对看不见的。哲学上讲"无"，也不是经验所能把握的。我们发现，中国哲学讲"无"，具有打破一切"有"的束缚的力量，这是我们现在还要继续讲的东西。古希腊以来的哲学，一直讲的其实都是"有"，语言是存在的家。我们中国哲学，从一开始就讲"无名"，到底是干啥？其中有一个意义就是，真理不能通过名言而被把握，必须要打破我们受名言束缚的思维窠臼，才能洞见真理。这样一种深邃的思考，来自我们中国哲学内部的历史深处，今天仍然具有意义。

我再举第三个例子，这是大家耳熟能详的。我们知道，孔子讲"仁"，"仁"跟"爱""亲"是有关系的，好像"仁"是在亲亲之道的关系中出现的。但是请大家注意，"仁"不限于那些东西，它是一个彻彻底底的突破。后来像"仁者浑然与物同体"，这个意义上的"仁"，跟"亲亲"有啥关系？根本不在一个层次上。这个"仁"，从物理的世界、经验的世界，你找不到对应的东西。只有人类出现了一种高尚的精神，出现了一种深层次的哲学思考的时候，它才会出现。

中国哲学中的这些内容，都是很有价值、意义的。这些例子显示，我们现在仍然可以诉诸古代哲学的概念及其理论进行思考，不仅思考我们当下的问题，也面向未来思考更进一步的问题，给人类文明指引前进的方向。我差不多讲到这里，最后，我想做一个总结。我们现在讲的所有这些问题，就像梵高所说，我们都像一颗种子，落在泥土里面，不知道什么时候发芽，长成参天大树。今天的这些讨论，虽然说还不够系统、不够深入、不够透彻，但是我希望我讲的东西能成为一粒种子，在将来长成参天大树。

第三讲　中国哲学的特质 *

一、比较会通的方法与中国哲学的理论范式

谈论中国哲学，首先要有一个对话关系，也就是说要和其他传统的哲学进行比较。只有通过比较，才能显示出中国哲学的特质。当前，我们主要的对话对象是西方哲学传统，简单地讲，就是探讨中国哲学的特质是什么，或者说中国哲学有哪些不可替代的独特价值。要解答这些问题，就需要把中国哲学和古希腊以来的西方哲学传统进行比较与会通。

（一）中国有哲学吗？

我们讲到这样一个观点的时候，会联想到，在西方人的观念中，

＊　本文整理自 2019 年 3 月 27 日北京大学哲学系"社会·文化·心灵"系列讲座。

特别是从黑格尔以来，占主流地位的想法是"中国没有哲学"，这种想法在欧洲人头脑中根深蒂固。很多欧洲学者认为，不仅中国没有哲学，欧洲以外的任何其他地方，都未曾出现过哲学这样一种思想形态。这种想法背后的意味不言而喻：从欧洲近代以来的资本主义文明一直向前回溯到古希腊以来的哲学传统，这样一条文明发展的途径与规律是放之四海而皆准的，地球上任何一个角落，要想谋求民族生存、文明发展，都必须走这一条路。这样一个预设或言外之意是很明显的。

现在来看，我们与西方学界讨论这些问题，仅仅从打破预设、去中心化、承认多样性等角度打口水仗显得比较无力，我们亟需正面的论证。怎样正面论证呢？我们在哲学研究里面有一个非常重要的命题："哲学的突破"。哲学不是从来就有的，人类在有了思想之后，并不等于就有了哲学。哲学是一种思想的特殊形态，或者说是高级形态。这样来看，哲学有一个历史的起点，我们把这个起点称为"哲学的突破"。需要考察的是，在世界各个文明传统里，从其思想史的变迁中能不能发现一条明显的哲学突破的分界线，在越过这条线后，思想形态较之此前发生了质的变化，这才是判断有没有哲学的依据。我们不能以其他文明有没有像柏拉图、康德那样的哲学来判断其文明中有没有哲学。

我给大家简单介绍一下我们研究的初步结论。我们讲中国哲学史，一般来说都是从孔子、老子开始，这基本上是延续了胡适先生、冯友兰先生以来的讲法。但是为什么从孔子、老子开始讲？胡适先生、冯友兰先生并没有一个明确的意识，没有令人信服地论证孔、老是中国哲学的开端。不过，他们都隐隐约约地察觉到，孔子和老子的时代是非常重要的转折时期。这一转折首先是社会层面的，比如像余英时先生《士与中国文化》中所研究的，在孔子和老子之前，知识分子基本上都被束缚在自己的职位上，比我们过去大锅饭那个时候的依附性更强。但是，春秋中晚期以来，社会结构发生了剧烈变动，而且周天子或诸侯也不给那么多俸禄了，这些文化人就开始变成了"游士"。还有很多其他现象，都呈现出打破旧制度的种种征兆和端倪。但这些只是社会变动，尚不足以表明孔老之际发生了哲学的突破。

所以，我们要把这个问题稍微转换一下，转换为如下问题：我们能否将《论语》《老子》中的思想史料认定为哲学文本？这两部书里面的各种各样的议论是否具有哲学的性质？这时，我们需要使用特殊的哲学的分析方法来呈现，同时也要借助于传统学术中的语文学和文献学方法。

比如《论语》里面讲"仁"。"仁"当然不是由孔子率先提出的，到孔子这个时候，"仁"已经在思想史中活跃了好几百年，史料堆积很多。但是我们只要深入地分析一下就会发现，孔子讲的"仁"和前人讲的不一样。如果不分析的话，我们可能就会像以前的老先生那样，讲孔子"仁"的思想如下，罗列《论语》中讲"仁"的百余处材料，罗列完之后，得出结论说，孔子讲"仁"的思想如上。这种方法显然不够严谨。我们怎么来分析？从思想史的脉络中，我们看到孔子讲的"仁"，对于其他德目，如温良恭俭让、恭宽信敏惠，以至于智仁勇"三达德"，具有最为中心的地位，支配、统摄了其他德目。这是在之前文献中前所未有的新情况。与此相关的另外一个现象是，我们会发现"仁"的含义转深了。孔子之前，待人客气、关心他人，这些都可以称之为"仁"。但是在《论语》中，"仁"的含义变得深刻了，这是一个重要变化。我们也会发现，《论语》中讲

"性与天道"虽然不是很多，弟子中并不是人人都有幸听闻，但是从孔子以后，"性与天道"的议题成为洪流，开启了跟之前完全不一样的脉络，形成了一个新的传统。

转过头来看《老子》这部书，哲学突破的痕迹更加明显。我们概括成下面三条。第一条，是"道"的出现。"道"字之前也有，但是《老子》赋予它新的意义，即《老子》用"无"来解释"道"，这是前所未有的。而且，《老子》里面讲的"无"，与日常语义中的"无"含义相差甚远。日常语义或字典义中，"无"是指某些东西的缺失或者某物在某个特定空间中不出现等。但是《老子》讲"无"，既超出了日常观念，也不直接对应于字典中任何一个义项，而是代表了"有"的反面，代表了对"有"的否定。这种抽象意味、否定意味，是在日常语义中完全没有的，也与日常观念相反。第二条，《老子》对源远流长的"德"的观念进行了创造性转化，且力度空前。《老子》之前几百年时间，凡讲"德"都是讲"明德"。《老子》为"德"增加了一个新的含义，就是讲"玄德"的部分，可谓踵事增华。第三条，是"自然"的发现。"自然"不仅首见于《老子》，并且被《老子》当作一个很重要的概念提出。我们说它是概念，是不折不扣的，而不是一般的语词。"自然"的本意是自己如此，似乎并不值得惊奇。但是《老子》用"自然"概念来讲天地万物的根本性质，讲天地万物本来如此，你怎样认识它们，有再多理解，都只是你的问题，万物不会因为你的认识而改变运行的轨迹。你可以认为世界是虚幻的，也可以认为世界是上帝创造出来的，也可以认为世界是由因果规律支配的，无论你怎样看，世界还是世界。另外，"自然"概念拒斥那种很强的因果论，不承认万物后面有一个人格化的上帝，或者有一个终极原因在行使支配的权能。所以，"自然"的含义非常深刻。基于这三条，当然还有其他方面，我们发现《老子》中包含的思想，跟之前的思想天差地别。

总之，孔、老的思想，与之前的观念相比，形成了一个很大的落差，而这个落差正是日常观念和哲学思想间的区别。因此，我们认为，在孔老之际，也就是春秋战国之交的时间线，中国产生了"哲学的突破"。我们用这样一种方法，正面阐述中国哲学的突破，以解决困扰我们很长时间的"中国有没有哲学"的问题。基于这些工作，可以说"中国哲学"的概念是毋庸置疑的。从孔子、老子以来，我们进入了哲学的时代；而一旦进入哲学的时代，我们就不会再退回去，而是会沿着中国哲学这样一条道路继续开拓。

（二）如何进行比较？

接下来我们讲中国哲学的特质。讲到这个问题的时候，我们知道很多学者也讨论过，牟宗三先生有本书就叫《中国哲学的特质》，很多我们特别敬仰的前辈在这个问题上也不乏深刻体会与敏锐洞见。这些内容我们不再复述，我们今天主要是在比较会通的意义上，来探讨中国哲学的特质。

首先，怎样比较就是一个问题。如何比较？表面的相似和差异是无穷无尽的，如果你比较一下朱熹和莱布尼茨，相同点可以找到三五十条，差异你可以找到三五百条，如果你愿意找，肯定会找到更多。问题在于，这种比较的必然性在哪里？我们经常听到一种说法，说中国的思想传统比较重视道德，西方的文明传统比较重视科学。我听了就纳闷：欧洲人不重视道德，它能发展成这样一种文明？中国人不讲科学，怎么中国人繁衍了这么多，如果没有科学，怎么可能生存繁衍？一场疫病就把你消灭泰半，再来一场基本就绝种了。

在古代，没有应对自然灾害、疾病的知识技术，种族存亡都会成为问题。

因此，我们需要讲求比较的方法。关键在于，为了看出中国哲学的特质是什么、中西哲学真正的差别在哪里，我们需要把比较提升到怎样的层次？答案是，我们是从整体上探讨中西哲学的理论范式。中西哲学的思维类型是不同的，各有一套理论。哲学理论不是由日常语言堆积而成，而是拥有自己的一套概念、话语与逻辑，以至于整体的理论结构，这是我们所要探求的。从理论范式的比较来认识中西哲学的差别，这是至关重要的方法。

我们知道，"范式"理论借鉴自科学史。科学史中有许多不同的范式：近代以来的机械力学与相对论力学，就是两种不同的力学；欧氏几何与非欧几何，就是两种不同的几何学；一般意义上的系统论与复杂性理论，也是在两个层次上的、不可以通约的理论系统。科学史研究发现，科学文献的积累是有一定规律的，或者说你在一种科学范式的笼罩下工作，会发现问题和思路都是相对一致的。但是到了一些临界点，也就是说科学革命的节点，就会发生很大的变化。所以范式迁移意味着科学革命。我们借用这样一种概念，来说明西方哲学与中国哲学之间存在着整体性、系统性、结构性的差异。

（三）中国哲学与西方哲学的理论范式

我们下面就给大家简要介绍一下中国哲学的理论范式。我们首先来看西方哲学的理论范式。以我的浅见，西方自古希腊以来的哲学形态，我们说它是柏拉图哲学的注脚，或者说它是苏格拉底式的思考，都是可以的。但是如果要揭示出其理论结构的特点，我们会发现西方哲学的核心是逻辑学、知识论和本体论。

　　而中国哲学的理论范式与之有着鲜明差别，我们也把它概括为三个核心：心性论、精神哲学与境界。心性论与精神哲学都包含实践的内容，比如说早期儒家、道家讲修身，宋明理学讲工夫，这些都与实践密切相关。对实践内容的研究，如果以西方哲学特别是知识论的方法，很难突破其外壳，更不要说入乎其内了。同样的，西方哲学在讲理性与信仰这些问题的时候，往往也讲不清楚。你以为信仰是一种思想的形态？其实不是，我也做过一点宗教学研究，信仰的关键在于实践。没有实践，那套教义仅仅是一种玄虚的说法而已；但是信仰是不同的，是靠实践来保障的。所谓精神哲学，"精神"二字跟我们今天讲的"精神"不一样，是"精"与"神"的交互作用。用我们今天比较容易理解的语言来说，讲的是心与身之间、心理与生理之间的复杂交互作用，这是中国哲学特别中心的问题。

　　在此基础上，中国哲学讲境界理论，不管是早期还是晚期，不管是儒家还是道家，都归结为人的变化气质。怎么变化？难道是让我们长出来四只手、八只脚吗？变化不在于此，而在于提升你的精神世界。首先，你要有那样一个精神世界，精神世界与思想世界并不完全重合，而是比思想世界更广一点。你如果没有一个精神世界，就很难面对外部世界，世上这么多好人坏人，这么多利益纷扰，这么多矛盾冲突，为什么没有把你折磨疯了呢？如果没有一个精神世界，就像一个人坐在船上东摇西晃，也不知道驶向何方，很快就晕船了。中国哲学和西方哲学不一样，讲境界是非常重要的一个区别。从西方哲学的角度来审视，一讲境界，他们就说这不叫哲学，但是我们知道，这是中国哲学最为核心最具特色的部分。

　　讲到这里，我们给大家总结一下。与西方哲学以逻辑学、知识论和本体论为中心不同，中国哲学的传统是围绕心性论、精神哲学和境界说而展开的。中国哲学的思想传统不仅源远流长，而且具有独到的理论范式。

二、理性与灵性：中西哲学对"思想"态度的不同

讲到这里，我们其实已经把中国哲学主要的特质，提纲挈领地给大家交代清楚了。交代清楚之后，我们好像没有什么可讲的了，并非如此，我们要讲的东西还非常多。虽然我们只讲了一条线，但是这条线旁涉的内容非常广。或者说，我们之所以讲这条线，是因为会产生一些非常重要的后果。下面，我们分几个问题，继续展开具体讨论。

（一）西方哲学的"逻各斯"传统

第一个问题，古代中国和古希腊以来的西方哲学，二者面对思想本身的态度具有非常明显的差异。当然，哲学也是思想的一种形态，也可以说是一种"元思想"。在西方哲学传统中，逻辑学、知识论和本体论都可以称为"逻各斯"（logos）。历史学家希罗多德写《历史》时说，我写的这些东西不是某个地方的方言，而是一种逻各斯。什么叫逻各斯？逻各斯是指理性的言说、条理清晰的表达，包括科学上的证明、哲学上的论证，甚至于今天的逻辑学（logic），词源就是从逻各斯来的。《圣经》讲"太初有道"，这个"道"就是逻各斯，准确地讲即是"圣言"。因此，思想，特别是理性思考以及语言，在西方哲学传统中居于特别重要的地位。

（二）中国哲学的"自然"与"灵性"

对照西方哲学，我们直接的观感是中国哲学传统有点奇怪。西方哲学往往胜于雄辩，而中国哲学，无论儒家还是道家，都经常说有一些东西无法用语言表达。孔子说"予欲无言"，即便有言，亦如"子在川上曰：'逝者如斯夫，不舍昼夜。'"，至此戛然而止，弟子们都不知道是什么意思。这句话可以很开放地解释，我的理解是，如果把这句话与一些其他的提示综合起来，会发现孔子其实讲的是"自然"，并且与道家传统里面的"自然"观念高度契合。那么，儒家和道家共同具有很强的"自然"观念，这在哲学上有什么意义？其中一个特别重要的意义，就是拒绝了各种各样僭妄的思想。我们说，思想很容易出各种各样的娄子、幺蛾子。思想当然很了不起，不仅把人与动物区别开来，也构成了个人的独特所在，历史中真正有魅力的人，都是能独立思考的人。但是孔、老以来的中国哲学会认为，在一种更加根本的意义上，人的思考、思想似乎不是最重要的。

这里面涉及一些比较复杂、深刻的问题，第一个就是我们怎么认识我们身处其中的世界。在西方哲学传统中，无论是哲学还是神学，都是借助于思想来认识世界。思想不仅仅是一种工具，它是如此有力而可靠，以至于比起现实更加本质。你看到的现实事物，有可能是幻象，是对于本原的拙劣模仿，或者说是造物主不小心出了点娄子，制作出来的一些残次品。这种思想传统，强调的是更纯粹的实体、本质。

而中国哲学里面讲的"自然"，会有很强的一个力量排斥这些东西。思想先于世界的想法，在儒道两家看来未免过于偏激。怀疑论更是如此，我们知道，怀疑论的传统在古希腊以来的欧洲盛行不绝，从怀疑感觉的真实性，到怀疑我们自身到底存在不存在、世界到底是不是真实的，等等。而之所以产生怀疑，原因之一在于陷入了逻各斯的思维模式之中。还有虚无主义，从古代印度一直到现在都盛行不绝，认为世界是空幻的，如梦幻泡影。中国哲学避开了怀疑论和虚无主义这两种哲学上常见的歧途。凭什么避开呢？正是凭借"自然"的概念及其理论。我们认为我们生存于其间的自然界，包括人类社会，都真实不虚，不需要讨论。中国哲学什么时候讨论世界的真实性？从不讨论这样的问题。这种讨论在中国哲学看来很无聊，有时间应当赶紧做更重要的事情。

在中国哲学看来，当思想碰到"自然"，肯定"自然"要优先于思想。你说现代科学掌握了自然的奥秘，但是换一个角度讲，其实都是误解。各种各样的现代科学，都是一种知识的类型。我们所讲的各种各样的思想学说，都无力把握"自然"。"自然"不会理你，"自然"永远沉默着，剩下都是你自己的事情。你误解也好，正解也好，都是你自己的事情。所以中国哲学讲，思想可能在某些时候是重要的，但不见得是最重要的。那么最重要的是什么？最重要的是精神活动的复杂性，用精神世界来涵盖思想世界，这样就更加深远。我们研究中国哲学，发现有一些了不起的哲学家，讨论一些学术的、理论的、思想的问题，最后归宿不在思想。如果我们局限在思想世界里面，很多问题是不可以讨论的。那么，讨论不了的问题，留待什么东西来解决？必须趋向于精神境界。中国哲学里面展现出了很强的逻辑力量，也讨论了理性认知的意义，也有很发达的伦理学，但是这些都是表皮，真正的精髓在于提升自己的精神境界。这样来看，精神境界突破了思想世界的范畴，逸出了思想世界的范围。

所以说，在中国哲学里面，我们会看到对于灵性的提点非常丰富，也非常有力度。古希腊以来西方哲学的核心关切当然是理性，但是我们也会发现西方哲学里面有一些特别复杂的内容，在理性的范围之内和之外，还要对各种复杂的意识活动进行延伸和挖掘。但是我们会在中国哲学里面，看到更加清晰的层次。像徐梵澄先生所指出的，中国哲学认为天地之间的所有存在，都具有一种通感，或者说一种精神的知觉性，可以相互贯通。中国哲学特别强调感应，除了人与人之间，人与其他的生物，比如草木、鸥鸟，乃至于山川、日月，都可以发生相互感应。这些理论的来源，不见得是科学的，但是展现了一种精神的气质：天地万物普遍地联系在一起，这种联系可能是看不见的，但却非常牢固。讲这套东西，显示出中国哲学的独特性。这并不意味着，所有东方文化中都有这样的观念，我们可以说前佛教时期的《奥义书》里面有一些这样的想法，绵延于佛教当中，在历史流传中也保存了一些相关的想法。但是在中国哲学里面，我们会发现，这种观念有着非常清晰的思路，且形成了非常强大的传统。

（三）"逻各斯"的困境与中国哲学的智慧

我们接下来会看到，一直到近代世界，包括在现代的生活当中，我们受到了西方理性传统的深刻影响。这一传统滥觞于逻各斯，以理性的、逻辑的思考为中心，并且以此为尺度裁量人类的一切知识。从个人的思维模式到社会的制度体系，都依靠这一思想传统确立起来，因此对于我们的影响至深至巨。大家用的手机、电脑，从根本上说都是逻辑学、知识论的产物。计算机理论的核心是图灵机，图灵机就是把西方哲学的逻辑观念，很好地体现为计算机理论的基础。

人工智能的发展，也很了不起，好像人马上可以歇在一边，啥也不用干，或者说以后的人工智能会取代人类。这些东西改变了我们生活的面貌，也影响着我们思考问题的方式。但是我们知道，从图灵机到人工智能，背后的逻辑没有变。我们在这个地方想要强调的是，建立在理性思考、因果推理的基础上的西方逻各斯传统，即使有着非凡的过去，并且有着令人眼花缭乱的未来，但是你想想看，这里面能产生出来《庄子》讲的"真知"吗？能产生出来《孟子》讲的"良知"吗？人和人工智能区别到底在哪儿？我有位朋友写了一篇文章，讲人工智能怎么模仿人的意识；搞逻辑学的学者，对于人工智能也非常兴奋、特别乐观。关于人工智能的未来，大家当然可以开放地讨论。但是我们从哲学的角度讲，人的复杂性，特别是我们刚才讲的灵性、灵觉、良知，这些东西是计算不出来的，两者根本不在同一层面上。计算的速度可以不断加快，人工智能可以轻松击败围棋冠军，只要速度足够快，人的思考肯定跟不上，但理性计算只是思考的一种类型，更复杂的类型，如"良知"，是可以计算的吗？

而且，如果只有理性计算，往往会陷入困境。试想，在科学的历史上，这种例子有很多。特别是我们研究复杂性理论的时候，会碰到这些问题。你看到一个现象，可以把它写成一个线性方程；如果这个现象复杂，可以把它分解成几个线性方程，叠加在一块来考虑。大家注意，这是简化的思维，科学研究里面充满了简化、还原的思考，要不然的话，你根本无法对复杂现象进行刻画。你冲一杯咖啡，拿勺子在里面搅拌一下，它形成了一个旋涡，旋涡的方程非常复杂，不是用经典力学可以解决的。线性的方程叠加起来之后，按照经典力学残余的思维，还是个线性的解。但实际上怎么可能呢？只要叠加到一定程度，得出的是非常复杂的非线性方程，而且维度非常高，没有解。我们想以此为例说明什么？我们现在沿着古希腊以来的思想传统看下来，乐观地以为，所有问题都能通过这套逻辑解决，其实往往是欲速则不达，甚至适得其反。我们研究哲学，尤其需要打破常识观念，打破历史上所有的窠臼，我们要跳出来，从另外一个方向思考。

中国哲学有一些地方，我个人觉得非常重要，特别是对于理解我们人、理解自己来说非常重要。并不是说，把人转化成一个意识，就可以理解人了。我陪小孩看一部科幻片，说把人的意识之谜解决了，那么人就可以永生了，因为可以把人的意识转到芯片中、装到机器上，这样人就可以永远活下去。但是我们知道，意识之谜哪能这么容易破解呢？这个问题很深远，不是我们现在所能想象的。

这是我们讲的第一个问题，中国哲学对思想本身抱有一种戒心。思想有可能给你带来财富、带来成功，使你走向精神境界的提升，但是也可以蹂躏你，也可以涂炭生灵，带来严重的后果。因此中国古代哲人一直警醒地面对思想。我们知道，最典型的就是《老子》对"为"的批判。"为"指的是有目的、有意识的行动，小到我们日常生活中的一些刻意营求，大到国家或国际政治层面的意识形态，人类社会中充满了有意识、有目的的行动。有意识、有目的的行动，当然给人类带来了很多好处，但是所带来的坏处也并不少。那么，怎么来反思这些现象、把握这些规律？这是我们哲学家要思考的问题。

我们会看到，西方哲学传统太偏重、太依赖于思想，思想会超过现实。像奥古斯丁"内在词"的理论，就把新柏拉图以来那些推波助澜的东西加以发挥，说思想就是你自己对自己说的话，或者说合逻辑的思想就是上帝对你说的话。这是在我们中国哲学里面从来没有的，中国哲学反而要抵制这些。思想本身虽然重要，但是还有更重要的：一个是我们生于其间的天地万物，"自然"的概念表达了，不管你有怎样的思想，天地还是那个天地，是不能动摇的；另一个是精神境界，它的深邃程度超出了一般意义上的知识、理性。

三、原子式个人与联通的群体：中西哲学中的自我与他者

（一）西方哲学的原子式个人

我想讨论的第二个问题是，中国哲学如何讨论自我和他者。这也是一个很关键的问题，中国哲学和西方哲学对此问题的讨论，迥然有别。如果要讲两者中间的共同点的话，也很容易找到——两个思想传统都承认，人不能离开社会生活。古希腊以来的思考富于逻辑性，对于现实问题，如政治或者经济学的分析，也都采取一种逻辑思考的模式。比如说每个人就像组成社会的一个细胞，或者说得更加哲学一点，每个人都是一个原子。那么原子为什么要聚合在一起呢？从原子式个人的角度看，你不理我、我也不理你，似乎很自然，但是大家有一些共同需要，于是大家坐在一起讨价还价，组成一个社群，组成一个生活共同体，组成一个城邦。城邦怎么确立？按照典型的自由主义理论，每个人都把自己的所谓的权利让渡出来一点，形成一个契约，这样就组成了各种各样的城邦。近代以来，其实加强了原子式个人、社会契约这样一种政治学观念，特别是关于人权的宪章出现之后，人的好多权利都是不可让渡的，因此需要

基于个体来思考问题。

（二）儒家的自我与他者观

那么，中国古代哲人是怎样思考个体与社会的关系呢？首先来看儒家，儒家坚决反对游离于社会之外、人群之外的孤立个体。这种人，在儒家看来就是野人，被排除在人类共同体之外。说得再彻底一点，只要你孤立于文明社会，他就不承认你是一个人，你和一只野兽没有什么区别。也就是说，社会优先于个人存在。

西方人怎么思考这个问题？他会画一个靶子，把与你有关的一切填充进去，比如你的财产地位是怎样的、你受到了何种程度的教育、你混迹于哪个圈子等。但是，靶心那一点就构成了一个问题：你是谁？这是很核心的一个问题。西方所有的社会学理论、政治学理论，都是把人当成孤立的个人，当成原子。但是我们知道，古代的儒家首先就会问你：你姓啥？你有姓氏，就说明你有自己的父母，你是从哪儿来的，你的祖先是哪支氏族。推展开来，也就是说，你属于哪一个社会共同体。只有在社会当中，你才能提问并解答你是谁。我们现在知道了，所谓的"社会性"是无所不在的，从作为小孩习得语言开始就深深支配着我们。语言从来不是个人的发明，如果真的存在个人的语言，那么这种语言谁也听不懂，完全是毫无意义的声音，更何况个人也不可能发明一种语言。而你在习得语言的时候，社会就已经给你打上烙印了。儒家对这一点深信不疑，当然，道家也看到了这一点，只不过道家是从相反方向来看待这个问题。

儒家强调，人不是孤立的个人，人都是有社会性的。我们团结在一起，团结在一起干啥呢？既然说我和你、我和他是有联系的，那么你的痛痒就是我的痛痒，他的困难也是我的困难，一方有难，八方就会支援。这种思考传统在我们中国文化里面太正常不过了。我们看一下早期文献，说大禹在治水的路上，碰见妇孺在哭，问她原因，她就讲了自己的不幸。大禹听了以后就流泪，握住她的手说，我一定会帮助你渡过难关，你的痛苦就是我的痛苦。这当然是个故事，但是在我们中国哲学里面，讲"民胞物与""仁者浑然与物同体"，讲的是同一个道理。每个人都不是一座孤岛，我们每个人都息息相关，而且这个联系不限于"四海之内皆兄弟"，还可以扩大到动物植物，乃至山河大地。你能想象到的思想边际有多辽阔，无不包含于其中。这是中国哲学中很特殊的内容。

这些观念，我们还会发现有一些文化的机制在保障它。我们中国人一到春节都要回家，已经成为了一种习惯。但是我们回家干啥呢？现在只剩下吃个年夜饭、喝点酒、聊聊天，基本上民俗化了。但是我们知道，春节，或者说我们中国古代的几乎一切节日，都是为祭祀而设的。那么祭祀是干什么用的？这个问题涉及千头万绪，但是我们知道，祭祀最切近的意义，是祭奠自己的祖先，更广一些，还祭奠山川大地的自然神灵。祭祀祖先是一种仪式，在这种仪式中，我们可能给祖先上点果蔬、供个猪头，这些都是外表的形式。但它的核心是什么？在祭祀的仪式中，最关键的核心是把逝去的祖先召唤回我们的当下，使得我们与祖先再次相聚在一起。这个文化机制或者说文化活动，隐含了一个很重要的观念——子孙祭祀不绝。早期文献一直讲这个关系，一直在强调如果你的家里没有男孩，一定要想办法生个男孩，否则你死以后都没有祭祀亡灵的人。一个人如果没有被祭祀，就意味着他彻底地死了。我们每个人都会死，但是也有"死而不亡者"在，死了以后还能活在活人的心中，这就是靠祭祀。祭祀使得那些逝去的、肉体生命形态已经归于尘土的人，还能具有永恒生命的价值。这一点对于古代社会来讲是非常重要的，相当于为人提供了解脱。这一点，我个人觉得我们之前阐述得不够。我们现在对《礼记》的研究有了一些新的推进，我们给大家介绍一点。儒家有一个长处，他说人只有处在祖祖辈辈、子子孙孙的链条当中，成为链条中间的一环，才能真正地成其为人。祖宗子孙，加上横七竖八的旁涉关系，形成了一个网络，这个网络可以把所有的人全部纳入到关系网络当中，乃至于人们一直追溯自己的先人，会追溯到一个始祖，一般来讲是动物，比如熊或鸟，那么我们人类和其他的物类之间就也具有亲缘的联系，大家都联系在一起。儒家这样来理解自我与他者的关系，显示出与西方思想传统迥异的特点。

（三）道家的自我与他者观

儒家的情况是如此，道家讲自我与他者的关系更加抽象。我们以《庄子》中讲"梦"和"化"为例。《庄子》中的"梦"和"化"讲了什么问题？我简单来给大家解说一下："梦"是"化"的一种隐喻，而"化"主要是指大化流行、宇宙万化，是万物生长消灭的无穷无尽的过程，并且，这样一个过程是周而复始的。因此，宇宙大化中任何一个存在、任何一个个体，都在这个过程中彼此联系在一起。也就是说，每一个个体都是大化的一个片段，不管是人还是物，都会转化成其他东西，沧海会变成桑田，腐朽会化为神奇，循环往复，无穷无尽。我们说，这个想法是不是太离谱了？似乎只是文学的意象。但是我们从哲学上分析，无穷无尽、互相转化的这样一种宇宙大化，包含了无限的观念。我们想一想，它和我们现在已经很明确了的能量守恒、物质不灭的定律有什么区别？从物质的层面看，就是如此。而我们的生命，能离了物质吗？我们说，古代的思想不容小觑，它有其思考的特长。这个特长相当于数学家思考问题，闭门造车，出门合辙。像《庄子》讲无穷无尽的绵延与转化，我们发现它就很符合实际的规律。

那么，无穷无尽的相互转化，其实就打破了自我和他者之间的界限。所谓界限，只是一个视角下看到的东西。我们日常经验的视角下，你就是你，我就是我，你我之间有着很大不同。不过，从一个更高的视野，或更长的一个时段来看，你曾经也是我，我曾经也是你，我们都在互相转化。明白了这一点，我们就会理解，无论是庄周梦为蝴蝶，还是蝴蝶梦为庄周，其实讲的就是"物化"的规律，"物化"打破了主客之间的界限。而主客之间的界限，在西方哲学里是特别根深蒂固的。那么《庄子》要打破主客之间的界限，它的意义在哪里呢？其意义在于，每一个存在，无论再卑微，哪怕是宇宙中的一粒微尘，但是你永远消灭不了它，它有它的价值。

通过研究庄子的"梦"与"化"的问题，我们发现其中隐含了一种永恒生命的观念。这是不是跟我们刚才探讨的儒家所讲的，逝去的祖先能在祭祀的语境下不断复活，有异曲同工之妙？你用不着特别在意你作为一个个体的死亡，你在意或不在意，你都是永恒的。我这样一讲，大家都特别高兴，我们都是永恒的，都有永恒的生命，你也不用考虑它如何转化。这种面对生命的气质，我们如果读一读《陶渊明集》会有非常明显的感受，陶渊明就是诗人中的庄子，面对生死，他说无所谓。

通过儒家和道家的例子，我们看到中国哲学面对自我与他者、个人与社会之间的关系，有非常缜密且独特的思考。而这些思考，往往和我们现在的社会科学的理论不相符，甚至有很大的冲突。不过也可以这样想，我们是不是应该有一点自己的抱负，为什么一定要对西方的理论亦步亦趋，用西方的历史文化经验、西方思想世界中产生的理论来解释中国的东西？这种解释大部分都是隔靴搔痒，因为对象和方法不相匹配。举一个法律上的例子，我们知道法学家已经讨论了很多，说中国的法律跟欧美的法律是很不一样的。其他的领域同样如此。所以说，我们要有一个明确的意识，即中国古代理解个人与社会、自我与他者的关系，有自己的一套体系。如果不理解自己的特点，讲历史也好、讲法律也好、讲政治也好、讲社会学也好，是讲不出任何所以然的。

（四）中国哲学的心性论

在这个问题上，我们还可以稍微延伸一下。中国古代讲人性的概念及其理论是很重要的，在西方哲学，特别是伦理学和政治哲学中，人性论也是一个基础。一直到近代以来，我们思考问题都要以人性概念为依托。但是我们发现，中国哲学对于人性的思考，有其独具特色的地方，这个特色就在于它趋向于心性论。

我想先稍微讲一讲什么叫"心性论"。心性论不是一个自明的概念，过去很多研究宋明理学的学者，怎样论证宋明理学是一种心性论呢？他们说，这些理学家的书中出现了大量讨论"心"与"性"的内容，所以是心性论。令人疑惑的是，判定心性论的必然性在哪里？

首先，我们认为心性论的前提是，人性概念的复杂化，或者说人性在理论结构上有所进深。在哲学史的考察中，我们会发现战国中期是一个非常重要的分水岭，在这条线上，以《孟子》《庄子》为代表的儒道两家哲学已经趋于成熟。我们作出这一判断的根据，正是《孟子》《庄子》中的心性论哲学形态已经初具雏形。我们发现，

《孟子》《庄子》讲心性的理论，"性"与"心"皆具有双重结构，并且两者互相配合。讲"性"，一定是存在两种层次的"性"的概念，相互纠结在一起。用后来儒家更为明确的讲法，有所谓"气质之性"与"天命之性"之分。这种区分的实质，在《孟子》处已经孕育了胚胎。光讲"性"，还不够。我们知道，《孟子》的人性论的特点，是"即心言性"。"性"不是一个完全客观的、外化的事物，人性如此复杂，到底是怎么回事？如果没有"心"的向度，很难把它讲得活灵活现。那么，"心"同样也具有两个层面的意义。分析出这两点之后，我们发现，心性论的基础在于"心""性"概念的复杂化，而且"心""性"概念要交织在一起讨论，这才叫心性论。单讲"性"，单讲"心"，像《宝性论》里面讲的"性"，或者说唯识学里面讲的"识"，跟我们的心性论没有太大关系。心性论也不能被涵盖在我们现在的心理学、道德心理学这些名词当中，不能把它转化成一个纯粹心理学的问题。心性论的复杂性还不限于此。进一步的复杂性表现为，它会生发出一种很有特点的精神知觉理论。《孟子》讲"浩然之气"，《庄子》讲"心斋""坐忘"，讲的都是心身之间的复杂关系。通过这种复杂关系，来提示灵性、宇宙知觉性、精神知觉性的存在，这是心性论哲学的应有之义。

（五）中国哲学的境界说

在此基础上，它的深刻性仍需要继续挖掘，要继续沿着境界深入探究。在进入了精神状态之后，才谈得上境界。境界可不是一个实体。西方哲学对于实体有某种执念，一定要找到一个实体，能看得见、摸得着，然后装到兜里、心里才安稳。我们一会儿还会进一步讨论这个问题。在西方哲学看来，真理好像也是一个实在的东西。

　　而中国哲学讲的真实、真理，完全是在心性论层面上讲，我们用两个命题来说明。第一个是"理一分殊"。陈荣捷先生把"分殊"的"分"读成"份"，也不失为一种读法，但是读成"分"当然可以。那么"理一分殊"是什么意思？表面上看，讲的是有一个"理"，它既是一，又是殊：从统一的角度看，是统一的东西；同时，它也体现在各个个体当中。朱熹打比方说"月印万川"，对于有的人来说，或许提供了理解的捷径，但是也使一些人越听越糊涂。我们如果从西方哲学的角度审视，会发现"理一分殊"这个命题非常奇怪。有什么东西既是统一又是特殊呢？这不是不合逻辑吗？但是我们知道，在中国哲学里面，它就是合逻辑的。我们说，只有在心性论的层面讨论这一命题，才是有意义的。换其他角度，这个命题就会充满矛盾、不可解释。

　　第二个我们讲"知行合一"，同样如此。我们都知道，"知行合一"这个命题非常重要。但是，我们说它不符合近代以来的常识。在现实中，我们对于"知"和"行"的区别是很清楚的，我只是有一个犯罪的想法，没有付诸任何行动，那么公安局、派出所能把我抓起来吗？法院能给我判刑吗？但是"知行合一"这一命题讲的是，"一念发动处即是行"。那么，是不是可以把我扭送公安机关法办？我们很难理解。但是我们深入分析之后，会发现这个命题也只有在中国哲学理论范式（即心性论）的角度，才能得到恰当理解，与我们日常所讲的"知"与"行"的关系是不同的。

　　综上，从自我和他者的角度，我们会发现中国哲学的很多思考都卓有特点。

四、中国哲学的本体论与形而上学

（一）中国哲学的本体论

接下来我们讲得更复杂一点。第三个问题是澄清关于本体论与形而上学的误解。我们首先来观察一种现象：我们现在，不仅仅是哲学家，还有其他各个学科的学者，都喜欢创造一些带有"本体论""形而上学"字眼的概念。我们搞理论研究的，对这些词比较敏感。比如什么叫"艺术本体论"，文学理论研究者们解释不清，我们也一头雾水。别的领域暂且不论，我们把哲学领域中的概念梳理一下。

查考文献，我们发现，从魏晋以来的古代哲人，特别是宋明理学的大师，都讲"本体""体用"这些概念。我们在近代学术转型的过程中，将西方古希腊以来的追究存在之为存在的学问，即 Ontology，翻译为本体论。因此，我们现在语境中的所谓"本体"，其实代入了很强的西方哲学背景。我们知道，汤用彤先生当年写的《魏晋玄学论稿》，堪称杰作，我们现在都受到这部著作的启发，说它直到现在还没有被逾越也不过分。但是这本书中讲的一个论点，我们觉得可以商榷。汤先生说，魏晋玄学，特别是王弼的哲学，是中国哲学史中用本体论取代宇宙论的典范。王弼的命题是"以无为本"，这里的"本"究竟是不是 Ontology 意义上的 on to（本体）呢？需要讨论。根据我们现在的研究，我们倾向于认为这一判断是个误解。那么接下来，牟宗三先生写的、讲的中国哲学中的那些"本体"，都是 Ontology 意义上的，即西方本体论意义上的存在，这是一个严重的误解。这个误解如果不清除，我们就基本上裹足不前了。我们知道，中国哲学里面讨论"本体"，虽然也与本原问题相关，但是不能用知识论、逻辑学、本体论这样一套方法加以讨论。

那么，中国哲学谈论"本体"的根本在哪儿？根本还是在于心性论、精神哲学和境界说。只有在这个层次上，才能知道"本体"指的是什么。"本体"是在这个意义上讲的，不是在别的意义上讲的。将"本体"误解为 Ontology 的现象非常严重，我们现在正在进行廓清的工作。我们现在做的好多工作，不是针对某位学者的，而是针对我们整个学科的发展。如果我们还是在这些窠臼下，无异于坐以待毙，这一点都没有耸人听闻。如果中国哲学没有前途，国内生产总值再高，也谈不上中华民族的伟大复兴。我们要在哲学层面上显示出我们自己的价值，使命重大，并非虚言。这是我们讲的第一点，"本体论"这个词，我们千万不要像以前那样讲了。我们要通过研究，一步一步推进，把流毒肃清。

（二）中国哲学的形而上学

第二点，我们想讲一下形而上学。大家经常说形而上学，其实它上面蒙上了很多不实的污名，比如说形而上学是静止的、片面的，还有什么看问题是荒谬的，等等。这里讲的形而上学，其实讲的是西方哲学的 Ontology。近代以来，中国学界为了把哲学学科引入中国，同时使研究传统思想的人能找到一条路来重新梳理中国古代的思想史料，所做的第一步工作就是翻译。其中，就把 metaphysics 翻译成"形而上学"。在中国传统中，什么叫形而上学？"形而上学""先天""后天"都是出自《易传》，含义之高深超出了我们的想象。我们可以这么说，metaphysics 完全匹配不了这样一个高度。今天讲得比较放肆一点，我在写《道家形而上学研究》的时候还比较客气一点，说道家形而上学跟古希腊哲学的 metaphysics 比起来各有所长，可以与之相媲美。我们今天讲，古希腊哲学永远地被打上了一种物理学的痕迹。我就敢于这样讲，后来我发现，海德格尔也这么说。海德格尔的意思是，西方后来误解了物理学，物理学实际上讲的是自然。他发现，柏拉图以来的哲学，把自然的观念掏空了。因此，海德格尔他要颠倒过来。他讲的这个规律没有错，就是说，西方哲学打上了很强的物理学的痕迹。有一点是他永远抹除不了的，就是实体的观念。西方哲学讨论的理念也好、实质也好、本质也好，一切思想世界中那些比现实世界更本质的东西，都带有实体观念的残余。

这样我们就会发现，中国哲学很少将本原视作实体，这是非常有特点的。中国哲学里面讲的"道"，无论道家也好，儒家也好，他们讲的"道"是实体吗？反正我没有胆量这样认为。孔子讲"仁"，以及后来儒家学者经常念叨的"中""诚"，谁敢说是实体？没有一个是实体。这就说明，中国哲学中对本原的考虑，很自觉地抹去了实体的意味。本原不是实体，看不见也摸不着，那到底是什么呢？我们在最近的研究里面，有一些新的发现。我们举一个例子，道家著作中有很多视觉语词，这些语词都是解释状态的。大家注意，讲状态，或者说状语、状词，好像是依附于一个实体、主语或主词来讲的，但是在中国哲学的语境下，不是那么回事，状态语词恰恰刻画了一种主客消融的状态。我们现在越来越明确了，这些丰富的状态语词，讲的实际上是精神状态，而非实体。

这跟我们刚才讨论的心性论是吻合的。我们讲的不是一个本体论意义上的实在，也不是逻辑学意义上的那样一种客观的东西，也不是知识论意义上理性思考的对象，它不是也永远不会成为那样的东西。那么它是什么？说到底，它是对精神状态、精神世界、精神境界的描摹。它通过这些状态语词来提示，它不是名词，名词很容易被实体化，而状态语词更多是引导我们切身地感受并进入那样一种情境当中。我们读普鲁斯特的《追忆似水年华》，能感觉到他那种恍恍惚惚的意识状态，那已经很了不起了。或者说我们看陀思妥耶夫斯基笔下特别强烈的内心冲突，语言像悬河泻水一样倾诉，哗哗将你淹没，你就和他进入了同一种状态，这就是最顶尖的作家。那么我们看《庄子》怎么写？《庄子》中的"卮言"是在提示你打破语言的窠臼，把语言打碎了。你看到的是我的话语，但是我要告诉你，你看到的任何一句话，都不是我想要表达的。我要表达的东西，藏在文字后面。这是非常高明的写法。这种书写的特点，不是偶然出现的，而是与哲学思考有关。所以说，中国哲学里不讲实体，从道家哲学中的"恍惚""窈冥"等，到儒家哲学中的"浑然与物同体"的"浑然"，都是状态语词。而状态语词和心性论的模式契合，互为表里。

　　我希望通过这样的一些工作，来讲中国哲学的特质，来讲中国哲学的特点。这个特点可以卓然独立，任何时候也消灭不了。

（三）中国哲学的历史与使命

　　我想大家都很清楚，无论古代中国还是近现代中国，都一定会走自己的路，不会走美国那条路，也不会走欧洲那条路。欧洲人和美国人认为，资本主义全球扩张以来，世界市场、民主自由，包括哲学在内的这一套东西，他们说是启蒙，实际上是给世界各地的人洗脑。他们说，如果你不进入这个体系，不跟随我们走这条路，你就不能在世界上存在。但是我们现在看得很清楚了，中国要走自己的路。西方人为什么焦虑呢？欧洲人其实也很焦虑，美国人就更现实一点，因为中国不会走这条路。为什么不走呢？我们说原因有很多，有政治上的抗衡博弈，有经济利益的不可让渡，种种理由，从思想上讲，就是我们有自己一套独特的思想文化。你取代不了我，我也不会自暴自弃。我们会用自己的思想文化体系作为基础，来把西方文化中有滋养的东西吸纳其中，而不是说把我们的文化去掉，替换成西方的文化。如果我们对自己的文化价值视而不见，自行或者任由别人把它扫荡殆尽，那么悲剧马上就会发生。非洲、拉丁美洲的历史命运是什么？资本主义的全球扩张伴随着基督教的全球传播，把很多地方文化摧毁殆尽，种族夷绝。我们能让这些事情发生在中国吗？

所以说，我们今天讲中国哲学的特质，我觉得一个重要的任务，就是树立文化自信、思想自信。就是说，我们有自己独特的思想资源，可以在这种思想资源的基础上博采众长、为我所用。我们要有这样的胆量与气度，才能更好地前进。

第四讲　自我与他者*

一、引言

　　我们哲学系的同人一直有这样的一个看法，就是认为我们所做的工作是在追求真理，实际上我们也可以说所有人文社会科学都是在追求真理，只不过是方式跟方法不一样。在追求真理的过程中，我们有一个非常清醒的认识，就是说通过哲学史，我们发现有很多不同的真理探求方式，基于这些探求方式呈现出许多不同的体系，为人生、社会提出了各种各样的解答。在这个过程中我们会知道，真理不会局限在一家，也不会局限在一个人，并且真理也永远不会终结，因为人们的生活每天都会继续下去。另外一个问题是，真理讨论的多元化开展会让我们很清醒地意识到，我们的一些思考不见

＊　本文整理自 2017 年 4 月 20 日广西大学公共管理学院、广西人民出版社联合主办的讲座"大雅人文讲堂"。

得就是真理。

那么在这种条件下，真理怎么确定呢？这可能要交给大家来评判。所以说哲学非常强调大家一起来讨论，因为每一个人讲的都是意见，但哪怕意见里面仅包含一点真理的因素，这样的因素进入到讨论之中，都是非常有意义的。所以说我们作为老师，非常希望与全国各地不同的师友，与处于不同的研究传统中、不同的思考状态下的人们，进行交流。这样的交流不是为了别人，而是为了我们能更好地倾听不同的声音，反思自己的不足。

今天主要是想给大家介绍一下中国哲学对这一问题的一些思考。我个人认为中国哲学的回应非常有特色，而且探讨这一问题，对于我们理解中国传统文化、理解中国哲学的精髓，有重要的价值和意义。

二、我是谁

首先我想和大家一起来熟悉一下这个问题的意识。我们都知道，"我"是很多问题的根源。我们经常会在实际生活中碰到各种各样的问题，比如说谈恋爱了，找了一个女朋友不行，再换一个女朋友，换了以后又不行再换一个，那么这样换来换去，问题出在哪？其实问题在你自己，你自己不行，而不是说对方不行。这是一个客观的问题，但最终要转化成你自己的问题。换工作也是这样。到底干哪个工作合适呢？在场的有很多年轻的朋友，大家可能都会尝试各种各样不同的专业，或者说尝试不同的职业。这个行业可能适合别人，但你是否能在这里安顿下来，关键在于这个行业是否适合你。这个世界本来是先于你而存在的、被预先给定的。我们进入这个世界，进入社会，与这个世界能不能达成和谐的关系，能不能在社会中找到自己的位置，这其实归根结底取决于我们自己。

　　下面我们通过几个例子来加深对问题的理解。可能有的人会比较熟悉一些古代的著作，比如说宋代文学家周密，他的著作中记载了一个故事，说有一个人搞不清楚他自己是谁，到处走、到处找也没能找到头绪。"我是谁"是一个带有明显反身性质的问题，这个故事向我们表明，古代人也在思考类似的问题。这样一个问题实际上蕴藏着一些很重要的观念，这些观念应该说是我们人类有史以来不断积累的成果。我们也很熟悉《射雕英雄传》这部作品，其中第二次华山论剑的时候，欧阳锋很厉害，把其他人都打败了，但是之后黄蓉给他提了一个问题，说你还有一个人要打败，这个人就叫欧阳锋。这就把欧阳锋搞糊涂了：欧阳锋是谁？我又是谁？

　　"我是谁"这个问题对于哲学研究来讲也是非常重要的，特别是在中国文化的语境下、在中国文化传统中。举个例子，我们可以把"我是谁"这个问题转化成"你姓什么"，你知道你自己姓什么、不姓什么。进一步思考，我们会发现这个问题和儒家哲学的一些特别精微、艰深的理论部分密切相关。高更当年在塔希提岛上面，创作了一幅名为《我们从何处来？我们是谁？我们向何处去？》的画，这幅画在高更的绘画艺术创作生涯中可谓是巅峰之作。这幅画如果单从技法上面讲，未见得有多大的突破，但是高更赋予它一种深刻的思想性，其所思考的问题关涉每个人乃至整个人类的命运。

　　我们下面还想举一个例子。陶渊明诗集中有一组非常特别的诗，叫《形影神》，这组诗是由三首诗构成的。这三首诗表达的东西，在学术史上引起了广泛的关注。在很早的时候，历史学家陈寅恪先生就研究过这个问题，他认为《形》表明的是一个旧的天师道自然观，《影》表明了一种新的天师道自然观，《神》则表明陶渊明企图超越前面新旧天师道的思考，展现出一种新的动向。陈寅恪先生的研究确实很有启发意义，但是我们今天实事求是地讲，他解释得稍微有点过度，他把这些东西非要跟新旧天师道的思想传统联系在一起，其实没有什么过硬的证据。这组诗影响也非常大，比如说李白"举杯邀明月，对影成三人"等佳句，实际上都受到了陶诗的影响。

那么陶潜的这组诗里包含的主要的思想因素是什么？这里面讲形、影、神，形就是我们的形体，影就是形体的影子，有形必有影。形、影都是可见的，神不太可见。形、影、神这三者，实际上标识出陶渊明思考自我的三个层次。我们现在有更多的理由认为，这样的思考应当与魏晋玄学的思考联系在一起。这三者其实就是三个不同层次的自我，而且彼此有密切的关联。通过这样一些大家可能比较熟悉的文艺作品，我们可以通达今天的主题——自我，并且发现"自我"实际上在中国古代有深刻的传统，呈现于各个不同的方面。

三、我与你

（一）西方哲学中的自我与他者：主体与客体、主体间性

下面我想简单地讲一下，西方哲学所思考的"自我"是怎么一回事，"自我"跟"他者"又有怎样的关系。讲这个问题主要是想为

后面讲中国的传统提供一个参照系，有了这个参照系，我们就能更容易把握中国传统中一些与西方不同的、独特的东西。西方哲学的思维千头万绪，但其根本的理论范式就是逻辑学、知识论和本体论。此三者相互配合，基本上成了古希腊以来的西方哲学中最主流、最核心的东西。这三者有一个理论上的预设，就是主客二分，即主体（subject）跟客体（object）的两分对立。我们现在做哲学研究，经过和世界各地同人们的交流，有信心说西方哲学基本上不会脱离主客二分的理论范式。理解这个问题，是进入西方哲学对于"自我"和"他者"问题之讨论的基础。

西方人讲"我"首先要和"别人"区分开，一定是以自我为中心的，你是个自我，他人也是个自我。这个自我在理论上又被一种原子论所强化，每一个自我都是一个孤立的个体。从古希腊一直到莱布尼茨都是讲原子的，原子跟原子是一样的，这是西方哲学理解人、理解自我的一个基础。古希腊的情况稍微复杂一点，但是这样一个思考的基础仍然是有的，古希腊认为每一个公民都是自由民，奴隶或者仆人不能成为城邦的责任与义务的主体。公民之间的关系是对等的，这样如果要凝聚成一个社会的话，靠什么呢？很显然在古希腊的城邦时代，靠的是公民的汇聚，大家都在一起开会。如果你要是去了现在的希腊，会看到雅典卫城下面还保留着一些古希腊时期的公共场所，导游会给你介绍那个地方是当年开会的地方。开会制定一些盟约或契约，契约把权利和义务讲得很清楚，订立了契约之后就形成了社会。西方社会从城邦时代以来，就有了这样的一种方式和方法，可以说每个个体都是一个原子式个人，在原子式个人凝聚而成的共同体中，决定问题需要大家一同商议、投票，这样才符合契约的精神，没有契约的精神就不可能有社会。这种逻辑一直到晚近以来都没有改变。自由主义的学派有很多，这些学派认为人是自由的，每个个体都具有同样的价值，如果我们追溯这些观点背后的基础的话，原子论就是一个现成的东西。订立了契约，每个个体都会让渡一部分自身的权利和自由，这样在共同体里面才能形成一系列机制。

通过上述分析，我们会发现西方的社会思想和哲学思想是密不可分的。如果说从主客二分的角度讲，个人主义是潜伏在整个西方的"思想本能"之中的。"思想本能"这个词不是我发明的，是伟大的数理逻辑学家怀特海发明的，是说任何一种思想都不完全是个人的东西，而是会被一些无形的东西所控制，这些控制你的东西很难用一个现成的词来讲它，因为他必然会这样想、一定会这样做。

我们要看到这样一种思想的逻辑，在主客二分的结构中，如果我是一个主体（subject），而你是一个客体（object）的话，这意味着我要关照你、审查你，"我"是一个主要的问题，这蕴含着一个主次的分析。我们看到，欧洲继承了古希腊古罗马的思想遗产，而美国又继承了欧洲的思想遗产，现在整个欧美的社会思潮，可以说像走马灯一样来回变化。但无论思潮怎么变，其中总有一个不变的东西，就是以自我为中心，并且特别极端。极端的自我中心主义是在其思想逻辑中深刻潜伏着的，虽然有时候西方人会用一些修辞掩盖之，比如在经济、军事、文化、话语权方面，或者他们自认为在道德上有某种优越感的时候，他会给你讲一些特别的东西，但是一旦遭到了挑战性的危机，他们以自我为中心的思想就会原形毕露。因为以自我为中心的思想是很难打破的，如果你要去打破，他会认为你是在骗他、在忽悠他。针对西方文明的弊端，中国思想中其实有一些更好的资源，我们希望这些资源能为解决一些世界性的问题提供新的、启发性的帮助。

　　沿着主客二分的路子思考下去，所能得到的必然是一种极端的个人主义、一种极端的自我。这时，"他者"就变成了一个影子，或者说是一个次要的、围绕着自我转的东西。所以说在晚近的一些西方哲学的思考中，包括西方马克思主义的一些思考，比如说哈贝马斯讲沟通交往的一些理论，所要讨论的就是"他者"作为一个主体、作为一个主词，其出现的可能性在哪里，在理论上怎么来讨论。这个问题对于晚近以来的世界哲学来讲是非常重要的，我们用一个词来概括它——inter-subjectivity（主体间性），就是主体之间怎么能达成一种你也是主体、我也是主体的关系，这种思路就把过去那种我是主体你就只能是客体，或者说你是主体那我就只能是客体的思路逆转了。我个人觉得西方所触及的这个问题是比较深刻的，但是他们在理论上是否很好地解决了这个问题，我觉得现在还没有到下结论的地步。

　　主体间性突出了这样一个问题，就是说过去那种主客二分的思维，实际上在现代社会的条件下已经面临着很多问题，我们必须要另谋出路，展开一些新的思考方向才能解决这个问题。主体间性的理论很抽象，但实际上其针对性是非常明确的，在世界进入了资本主义扩张时期以来的400年左右，或者说最近的200年里，它的力度是空前的。要注意，资本主义出现之后，我们这个世界才变成了同一个世界，我们的历史才进入了一种无差别的世界历史。我们今天说改革开放，"改革"就是改变旧的、不适应于历史条件的东西，"开放"也就是说我们一定要进入这样的一个体系，你不主动进入这个体系就只能被迫进入，只不过通过被人家打趴下来进入。近代以来特别屈辱的一段历史告诉我们：除了进入，别无他法。

在资本主义全球扩张的历史条件下，我们在谈论主体间性，因为你中有我、我中有你，很多东西都面临挑战，当然同样也有机遇。但实事求是地讲，我对西方马克思主义的理论成果还不是特别满意，这些理论成果还不足以解决这样一系列问题。

（二）与骨骸的对话：庄子和王阳明

下面我想讲两个例子，一个是庄子，另一个是和广西有一些渊源的哲学家——王阳明。我很高兴来到广西来跟大家讨论这个问题。

在《庄子》里面有一个故事，说庄子在旅行的过程中，在大马路边看见一具骷髅，于是庄子就开始想入非非了：他是不是逃荒到这里走不动倒下了，或者说他是不是有家不能回，比如说被家里人抛弃、赶出来了，或者他是不是受到国君的惩罚，被流放到了边远的地方……庄子想了很多，迷迷糊糊靠着骷髅就睡着了。骷髅出现在庄子的梦里面，说听庄子白天讲的这些话，好像很有道理，但实际上根本不是那么回事。骷髅说死了以后的快乐是活着的人想象不到的，讲了一些死后世界和活人世界的区别。

那么我们从庄子这个故事里面能发掘出来什么呢？如果说我们认为骷髅是一个庄子对话的对象、是一个"他者"的话，那么庄子这个故事明确无误地提示我们，对骷髅在世时的一些价值判断，不由你说了算，而由人家自己说了算。骷髅说：你觉得我好像是一具在旷野里面的骸骨，下场很悲惨，但我不认为如此，虽然我的骸骨留在这，但我实际上在另外的一个维度里继续存在，我的快乐是生者完全无法想象的。在这个故事里，"他者"被置于一个非常高的地位。如果把这一点跟我们前面提到的西方哲学进行比较的话，会发现二者完全是两种不同的思考，这是非常有启发性的。与骷髅的对话同样也会发生在其他人身上，比如说汉代的张衡，或者说明代的王阳明，对这些问题的讨论明显受到了庄子的启发。

我们知道在中国文学创作的传统里面有这样的一种类型，比如说我们刚才讲陶渊明《形影神》这组诗，李白也会写同样的东西，他会对前辈表达敬意，同时又抒发自己的情感。在中国文学的传统里面，同样的一些理念和观念，可能会不断地复现，这构成了中国文学的一个重要特点。在思想史上也是如此，像一个连续体。

比如王阳明当时被贬龙场的时候，有一段特殊的经历。在王阳明的文集里面有一篇《瘗旅文》，是一篇凭吊和纪念的文章。这篇文章记载了这样一个故事，说王阳明在龙场是一个很小的驿丞，负责接待往来的一些朝廷命官。有一天，有一个吏目自京城来，这是非常少见的。阳明透过篱板远远地看见那个吏目带着一个儿子和一个仆人，由于天色很晚而且下雨，就没有上前去打招呼，第二天这一行三人就走了。之后过了半天，有人向他报告说前面山坡上有一位老人去世了，他的儿子跟随行的仆人在那哭。阳明是有恻隐之心的，不禁为此叹息。过了半天，又来了一个人说老人的儿子也死了，阳明觉得很不妙，不久又来了一个人报告说一行三人都死了。这件事让阳明深刻反思：我为什么不早点去探望一下？或者说当初第一个人来报信的时候，为什么我不马上派人把他们接到我的驿站里面来休息一下？或者说是不是有人生了病，我想办法给他治一下？等等。

在这样的思想动机下，阳明思考了很多问题。大家注意，这些问题一定要和阳明学里面的一些重要命题，比如说心外无物、心外无理，结合起来讲。因为阳明讲这些问题的时候，有一个特别重要的观念就是"天下无一物非我"，也就是说天下每一个人、每一个事物都和我有关系。这一点在早期的儒家里面也是思想的端倪，比如说尧舜禹都是古代的一些圣人，以大禹为例，他为了治水在全国各地奔波，路上碰见一个饿殍，他就不吃饭、流泪，就觉得心里面特别不舒服，因为这个不舒服形成了一种意识，认为天下人都跟他有一种亲缘关系。

说回阳明的故事，阳明后来把这三个人都埋葬了，之后为三人修了一座坟，写下了一篇《瘗旅文》，里面实际上是他对自己思想的一个反思。这样的一个反思，我们也可以说它是一种和骨骸的深层次的对话。在对话的过程中，他把"以天下为一家，以中国为一人"的思想明确了。所以后来王阳明特别推崇《大学》，他讲《大学》的时候专门讲，天下所有的人都和自身有联系。中国哲学的这样一些故事，会告诉我们在思考"他者"的时候，完全可以采取和西方哲学不一样的角度。

四、吾丧我与民胞物与

（一）自我意识与个人主义

我们讨论"自我"是跟"自我意识"有关系的，如果观察一个小孩的成长的话，我们会知道他一开始没有思想意识，我们也会在人类学、民族志等比较广泛的材料中，发现远古先民分不清"我"跟其他人的关系。比如说你在路上碰见一个古代部落的土著，你问他姓什么，或者说叫什么？他说"我是熊"。然后碰见另外一个人，你问他同样的问题，他也会说"我是熊"。因为他们一整个部族的人都是以一个名字来作为自我认同的符号。这在民族学或者说民族志的材料里面，讲的就是一种图腾符号与自我的认同的关系。

我是在内蒙古出生长大的，虽然我不是蒙古族，但我也会看蒙古的历史，《蒙古秘史》开篇就讲蒙古族的起源。蒙古族的起源是很特殊的，书上讲天地之间，一头苍狼和一头母鹿相遇，这两个动物在一起构成了蒙古族的起源。我们今天知道苍狼代表了一个部落，母鹿代表着一个部落，这两个部落早期的人基本上都是采取对偶婚制，不同的部落结成同盟，这样的话才形成了一个比较稳定的基因库，或者说血缘的共同体。早期先民讲他是熊，或者是虎，或者是别的什么，是因为他没有一个自我意识，他的自我融化在部族群体里面。

而且我们也知道，早期的人类与其所处的生活环境是不可分割的，我们今天讲"身土不二"，古代人和其生活环境完全是结合在一起的，因此他的自我观念不会特别清楚，小孩有了自我意识之后就会产生很多问题，这也是人类历史进程的一个缩影。自我意识不是从人一生下来就有的，或者说不是从人类社会一开始就有，这也就意味着以自我意识为中心的一系列观念，并不是先天的、绝对合理的。如果完全按照西方的那样一个自我意识来发展的话，整个世界的技术领域已经走不动了，我们整个人类的未来也会面临很大的不确定性。那么在这样一种自我意识的基础上，形成了刚才讲的原子论式的个人主义，这种个人主义会很容易走极端。

（二）儒家哲学：谱系树、网络化生存

那么在中国的传统文化中，我们中国人对这个问题的思考呈现出怎样的方式和逻辑呢？自古至今的日常生活中，我们中国人在听

到"你是谁"的问题时，会很自然地回答"我是×××（父亲）的儿子，我姓××"，那么父亲就是爷爷的儿子，这样每个人都是可以解释的，并且我们大家也都觉得这种解释方式很正常。如果谁感到这种方式不正常，就是被西方的思维洗脑洗得太厉害。我们中国一直是这样，在被追问"你是谁"的时候，或者说换一个问题，我来问"我是谁"的时候，我首先是想到我是我父亲的儿子和我儿子的父亲，这样讲我的定位就很清楚，我的责任跟权利也非常清楚，我在社会中的位置也非常清楚。

这样的观点并不是无来由的，因为在中国古代的社会中，每个人都生活在祖宗跟子子孙孙之间，处于链条的一个环节、谱系树的一个节点上。不仅是个人，一个家庭甚至一个宗族也可以这么讲。社会里面有许许多多不同的家庭、不同的宗族，这些家庭和宗族有各自的谱系树，这些谱系树又会和其他的谱系树叠加，从而构成一个谱系的网络。这个网络是中国传统思想世界和中国传统社会里面认识个人的基础。

所以说儒家哲学从来不会认为你是一个孤立于社会、孤立于家庭的个人。这首先是不可能的，因为若是你孤立于社会和家庭，你就没法出生。人都会有父亲和母亲，没有父亲和母亲，是不会有你这个人的诞生的。如果你处在社会或者共同体之外，你一天也活不了，就算你野外生存能力很强，能多活几天，那你充其量是个野人，也算不上人。

这个体系还会更进一步，除了用血缘的关系来界定个人，还会像儒家那样强调成人，成为一个人。只有生物属性的"人"，只能说是披了一张人皮，还不能称其为人。成人的关键在于教化和社会化，这是儒家传统非常重要的一个精华，它不会把人碎片化为一种孤立的原子式个人，并且认为这种个人主义完全没有意义。

也就是说，在社会生活共同体里面，在每一个网络的节点上面，儒家传统都会给你赋予一个"名"，这个"名"包括你的姓名，还包括社会赋予你的一些地位，比如你是哪年生人、你的社会关系是怎样的等，它都会规定。有了这个"名"，你在社会体系里面的位置会被明确地定位，也就是说你会成为一个社会中的人。因此"名"非常重要，所以孔子讲"必也正名"，就是说每一个人都必须在社会生活中找到自己的位置。

我们同时会看到有一些人会被社会所放逐，那么什么人会被排除出去？比如说有些杀人犯十恶不赦，我们会以死刑在肉体上消灭他。但肉体上消灭他之后，还有一个重要的工作，就是在社会层面抹除他。死刑的判决书下来之后，都会说某某某执行死刑，缓刑两年或者立即执行。接下来还有一条"剥夺政治权利终身"，他写的书、他发的那些言彻底被抹掉，这是个体在"名"的层次被消灭了。

为了加深对这个问题的理解，我们还要从中国古代文化最根本的特征上面继续探讨。中国文化的一个区别于其他民族文化的明显特点，就是中国文化具有"礼"的性质。我们怎么通过"礼"的特点来讲"自我"和"他者"的关系呢？礼有很多种，比如吃饭座次、行军打仗都要讲求礼，这是一些具体的礼节。但繁复的礼之中有一个非常基础的部分，就是"祭"。"礼有五经，莫重于祭"，"祭"的主要部分是祭祀祖先，但在其具体逻辑的延长线上，还会祭祀远祖，远祖会把同姓的甚至不同姓的人物都网罗进去，这一逻辑可以进一步推扩为祭祀天地、山川等。也就是说，祭礼可以包含很多东西，狭义来看是祭祀自己逝去祖先的亡灵，但是广义来看有"致孝乎鬼神"，孝不仅仅是对自己的父母，而是可以有极广泛的包罗范围。

这样来看，祭礼和儒家思想多少有一些互相矛盾，因为我们知道从孔子开始，理性的精神已经很强了，比如孔子说"敬鬼神而远之"，而祭祀所预设的理论基础恰恰是有鬼神。祭祀祖先亡灵要求跟祖先的亡灵有一些沟通感应，若非如此，祭礼就没有意义了。由此，可以说祭礼基本的理论预设就是存在鬼神。虽然说孔子讲"敬鬼神而远之"，对鬼神持比较理性的态度，但我们会发现在中国的思想传统里面，特别是在儒家的哲学里面，鬼神的观念始终没有得到完全的破除，而导致这一点的很重要的一个原因就是祭祀的长期存在。

我们知道祭礼是对祖先的祭祀，弄一些供奉的东西，然后在仪式里面能达到和祖先沟通的境界。祭祀的重点其实在于和祖先的亡灵进行感应沟通。想达到这种感应沟通的境界，需要一些方法，比如斋戒、仪式等等。我们想重点谈谈沟通鬼神的意义。我们会发现祭礼是通过一种特别仪式化、特别隆重的文化仪式，把祖先的亡灵召唤到我们的生活当中。我们平常是看不见祖先亡灵的，但在祭礼这种特殊的活动中，我们跟祖先又重新在一起，可以听到祖先的声音。沿这个逻辑进一步推下去，会发现每一个活着的人都有机会跟死去的人在特殊的条件下重新相遇。孔子有一句话讲"祭神如神在"，"如在"似乎并不是确实存在，而是像在场一样。也就是说，祭礼建立起生者和逝者的联系，每一个参与者都感受到了一个系统，感受到我们和所有的人都在一起，并且可以沟通。在这里，逝者并未真正死去，而是会在某种条件下重新出现。

这意味着，祭礼建构起一套能让所有社会网络中的人成为不朽的文化体系。从小到大我们参加过很多次祭礼，我们会受到强烈的威胁，有一天我们可能肉体不存在了，骨骸可能也找不到了，但是其他人也可以通过祭礼和我们的骨骸，和我们看不见的那种存在，在非常的意义上继续进行对话。也就是说，我们每一个人只要生活在礼的文化体系当中，就必将是不朽的。

这样来看，祭礼的意义至关重要，对于古人的生活来讲可以说起了定海神针的作用。我们只要遵从、认同这样的一个文化体系，就不用发愁身后的事情，因为只要你生了儿子，儿子生了孙子，家族传承下去，就会有人祭祀你。这套建构，对我们今天讲的"自我"跟"他者"的关系实际上是一个很有力的提示：你中有我、我中有你，主体之间是交互的、互相依存的关系，而绝不能把个人孤立起来，我们必须依赖于其他人，才能让自己成为一种真实的、有价值、有意义的存在。这是儒家哲学的一个非常精深的部分。当然这些东西在中国哲学的研究当中还没有得到很好的发掘，我们将来会沿着这样一个方向继续完善之。

（三）道家哲学：吾丧我与物化——永恒生命的无尽绵延

在介绍儒家哲学对个人价值与意义的思考之后，我们也来看一看道家，特别是我们所举的庄子的这个例子，来考虑一下能给我们提供哪些启发。讲庄子，我们知道《齐物论》是非常重要的。《齐物论》的第一个命题就是"吾丧我"，"吾"是我，"我"也是我，那么"吾丧我"是什么意思呢，难道是我要否定我自己、我要自杀吗？我们肯定不能这样来理解。在日常的语言里面，"吾"跟"我"是一样的，名异实同；但在庄子这个命题中，"吾"跟"我"的"名"是不一样的，二者背后的"实"也是不一样的。二者所指的是人的两种生存的状态、层次。我们刚才讲陶诗的时候也提到了，陶渊明设想出来三个"我"，但其实最终可以归结为两个"我"。

"我"指的是有感情的、出现在社会生活中的那个"我"。我们每个人出现在社会生活中，都要承担一个社会的角色，或者说你必须得有自己的一个"名"。每一个人也都会有喜怒哀乐，有人脾气好一点，有人脾气差一些，这些都是情态的、社会化的"我"。

在庄子的概念中，"吾"和"我"是不同的，"吾"是去掉这些情态和社会化内容的、独崇孤峻的、真实的我。如果大家看过《齐物论》的话，会知道庄子极力破斥一系列相互对待耦合的关系，比如是非、彼我等。那么"吾丧我"之后，人就跳出这些对待的束缚，变成了一个完全"无待"的人，用今天的话讲就是获得了真正自由的人生。

我们会发现庄子讲的"无待"特别接近于近代哲学所讲的"自由"的观点。依我之见，在康德哲学里面讲"自由"，也是要去掉各种各样的对待关系。从这个意义上，庄子从"吾丧我"开始，进行了一种不惜长篇大论，而且逻辑性非常强的论证，认为人不是依赖于各种各样的关系而存在的。如果把庄子的观点跟刚才我们讲的儒家思想方面的观点来进行对照的话，会发现它具有针对性，或者说具有某种相反的特点。庄子要瓦解各种各样的关系，然后把真正意义上的"我"确立起来，人生活的意义跟价值在于这个真我，而不在于其他情态的、社会化的我。庄子认为情态的、社会化的东西都不是人的本质，人其实有更高层次的本质，庄子也会用一些其他的词来讲，比如说"听之以气""真性"等。本质被突出之后，其他东西都是次要的，人们能不能获得那种超越于一般快乐、世俗幸福的最高级的幸福，完全取决于是否具有这样的洞见，能否复归于人的本质。

如果仅仅这样讲，似乎庄子讲的这种自我也变成了一个孤零零的、跟别人没有任何关系的东西了。难道庄子真的是这个意思吗？

继续推敲会发现,《齐物论》讲"无待"之后,出现了一个寓言——庄周梦蝶。这个寓言无论从文本的形态上讲,还是从我们曾把握到的所谓思想脉络上分析,都是非常特别的,以至于以前有人认为这个寓言原本是在别处的,因为放在此处显得不伦不类,难以理解其出现于此的必然性。经过研究我们会发现,庄周梦蝶的关键在于蝴蝶和庄周,我们也可以说它是一个自我研究,但这个寓言的核心是讲庄周和蝴蝶是可以相互转化的,是具有同样价值的,这种观念被庄子称为"物化"。"吾丧我"和"物化"是有深刻联系的,庄子通过"吾丧我"讲自由,最后一定要转折到"物化",讲庄周跟蝴蝶都可以成为一体、互相转化,它们之间的价值是等同的,那么同理,人和人的关系也是如此,一个人和其他人也完全是相通的。

进一步说,"物化"里面有一个关键词是"化","化"实际上讲的是一个过程,这个概念的含义是非常深刻的,现在的研究已经把这个问题讲得很清楚了。过去哲学上讨论这个问题,它残留了很强的前苏格拉底哲学的讨论方式,即从物的角度来讨论道,这会带来很多问题。比如说你要思考物的本原的时候,或者讲它是形式,或者讲它是最小的组成部分。最小的组成部分就是所谓的原子,而形式就是柏拉图所谓的"相"(理念)。

但庄子开启了另外一个方向,他通过"过程"来讲本原。我们看到凡是现实存在的东西,所有的现象都经历过新的变化,没有例外。泰山很高,但终有一天会沉在水下,或者说会变为平地,这只是时间长短的问题。地球 40 多亿年来发展成现在这样,但总有一天会灭亡,这是必然的,无论人们态度如何都不会发生改变。所以说庄子用变化来代替物本身是有道理的,并且这个道理也很深刻,直接把对物的描写转化成对过程的描写。

　　这个过程是怎样的呢？万物"始卒若环"，意为万物从开始到结束像一个环形。这里讲的是万物，而不是单纯的一个物，单独的物是有生有灭的。生命的变化，在哲学上讲是有终始，每一个物都有一个开始有一个结束，每个人都有一个出生的时间和一个死亡的时间，我们的生命就在这个时间段里面持续。但是我们把所有人、所有物的现象整合起来，作为一个整体来综合考虑，会发现每一个物到了其终点后并没有消失为零，而是转化成了别的东西，那么这样看来宇宙万物就处于一种不断转化的过程中，而且这个过程的起点跟终点是一个，从而构成了一个环形。

　　这样一种"有始有终的环形"的思考方式和表达方法，其实是古人对无穷的观念的一种表达。我们今天表达无穷，实际上也面临着一些困难，比如康托尔讲的一种无穷集合，这是非常精深的。对无限的这样一种思考方式展现出现代人才具有的某些思考的特点，但是古人很简单，可能直接把无穷理解为无限的循环。这样我们就会看到，"化"是一个循环的过程，宇宙大化就像一条路，这条路是闭合的、环形的、不断转动的，每一个物、每一个人实际上都是在无限的大化流行中的一个片段。一个片段结束了，你会变成另外一个片段，这就是转化。这样来看，宇宙万物就变成了万化之途。而按此模式来思考的话，会发现每一个"化"跟另外一个"化"都是有联系的，而且如果时间是无限的话，每一个"化"都会变成另外一个"化"。

　　如果我们把上述观点放在一个"自我"跟"他者"的角度来看，可以知道：一是"自我"和"他者"肯定是有联系的；二是"自我"总有一天会变成"他者"，a 会变成 b，或者 b 会变成 c。由此可见，庄子哲学是非常深刻的，它打破了孤立自我的局限性，每一个"化"

都跟整个宇宙大化的整体联系在一起，每一个"化"也都跟另外的"化"联系在一起。每一个人终将逝去，但死去以后可以在别的层次上、在别的世界里继续存在，只不过是换一种类型。这种说法也不完全是玄学。我们想一想，地球上无论是哪一种形态的生命，如果从一种所谓科学的角度来看，都是一种碳的形式，都是一种碳分子的转化。所以地球的生命系统中，每一个个体都是碳基，而个体之间确实是相互转化的。这实际上和庄子讲的东西有点像，但是我们不建议大家来类比。

"化"是无穷无尽的，并且"化"是可以互相转化的，从中可以看出庄子哲学里面也蕴含了永恒生命的观念。有了这样的观念，他就不会为生活中一些乱七八糟的、困扰我们的问题，特别是生死的问题，而受过多的羁绊、束缚。

我们再回想一下，陶渊明写的《形影神》诗的第三首中，有一句特别有名，"纵浪大化中，不喜亦不惧"，从这两句诗中，我们能看到他对庄子有着深刻的理解和体会，这个讨论的境界是很高的。他看到了每一个个体生命都跟自然宇宙、跟广义的生命体是联系在一起的，有了这样的认识，就会具有一种非常坚定的信念：永恒真理，无穷绵延。这种观点就和我们先前讲的儒家哲学有些殊途同归的意味了。

第二篇

中国文化及其价值

第五讲　礼的仪式感与神圣性 *

　　我今天班门弄斧，讲的题目是"礼的仪式感与神圣性"。我试图从仪式感和神圣性内外两个角度剖析传统礼文化，大概持续了很多年。请允许我稍微介绍一下基本情况。

　　礼是中国文化的鲜明特征。按照世界文明史这样的一个视野予以审视，礼是中国独有的特质，就是说其他文化没有这样一种堪称无所不包的文化体系；其他文化有可能有仪式，有可能有其他生活的那种 ritual 即礼仪来指导，包括行为方式、行为规范，这些内容都会有。《礼记》或其他史书里面讲的"节文"，我们都可以在其他文化找到类似的对应物，但是礼乐文明的整体系统，包括呈现于外的"仪"与焕发于内的"诚"，却是其他文化罕有的。就是因为这个特点，我们进入近代以来，人文学者几乎都同意礼是中国文化的重要特征，并对传统礼学投入了更多关注。

　　近代以来我们对中国文化的研究有一个难点，就是怎么来理解

＊　本文整理自 2020 年 1 月 10 日西北大学玄奘研究院"善导讲坛"第十三讲。

礼，这是非常难的，因为我们缺乏分析把握它的理论利器。我们用以研究人文学术的理论方法，包括社会学的方法、宗教社会学的方法，或者人类学的视野，或者其他的社会科学理论来研究礼，基本上都碰壁了，都不怎么好使。我给大家先介绍一下这个情况，就是因为我们之前研究中国古代这个礼，也试图用各种各样的西方舶来的人文社会科学的理论来加以深入了解，实际上都有各种各样的问题。这些问题不是我们今天讨论的重点。我们今天要讨论的重点是礼的文化的特质。为此我们沿着仪式感与神圣性这两个方向做一些梳理和分析，这是今天的主要任务和目标。我打算通过五个问题展开讨论。

一、礼：作为象征仪式和文化模式

首先我想大概分析一下礼的特点之一，就是仪式感。我们都知道礼有一套程式化的仪节，依照这样一种程式行礼如仪，就可以完成社会政治生活中的几乎一切事儿；但是我们一定要清楚，行礼如仪内蕴了别的意思——精神层面的体验，包含于精神体验之内的神圣感正是我们要重点分析的。除了我们表面上看到的这种象征体系之外，它还有更深的意思，特别是要在这里面发现儒家哲学脉络当中的创造性转化，连续的创造性转化是非常关键的地方。传统意义上的礼，在当今社会的意义是什么？这个问题我不知道该怎么讲，但我想尝试一下，可能不太准确，那就是：礼在某种意义上可以代替宗教。原因是，古代社会的礼俗，的确能够至少部分取代、替换宗教。中国之所以为中国，一个重要特点就是古代中国思想文化世界一直绵延于今，现代中国就是古代中国的延续，也就是说我们的当下跟古代是有联系的，我们把它看成是一个延续的文化脉络。就是说我们在这样一种文化世界里面生活，我们不是特别需要西方文明中酝酿出来的宗教——严格意义上的 religion，大家想一想是不是这样的道理？佛教是在中国大行其道，但是我们知道佛教它也不单纯是一个宗教。欧阳竟无曾说佛教非宗教、非哲学，相当于一种文化体系。我们对礼的认识也是如此。可见礼乐文明完全有潜力、有可能替代宗教的文化功能，至少能部分地替代它。

礼以及礼乐文明的传统，是儒家一直念兹在兹的。墨家和道家都反对繁文缛节，其实他们也非常重视礼——如果不重视就不必浪费口舌和笔墨反对它了。汉代某些知识分子认为道家企图绝灭礼学，怎么会重视礼呢？这不是自相矛盾吗？请注意，庄子批评儒家，有句话是说"明乎礼义而陋于知人心"，可见道家非常警觉那种导致人性扭曲的异化感。事实是，如果人们只留意那些程式和仪节，往往会妨害精神层面活生生的内在经验，如此一来礼就可能沦为虚伪苍白的空壳。同时，道教（传统亦称道家）又推陈出新，在礼乐文明的基础上予以充实发展，那些道教中系统化的科仪恰好体现了礼乐文明的古今之变。佛教来到中国之后，它一开始没有科仪，后来是不是也在向儒道两家学习（互相学习）？也要讲仪式？"沙门不敬王者"是不是佛教融入中国社会时遇到的一个重要问题？这样的问题，可以称之为礼仪之争，可见礼仪之争很早就出现了，大规模或深度的文化交流必然涉及礼仪之争诸问题。所以其他的文化，比如基督教的传教士来了之后，首先发现了一个问题，即是不是要对统治者进行跪拜，这也是礼仪之争，因为他发现这种文化冲突不可避免。这些例子可以表明：对于中国的文化传统而言，礼仪是很关键的。这就是我想大概给大家介绍一下的脉络，下面我们就逐次讨论。

我们其实很难给礼下一个定义，因为我们不能很清晰地划出它的范围、它的边界。倘若对某种事物的范围和边界不清楚的话，就很难定义它、把握它。我们知道，要下一个定义，要把一个概念或者名词对象说得严谨一点，把它的内涵和外延限定清楚就行了。问题在于，礼无所不包、无所不在，几乎笼罩一切，其边界和范围很难划定。比如说，新王登基、册命诸侯都是重要的王礼、王制，要诉诸隆重的典礼。王制还包括巡狩这样的政治军事制度，以及崇祀祖先、祭奠天地及名山大川等。诸侯和士大夫的礼仪制度，原则上比王的规制要"小一号"或"小几号"。这都是可见的、有形的。庙有庙制，其他祭祀过程中的铭器也都各有各的规制，这是没有任何问题的，都是可见的，也就是说可以表象化的。庙，被称为国中之象。宗庙是干啥的？这一点很明确，它就是象征这个城市和国家的，体现社会、政治和共同体的符号。这都是可见的、有形的，可以表象化的内容，这些内容很多学者都研究了。但还有一些不可形、不可象的，那些习俗的、我们平常百姓日用的部分，它们丰富且繁杂，有某种离散性，弥漫于文化生活的各个角落里面，无所不在。以上都是礼所固有的内容和范围，我们很难确定一个非常清晰的边界。

我们还知道，礼不仅仅是仪，也不能把它归结为仪，因为它还包括仪背后的那一套东西。在春秋中晚期以后，礼和仪开始分化，是不是符合那个仪不重要了，祭祀的时候不仅重视贡献的祭品，更重要的是需要有崇敬的心意和诚意，内在精神的维度得到了更进一步的强调。像孔子讨论的礼在于祭品（羊）还是礼（合礼的行动以及由此滋育的精神体验），讲的就是这个问题，是讲敲敲打打的那些仪式，还是讲仪式背后的礼的意，或是表明礼的仪？可见礼和仪已经开始分离。前面的礼用现在的分析方法看起来更加清楚，礼既包括"仪"也包括"意"，这样就成为内外互动的一个整体，所以礼的范围非常广，而且是一个内外交互为用的整体。

下面讲一个例子，旨在说明礼覆盖了古代文化的重要方面，甚至是儒家思想的前提和基础，而不仅仅是限于繁文缛节等方面。古代人怎么认识天地万物？我们都知道早期的思想中，对天地万物会通过分类来认识，这个分类很重要，没有分类就没有了解，这是思想史的一个铁的规律：没有分类我们就无法认知，甚至看不到问题是什么。如果我们脑子里没有一套分类的体系，你一出门什么都看不见，都是黑糊糊的一片，那些植物、动物，不会从这个世界里面涌现出来，你看到的都是模模糊糊的影像。

我曾是学土木工程的。很多人也许都不知道，每一个建构筑物的基础下面，比如说楼房的地基中，有一层特殊的水泥，它的颜色要比更低基础上的水泥颜色更深一些，那是防水层。有很多建筑物，非常大，建筑物结构里面有不少缝隙，有的缝很宽，有十几二十公分，那是结构上必须设置的伸缩缝。所有的桥梁，如著名的南京长江大桥、港珠澳大桥，都是如此。你要是不学一点建筑结构就不了解这一点，也往往看不到这些东西。

我们说的一个道理是，当古人提到天地万物的时候，有一个很重要的意思，即天地万物出现在祭祀中。礼是一个象征体系，世间万物都能在礼当中被象征；换言之，宇宙万物都能在礼的仪式与过程中找到对应物。这一点很重要，它促使我们透过礼所表象、所建构起来的体系认识我们身处其中的宇宙万物。要倒过来想，儒家讲人伦，但也讲天地万物。他怎么讲天地万物呢？我们现在的研究要按照礼的这样一种思考方法、礼的这样一套思维和思想逻辑重新来理解。可以毫不夸张地说，礼的仪式和体验塑造了古代中国的思想世界，支配了人们的宇宙观、世界观。同时，礼也具体规定了每个人在社会中、在宇宙中的地位和作用。比如刚才我们讲的祭，它具体规定了每个人在其中的位置与作用，几乎每个人在祭礼中都是不一样的。"祭不越望"是古礼规定的，诸侯和士卿只能祭祀特定的对象，而这个特定对象恰好就是他们的食邑或封地。祭天地、泰山封禅那是天子的事情，诸侯士大夫要是盲目地冲动搞了一个祭黄帝、祭天地的大典，就会被追究责任，因为这样做越过了礼的界限，接下来所触及的政治和法律问题是很严重的。霍去病是个功臣，盖房子盖得宽敞了一点儿就被有司问罪，就是因为僭越礼制可不是一个小事情。

　　强调一下，礼有一些层次和等级，不是一般意义上的隆杀或损益。比如说献祭品，多当然表示更高的敬意，这是没有问题的。但它是很辩证的，就是说高到了一定程度，不是要我们一直往上面加东西，最重、最高的奉献、牺牲也就是牛羊猪（三牲），一头牛就代表所有的牛，一只羊代表所有的羊，这就是象征，而不是真的需要那么多牛羊。按照这个逻辑再往前推，最高的敬意可能不需要任何东西来表示，或者说可以用最简单的东西来象征，例如玄酒（纯净的水）和斩衰（整张麻布）。礼规定了敬献酒旨和郁鬯（有香味的东西），其最高级仅仅是明水而已。明水就是露水，古代的纯净水，在祭祀的这样一种语境下称明水，不需要真的酒水。玄酒也是这样，它其实就是水，玄酒表达最高敬意和礼数，这是不是很辩证？另一个例子就是丧礼中的斩衰。亲爹过世了，长子服最重的丧、戴最重的孝，那就是斩衰——直接披一块麻布。我们谈到这些古礼里面的细节想说明什么呢？请大家注意，世界诸民族的文化体系和文明里面几乎都会出现类似的丧礼和祭礼，然而古代中国的礼俗却是很有特点的。古希腊祭祀中献祭和牺牲是非常重的，奥林匹斯山上的神庙位于深山里面，离平原很远，但是修建的规模很大，令人惊讶。我们徜徉于那些残垣颓壁，可以想见早年的盛况，庙宇堂庑殿气势宏伟、富丽堂皇，各色人等川流不息。是不是很奇怪，为什么那么多人不辞辛劳，到深山里的神庙里来？因为我们中国古代一般不会这么做。古印度祭祀盛行，牺牲很重，动辄 500 头牛，这样的祭祀非常隆重，花费的人力、财力比较多。可见古代印欧文明中的祭祀活动过于铺张浪费，不能体恤生民的艰难。自从礼乐文明创设以来，特别是西周礼乐文明成熟以来，从来没有记载过一次祭祀以 500 头牛作为牺牲的，因为一头就够了，一头牛足以象征牛这个物类。我们知道牛是古代很重要的资产，举行一场祭祀的牺牲奉献过于重的话，那活着的人还怎么发展生产、维系日常生活？可见，古代中国的礼俗这一套体系有它的优点。

二、礼：作为早期思维和儒家思想的基础

实际上，礼深刻镶嵌于古人习俗和思维之中。宇宙间的万物品类、人世间的各种关系都出现在祭祀语境中，并且诉诸仪式感，和我们建立起了联系，同时也支配着古人认识周围世界的方式。礼的

思维往往渗透进古人的世界观和思想世界当中，影响了他们对天地间万事万物的感知。我们从宗教开始讲，我们都知道天子七庙、诸侯五庙，这都是礼制的规制。我们都知道，在古代每一家族都有一个宗堂，一般来说都有一些祖先的画像，或者说灵位什么的。等级再高一点就是祠堂，再高一点就是每一个诸侯都有一个庙，有庙有舍。到了天子七庙，最中间这个庙就是最高级别的庙，它基本上是祭的始祖，始祖是指的一个姓或者一个国家的开创者。比如说商人，以民族祭祀，庙里面具体情况因为现在史料的缺少，我们不太清楚，但里面一定是有很多神怪，这是其他辅助的史料讲明的一点。有很多神怪，也就是说他的始祖基本上和动物有关系，或者说跟很神奇、很邈远的传说有关系。

这个联系，我们能够在各种早期文献、传世文献和民族志、人类学的史料中找到印证，比如苗族是怎么回事，满族的起源怎么回事，过去蒙古族是怎么回事。《蒙古秘史》叙述蒙古源流，一开始就说：天地之间，有一头苍狼和一头紫鹿相遇了。一头苍狼和一头紫鹿相遇是啥意思呢？《蒙古秘史》接下来说的一句话就是，"这是蒙古民族的起源"。借助晚近的研究和理论，我们现在可以把这段话翻译过来：有一个部落是以狼为图腾的，另外一个部落是以鹿为图腾的，它们两个部落结成了对偶婚（制度）之后，形成了最早的蒙古民族雏形。这个也是要通过礼来表现的，所以始祖庙里面整个的仪式就是表现它的。我们知道这代表着图腾制度，详情就不讨论了。我们讲人和动物的联系，甚至于人和其他天地之间所有东西的联系，似乎都需要通过礼来认识和把握。诸子时代的哲学思考，尤其是儒道两家，都特别重视从天人之际的视野讨论问题，这也是中国哲学的特色之一。儒家如何通过人道讲天道，进而"究天人之际"呢？

秘密就在于礼一方面包括处理人的关系、对人的关系的抽象表达，这些东西你看起来是具体的，但实际是抽象的、文化的那种符号演示；另一方面，它又把自然的过程、天地万物都放在这个礼里面进行理解与思考。儒家的思想具有这样一种特点，这样看，礼包含的内容非常丰富，也非常深邃。

由此可见，礼及其仪式感对于我们理解古代思想文化世界非常重要，应该赋予它某种优先性。前面我们强调过了，古人对天地万物的认识、理解和把握，不能不诉诸仪式性的礼，因为祭天、祭地的仪式感集中体现了他们对天地的认识和理解。请允许我再举一个我个人研究的实例来进一步阐述这个问题。云南各地区的民间信仰都在使用一种木刻水印的巴掌大小的神像——神马图像。实际上这种民间图像广泛存在于祖国各地，北京、江苏、河北、河南到处都有。我想说的重点是：图像里出现的各色神灵，例如月光、水草大王、大黑天神、喜神、利市仙官、游丝、勾绞、本主等，其实都存在于民间礼俗淫祠的仪式之中，而不是在老百姓的鬼神观念之中。换言之，上述民间信仰层次上的神神鬼鬼，固然折射了老百姓的鬼神观念与意识，但如果没有作为文化机制的仪式性礼俗活动，那么它们就无所依凭，从而会被人忘却。也就是说，仪式感才是使它们起作用、使它们存在于人们的观念之中的具体语境。参与和唤醒人们的仪式感才体现出这些民间图像的真正意义。

进一步看，儒家思想文化及其哲学思考的重要基础就是礼。任意打开一部儒家著作，不难发现它的讲法是从邈远的天道开始叙事，讲着讲着，绕了很大一个弯儿，才涉及人和人道。这是怎么一回事儿呢？现在我们希望讨论一下，早期经典其实都是仪式性文本，《诗经》《尚书》就是典型的仪式性文本。《诗》之"雅""颂"两部分，

《楚辞》之"九歌",当然都是仪式语境下的文本。汉代的不少歌诗仍然如此,因为它们都在仪式典礼中运用。闻一多曾从文学社会学角度,分析了"履帝武敏歆""履大人迹"等记载,认为这些指的是仪式,是很有启发性的。那么,《诗经》记录的"风"或"十五国风"又当如何呢?法国汉学家、社会学家葛兰言著《古代中国的节庆与歌谣》,虽有不少不准确和误解的地方,却深入分析了"国风"中的礼俗,当然是一个特别重要的创见,值得重视。也就是说,"风"同样是仪式性文本,只不过不太容易看出来,因为其中的仪式因素早已礼俗化了。《尚书》中的"诰""训""誓",同样也是仪式性文本,那些由周公、召(邵)公之口说出来的话,颁布的政令,有点像现在的政府工作报告,都具有仪式性文本的特点——它们都需要在会议上进行宣读和讨论。举个小例子,《诗经》《尚书》《周礼》《论语》都记载了"傩"——"驱疫"的礼俗,《周礼》"方相氏"条这样说:"(方相氏)掌蒙熊皮、黄金四目、玄衣朱裳、执戈扬盾,帅百隶而时难(傩),以索室驱疫。大丧,先柩;及墓,入圹,以戈击四隅,驱方良。"我们发现,这里提到的"傩礼"或"傩戏"恰好可以与《尚书》里的两段话相互印证:"宾于四门,四门穆穆;纳于大麓,烈风雷雨弗迷","月正元日,舜格于文祖,询于四岳,辟四门,明四目,达四聪"。换句话说,如果我们能够看出它们是仪式性文本的话,就不难分析两者间的联系。这一方法对于理解和把握早期文献十分重要。比如说《山海经》仅仅被理解为神话是不够的,其中部分材料也可以视为仪式性文本,这一点民俗学者刘宗迪所做的学术工作的确令人印象深刻。

三、祭：礼乐文明的核心

从文化角度看，礼最为重要。如果说我们试着给它下个定义的话，正如陈来老师所说，"礼可是无所不包的文化体系"。我觉得可以说这是一个准确而且精当的"定义"。不是因为陈来老师是我的老师，我就在这里专门表彰自己的老师，而是因为我本人也思考、研究过这个问题，我的体会是：陈来老师的概括切中肯綮。

《礼记》提到："礼有五经，莫重于祭。"这说明祭祀仪式居于礼乐文明的核心部分。倘若我们探究一下"祭"这个字，就会发现其中蕴含了以祭礼为中心的各种文化内容，涉及面十分广泛。"祭"这个字（形），现在一些历史学家和文字学家讨论来讨论去，还可以继续讨论下去；但对于我们搞宗教学研究的人来说，其实更容易获得某种直观的了解。"祭"这个字的下面部分其实就象征一个祭坛，祭祀活动不是都有一个祭坛吗？上半部分象征献祭（这个动作），就是要把祭品（胙肉等）放到祭坛上面。可见"祭"这个字从宗教学角度看是很自然的、很容易理解的。我还想强调一点：献祭是什么意思，或者它具有何等重要的意义？"祭"并不意味着单向度的关系，而是意味着建立起双向的联系，即献祭者与祭祀对象间的联系，就是说，你给你所崇祀的对象奉献了一些祭品，这其实是建立了一个关系。按照这样的思想逻辑推而广之，通过仪式性的祭祀活动，古人就可以在其生活的文化世界中建立起人与人、人与我、物与我，甚至是天与人、小我和天下国家之间的联系。换言之，文化的秩序、社会的秩序、伦理的秩序，举凡一切秩序与价值，都囊括在礼仪之中，都可以诉诸礼仪予以呈现。这一点非常重要，如果我们不理解这一点，就不太能从根上比较透彻地理解和把握中国文化的精髓。

《礼记》讲夏商周三代各有各的"道"，具体说就是："夏道尊命，事鬼敬神而远之，近人而忠焉，先禄而后威，先赏而后罚，亲而不尊；其民之敝：蠢而愚，乔而野，朴而不文。""殷人尊神，率民以事神，先鬼而后礼，先罚而后赏，尊而不亲；其民之敝：荡而不静，胜而无耻。周人尊礼尚施，事鬼敬神而远之，近人而忠焉，其赏罚用爵列，亲而不尊；其民之敝：利而巧，文而不惭，贼而蔽。"（《礼记·表记》）从历史学角度审视，夏商周三代是历史的开端，是古代人追慕不已的"黄金时代"。现在从历史学、考古学方面，尚未发现夏代的所谓铁证，但是从殷商文明的高度分析，夏代的存在几乎就是必然的，但可靠的证据还有待于继续蒐讨发现。好了，我们不必纠结这些问题，把它们留给历史学家、考古学家继续讨论好了，我们的重心在于思想史研究。《礼记》从夏商周开始说起（《表记》还提到了"虞夏之道"），以三代为历史的开端。然而《尚书》却进一步追溯到了传说时代的尧，人文历史的开端是从尧讲起的。《左传》《国语》和诸子时代的著作，例如《易传》和《庄子》，又提到了黄帝甚至更为古远的帝王，是不是很有意思？强调一下，根据各种文献来看，《礼记》以夏商周为历史的开端或起点，差不多是诸子百家都能接受的共识。《礼记》还提到"夏道"，这个"道"指的什么呢？我们推敲"夏道"出现于其中的文本，可以确定"夏道"是指以礼为核心的，或者以礼为基础概括出来的文化特质。

讲了半天，《礼记》的看法准确不准确、是不是历史事实？我想用不着特别纠结，只需要记住一点就可以了：夏商周三代是历史的开端，从那个开端就有了这样的一种文明意识和文化体系，同时也有了一种文化精神上的自觉意识。虽然夏商周的礼可能都不一样，因为礼随着时间推移、时代变迁总是在损益。但是没有什么关系，从夏商周三代文化损益角度分析，祭祀是其中的核心。前引《礼记》那段话可能在经学上有各种各样的解释，但是我们重点讲这个就可以了，我们有史以来的文化和文明就是以祭祀为本的，这是很有道理的。

《尚书》记述了营建洛邑这一重大历史事件。周公当时为了经略东南，使周人的势力走出潼关进而控制更广大的疆域，需要建设新的都城洛阳。《尚书》里有两篇文献是专门讲营建洛邑的，其中有一篇《洛诰》，这篇文献很有意思，它是一个仪式性文本。我们知道《尚书》整本书就是一个政治性的档案，一定要通过一种仪式才能赋予这个档案权威性。"诰"我们知道是一种发布命令的文体，但是这个命令你不能说我对你说两句话，或者我给你一张纸条，你就得了这个命令去执行。古人颁布重要的命令，做重要的政治决策，都要诉诸一个很隆重的仪式，当场发布这样的一个命令（诰），这个是记录它的文本，所以它称为《洛诰》。进一步说，《洛诰》这个文本也许是经过史官之手拟定的，然后由王或者代替王宣布政令的人予以宣讲。这种仪式感并非可有可无，因为它赋予"诰"以合法性、效力及权威。

《洛诰》一开始讲到，周公为了说服有不同意见的人，做出的一个重要决定就是占卜。古人经常以卜筮决疑，当人们争论营建洛阳有没有好处、吉凶如何而没有结论（实际上也得不出什么结论）时，周公决定把珍藏的大宝龟拿出来卜问吉凶。所谓"大宝龟"就是周公收藏的龟板，占卜用的，是非常重要且稀有的资源。显然，《洛诰》整个的文献也是礼制的文本。要是不懂得它是一个礼制的文本根本就读不懂它。《诗经》也是如此，如果不知道它是礼制文本、仪式文本，则很难内在地了解其中的含义，甚至根本读不懂。

郑玄曾说："王肇殷礼。"殷礼是啥意思呢？就是说周人的文化是稍微落后一点的，殷礼的文化则很发达。我们说周礼，也就是所谓西周以来的礼，其基础其实就是这里所说的殷礼，这一点王国维先生也曾指出过，他还做了一点儿尝试性的研究，我们也想沿着这个方向继续探讨，从礼的角度探索殷周之际礼的损益，但这一探索比较困难，现在头绪还不是特别清晰。

我们看看传统上怎么讲。一个大概的说法是："伐纣以来，皆用殷之礼乐。"郑玄这个说法很精妙，因为郑玄是很懂礼制损益的。其他的经学家和郑玄相比对礼的理解差远了。根据郑玄的说法，我们了解到，西周把殷礼继承了一部分，也扬弃了一部分。这很合理，也许就是历史事实。这里的重点是什么？重点是殷商时期的人，那个时代的先民，他们认为命是宿命性的、不可以改变的，西周以来的主流说法却是命是可以变的，这个"命"主要指的是国家政权。一个固执于不变，一个强调变，背后还有一层意思就是说殷人认为他的命、他的国主、他的政权的伦理性与合法性在于祖先的庇佑，我的祖先不是你的祖先，我的祖先不会庇佑你，只会庇佑我，我再不好他也会支持我，是这样的一个情况。西周人强调国家政权可以转移，一个最主要的目的就是为他们"小邦周克大邑商"做论证。

《尚书》里有一篇文献《西伯戡黎》，记述了周人翦商的一场前哨战。当时周人侵伐和占据了夹在殷周之间的一个小方国——黎，事件发生后有位大臣（祖伊）赶紧跑去跟商纣王说：不好了，周人图谋置我们于死地，咋办？商纣王很自信，说：没事，我有命在天，他们瞎蹦跶，我的命谁也动不了，因为我的祖先在庇佑我。也就是说殷商时期的命是宿命的，祖先是唯一的，我的祖先不是其他民族的祖先，我统治的其他民族跟我不是一个祖先。但周人不同，大家注意，周人说命是可以变的，要不然怎么能周革殷命呢？周革殷命的根据在哪？命可以变，别人可以把命夺过来。天命转移的根据在于你有没有那个德、你干不干好事。用我们今天的话说，你干好事，为人民服务，那你就可以上，反之你就必须下，是这么一个道理。这就是殷周之际的"革命理论"，是很深刻的。进一步分析表明，像周公、召公这些西周的长老，他们当时面临的一个问题是，怎么能把周人的祖先跟周所统治的其他民族建立起联系？这个联系主要通过礼制建立，所以我们会发现西周礼乐文明的创设是非常了不起的，不光对宗法的制度和政治权力的分配进行了巧妙的安排，还把一些旧的殷礼文化体系进行了改造。旧的殷礼改造之后，变成了一个具有高度象征性的文化体系，而且包括方方面面，在此，礼乐文明的雏形已若隐若现。

礼乐文明是一个文化象征体系，前面已经谈及。接下来，我们想进一步讨论一下这个问题。就是说，西周创设的礼乐文明其实可以称之为"德"的表象或体现，同时也容纳了一部分自然现象及其规律。举个例子：古代所说的昏礼都是在黄昏时候举行的，其中的道理是什么？黄昏是阴阳两极或者白天和黑夜交错的时刻，在这个时刻暗示整个婚姻是合二姓之好。古礼规定同姓不婚，合二姓之好，最初的婚制一定是对偶婚，就是说婚姻双方不能同属于一个氏族，比如说其中一个是姓姜，那么另一个姓姬，不能两个都姓姬，也不能两个都姓姜，否则就乱套了，就不符合同姓不婚的规矩了。合二姓之好的象征就是黄昏，在阴阳割昏晓、昼夜交界的那个时刻。这就是礼俗的思想逻辑。这样的一个象征体系，在世界各种文化中有特殊的优点，即它体现了人文意义，更进一步的文化发展也是在此基础上开展的。

四、神道设教的人文意义：仪式感与神圣性

礼的文化象征体系不断踵事增华、不断损益变化，构成古代文化的方方面面。从某种意义上说，古礼可以说具有明确的"神道设教"的性质。"神道设教"重要不重要？当然重要了。古人通过"神道设教"创设了一个跟我们生活息息相关的人文世界，这就是周文，周礼也称周文，"文"就是人文世界。有了这个人文世界——内蕴了某种精神价值，这赋予古代文化以深度，同时也奠定了我们今天发展文化事业的历史基础。

下面讲一个逻辑，刚才其实也隐约讲到了。我们都知道汉代以来特别注重孝，以孝治天下，我们知道汉文帝也称汉孝文帝，这个正式的、完整的名字特别好，讲究孝。今天还有一些人，一天到晚在鼓吹孝道，孝道能不能鼓吹我们不太知道，但是我们知道现在的社会和古代相比发生了很大变化，时代已经不同了，盲目地推崇古代孝道是不是合乎时宜？这些东西交给其他人讨论吧。我们想讨论的是，古代人认为的孝不仅仅是儿女对父母的感情，或者说行为方式，而是更广一点。我们看到《尚书》和青铜器铭文里有"追孝"字样，所谓的"追孝"讲究的是"追孝于前文人"，就是祭祀先辈祖先以及亡故的亲人，所以古人常说追养敬孝。我们从哪来的呢？古人就是通过这样的一种追孝的意识，把一个家族、亲族、氏族、宗

族甚至部族凝聚起来、团结起来。古人所谓"孝"，其范围和对象比较广。孝敬的对象不仅仅是自己的父母，也不仅仅是自己的祖先，它还一直往上到祖父母，再往上到祖父母的祖父母，这总归要追溯到一个头吧？我们按照礼制的思考逻辑，总会追溯到一个起点，这个起点就是刚才讲的天子七庙中间的庙——始祖庙，要对这个始祖祭祀，从而更进一步地表达这种孝敬。因为没有他（始祖），我们都不存在。古代人通过这样一种思维方式，把我们和我们的祖祖宗宗都建立起了联系。礼的功能与作用是什么呢？一言以蔽之，就是建立起人与人、人与万物、人与天之间的联系。

　　众所周知，每一个生命个体都不是孤立独存的。今天人们初次见面会问"您贵姓？"，讥嘲某人会说"知道自己姓啥么？"，就是说，我们在谈论或者确认自我的时候，首先要明确的一件事就是"姓什么"。这样的话每个个体存在就与他者联系起来了。沿着这样一个思路推展，我们也会出现在一个相互联系的链条当中，这个链条向上追溯就是祖祖宗宗，往下延伸就是子子孙孙，每个人都是祖祖宗宗和子子孙孙联系链条上的一个环节。这是中国文化的大道理。所以对中国人来讲，"不孝有三，无后为大"。因为如果"无后"的话，家族、宗族就无以为继、没有香火了，这等于不光是你死后没有人祭祀，你的这些先人也都没人祭祀了。你想想严重不严重？按照礼的这样一种思考方法来看当然很严重。我们说按照这样的一个思想往下推导就知道，把我们当下的人和之前曾经生活过的所有人都建立起联系，这也暗示了我们和我们身后的子子孙孙也要进行联系，我们是子子孙孙中间的一环，只不过我们往前讲叫追孝。所以这个追孝的逻辑，第一步就是追孝于自己的父母、逝去的那些先人。

　　接下来，是"致孝乎鬼神"。天神地祇人祖，都是古代祭祀的范围，都是表达孝敬的对象。有了这个我们再做进一步的讨论就会更加清楚。我们通过"祭"这样一种仪式，把家族、宗族、氏族、部族甚至整个人类凝聚为一个生活共同体，"祭"就是形成一个生活共同体的强固纽带。每一个参与祭祀的人，都可以在祭祀仪式中找到自己的位置，他应该干啥，起什么作用，都是被规定好了的，其实这就表明了每个人都能在这个文化体系中拥有一个位置，它是通过你和其他人的关系确定的，与具体的祭祀对象、祭祀活动息息相关。

　　进一步推广会发现，在礼的文化象征体系里也可以找到我们在宇宙间的定位，对于我们能够起什么样的作用也心知肚明。前面提到，礼乐文明不仅仅限于人道、人文范畴，同时它也是理解万物、世界、天地、宇宙的方式方法。也就是说，通过礼的思维模式，我们能够知晓并理解我们处于宇宙间的位置，明白自己的能力与局限，何德何能、何去何从。所以说我们要知道这一套涉及礼的东西非常重要，是理解其他问题的前提与基础。说得简单一点，我们所认为的"我"，其实都不是"我"，都是祖祖宗宗和子子孙孙中间链条的一环。个体生命要是不起这个作用，不能继承祖先、积显祖德，就不能成为这个链条的一环，或者一个人没有生育子女，没有后代传承，也不能成为这个链条的一部分。链条断了，既不幸又可悲。从礼文化体系角度审视问题就是如此这般的结论。我把这个意思总结一下：把逝去的祖先和子孙联系在一起，把过去、现在和将来都联系在一起，它是一个特殊的语境，进入这样的一个场景，其实目的就是为了启发大家进入这样的一种意识和知觉的状态。讨论这个意识和知觉的状态，我们就要讲到一些更复杂的精神经验，这种精神经验应该说是礼除了这种表象之外更深层次的内核。这一点稍后我们还将继续讨论。

关于仪式感，我还想补充讲两点。仪式感在宗教学研究里面是很核心的，在什么时候你能发现仪式感？这是宗教学研究的一个比较内行的向度，否则有很多各种各样的东西，你看到的都是民间的艺术，你要是从艺术的角度讲，马马虎虎还可以，但是最根本的是它们一定是出现在仪式里面的。你要是看不到这个，根本就研究不了它，就像研究美术史的人研究民间美术，他做不了阶段性的研究。所以这个礼，我们说它本身是一个仪式，甚至把它作为仪式理论的典范都可以。它或许更加复杂，我想大家可能对礼的仪式会有一些自己的认识和想法，不多讨论了。

我们想特别具体提一下葛兰言的研究。葛兰言应该说是涂尔干、莫斯的传人，他非常了不起，对中国的传统很了解。他的研究对于我来讲是比较有启发的，启发性在哪呢？传统上儒家有个说法是"郑声淫"，儒家知识分子认为"郑声"——大概就是当时的"新声"，相当于今天所说的流行音乐——不堪入耳，把老百姓都教坏了。这是传统的说法对不对？但是我请大家不要抱有偏见，大家看一看《诗经》里面的《桧风》和《卫风》就会发现很正常，好像没那么"淫"。儒家说的怎么那么过分呢？这个问题比较复杂。葛兰言试图从礼俗仪式角度展开分析，里面讲到在古代节庆时男女之间互相唱一下情歌，都是古代礼俗的一部分。这种传统风俗流布甚广，今天仍以地方性风俗吸引着人们。云南少数民族的火把节、泼水节都是如此。

儒家典籍里面也讲："仲春之月，令会男女，于是时也，奔者不禁。"这是什么意思呢？它透露了一个古代社会的实际情况，就是在每年的特定时节要打破一下常规，突破一下日常生活的禁忌，因为日复一日，人们的生活都很刻板，甚至多少有点儿压抑，那种情绪总有一天让人们得以释放吧？这个时候人们（尤其是男女间）的行为可以解放一点儿，出点格也没关系。这不符合儒家的口味，却是古代礼俗固有的。其实从人性与心理的角度分析，古代礼俗有它的合理性。弗洛伊德曾潜心研究古代文化的各个方面，十分博学。他举了一个很有意思的例子：欧洲上流社会那些贵妇人都穿得很整齐，都很体面、优雅、仪态万方；然而，就是这些人，她们每一年都有一个特定的聚会，坐在一起互相说脏话，说那些特别低俗的脏话。弗洛伊德认为这是正常的发泄，很正常。人性实际上深不可测，文化就是规范、引导人性的，包括疏泄那些人性之中固有的幽暗力量。古代礼俗包含了那些上不了大雅之堂的东西，这一点我们的确在儒家传承的文献中看不出多少端倪，但我们不能否认它，更不能视而不见。一个有趣的例子就是孔子的身世。大家想想，孔子咋出生的？史书记载说是"野合"，"野合"恰恰跟这些传统都是有关的。

　　葛兰言所讨论的一部分礼俗内容，应该是历史的真实，或者说是历史真实的影子，只不过随着斗转星移，礼变成了俗，呈现为民俗层次的东西。我曾研究过大理周边的古代文化，我对云南史料相对来讲还是比较了解的。现在大理、丽江、芒市还有其他一些地区，仍然保留了不少民俗，比如说大理喜洲附近举行的"绕三灵"，现在主要开发为旅游项目吸引人气。但我们知道"绕三灵"是南诏时期就有的重要典礼，是隆重盛大的仪式活动。很多游客喜欢坐在丽江的音乐厅里听那些白胡子老头表演洞经音乐，然而洞经音乐的真正语境却是民间信仰之仪式，比如说度亡、开光、起屋等。可见这些当时是某种仪式，现在蜕变为民俗了。对于学术研究而言，我们需要拥有某种特殊的视力，通过这种俗看到后面的礼。葛兰言对《诗经》的研究给我们一个启发是：你看到那些表面上关系不大的东西，实际上还是有很复杂的内在联系的。有了这样一种方法，我们就能够加深对礼的理解，加深对礼俗关系的理解。这是非常重要的。

接下来讲讲传统的特别是儒家的思想传统对鬼神的理解，这稍微有一点点复杂。孔子的说法我们都耳熟能详，"子不语怪力乱神"，或者说"敬鬼神而远之"。这表明了孔子比较理性的一面，多少有点儿拒斥鬼神的意思，至少在日常生活中是如此。但是同时，他又说"祭如在"，说"祭神如神在"。这是啥意思？"祭神如神在"的意思是说只有祭的时候才能谈论鬼神，如果没有祭，不在礼的这个范围，不在举行祭祀仪式的时候谈论那些东西都是怪力乱神，孔子对那些乱七八糟的东西比较厌烦。然而，祭祀的时候要面对鬼神，逃避它没有任何意义。孔子的真正意图就是说明：只有在这种祭的语境下讲鬼神才有意义。祭神的时候神必须是在的，不在的话就麻烦了，祭的意义就被消解了，祭的仪式就沦为纯粹的作秀和表演了。这个看起来矛盾，其实这个矛盾在儒家的传统里面形成了一个张力。钱大昕就说，自古以来鬼神观念不破，就是因为生死之事不明。的确，鬼神观念从来没有真正打破过。但我们说钱大昕这个说法不完全对，因为鬼神观念的前提与基础就是礼。如果礼没有完全崩坏，鬼神观念亦绵延不绝；礼崩坏了，鬼神观念就难以为继了。

孔子那种看似矛盾的说法提示我们：讨论鬼神，有必要把它们放到那个文化体系里面讲。传统上围绕鬼神的解释十分多元，各种各样的解释都不缺乏，比如说鬼神可以作祟，可以给你使绊子，也可以保佑你。然而我们也会发现，比较早的、原始形态的鬼神观念在一个较长时段上逐渐消退，准确地说，旧的含义逐渐在消退，同时新的含义不断滋生、不断发展。比如说《礼记》里记载的"宰我问鬼神"。宰我说：我听说鬼神有各种各样的说法，我不知道啥意思。孔子就回答，鬼神就是气，通过这个气，说鬼有的是归于泥土。请注意，这里的解释比较新，偏离了过去的传统解释。这是一种意义的增殖。到了战国中期，一直到秦汉，好多解释者都喜欢用这种"鬼者归也"的解释。

也因此，天地、山川、社稷、先祖等，都属于鬼神范畴。从早期史料看就是如此。那么，它们之所以被认为是真实的，正在于它们可以和现在建立联系，能对当今起某种作用。简言之，鬼神只有出现在祭祀等仪式性语境中时，它们才是真实的，才是有意义的。鬼神观念离不开我们讨论的礼。"祭神如神在"的真实意图就是，在且只有在祭祀的语境下，鬼神才是真的，才是活生生的而不是虚假的。

《易传》说："精气为物，游魂为变。"这是很有意思的一句话。宇宙间一切事物本身或者其背后似乎都隐匿着某种神秘的、不可知晓的力量，从这个意义上说，它们皆可以成为鬼神。然而，对于人们日常经验或者常识来说，无论人们怎样自觉地诉诸理性解释鬼神，鬼神总不能成为活生生的存在吧。如果这意味着某种质疑的话，应该说是很有道理的。这个时候我们就需要进一步地探讨仪式感背后或者内面的精神经验，正是那种内面化的精神经验或者说深刻的内在体验，赋予了古人反复定义、重新解释鬼神的思想动力。也就是说，鬼神观念绵延不绝、意义增殖之根本原因就是仪式感里面包含的神圣性。精神活动不可方物，恰是神圣性的来源或保障。刚才讲仪式感，现在我们讨论仪式感里面的东西——精神体验。倘若我们参加一场仪式活动，而没有任何的主观参与，那就意味着我们只不过是看客、一个旁观者、一个"吃瓜群众"，如此而已。如果这样的话，每星期去教堂做礼拜就无异于虚掷光阴。比如说我来到西安，参观陕西博物馆、兵马俑、法门寺、华清池等，没有生发出一点点儿思古之幽情，没有一点点儿精神文化层面的真切体验，那就是"到此一游"而已，相当于"入宝山空手而回"。我们在这个基础上继续讨论"祭神如神在"这个命题。就是说，祭"神"的时候"神"怎么能在呢？用我们研究宗教学的方法就知道，"神"如果能在那儿，你必须把它降下来，降不下来，说明"神"不在那儿。那怎么降这个神？或者说降神的这个意义在我们所讲的祭的仪式性的活动中意味着什么，这是我们需要考虑的。

孔子讲"祭如在"，"吾不与祭，如不祭"，就是说如果神不在那儿，祭了有什么用？白祭，瞎忙活啥呢？赶紧该干啥干啥去，种地、哄孩子都行。所以说祭祀时"敬"非常重要，祭的要点在于这个"敬"。"敬"说起来有点含糊，实际上我们说敬天法祖、敬德保民，我们今天说"敬"的时候好像"敬"就是一个尊敬的意思，比如你是一个局长、领导，所以我对你客气一点，或者我是一个教授，你对我客气一点，但是在古代的语境中古人所说的"敬"，意味似乎更深一点儿，程颢把它解释成"诚敬"，还是很有道理的，它是一种特殊的、很深层次的、很高层面的精神交流。通过前面的讨论，希望大家能够明确认识到一点，那就是：古礼有内外两个方面，交互为用。外在方面就是仪式与仪式感，内在方面就是神圣感与神圣性。

"礼有五经，莫重于祭。"祭是核心。祭就是要和祭祀对象进行沟通，所谓"交于神明"，用《易传》的话讲就是要"通于神明"。如果能"通于神明"，那人们就可以把他们祭祀的这些对象召唤到当下祭祀的语境当中。所以说"祭神如神在"语句中的第二个"神"，依赖于我们能否"通于神明""交于神明"。试想，倘若人们能够"通于神明"，那么就能够使祭祀对象"起死回生"，使之在某一个特殊的语境、某个瞬间重新出现在生活世界当中。人们可以与祭祀对象重新生活在一起，或者在这一个瞬间，我们就和祭祀的对象短暂重逢。这一点对于我们中国传统文化来讲非常重要。意义在哪？这些逝去的祖先，包括宇宙万物都没有消失，都跟我们有这样那样的联系，这个联系的关键就是通过祭，也就是说祭使得他们成为不朽的，没有彻底死灭，没有彻底消亡。

对于每一个生活在礼乐文明之文化模式之中的生命个体而言，死亡只不过是生活的另一个阶段，生命的尽头并非一缕青烟。死亡是不可避免的，但是古人却通过祭祀活动，使逝者重新复活，祭祀就是使之重新活过来的文化机制，这对于古代文化来说非常重要。也就是说，逝去的祖先、亲人乃至所有人，仍然跟活着的人在一起，从未真正离我们而去。要从一个物理的世界来看，那逝者都成了灰了，或者成了一具枯骨，永远活不过来了。基督教徒相信基督七日复活的故事。但是对于古礼来讲，祭礼其实就是使逝去的生命再次复活的媒介，是一场至关重要的、关于生与死古与今之间非常对话的仪式。

我们想一想，如果我们每一个曾经有过生命的人，对世界有过思想、有过体验的这些人，他都会在特殊的时刻复活，那我们就用不着因为死亡颤栗，吓得簌簌发抖。也就是说祭对于每一个参加祭祀的人都有着很强烈的启示，参与者到这个时候就会发现逝者并未彻底消失，我们还能在这样一个瞬间与他们相遇、生活在一起。那么我们想想，我们将来物理性地死亡了之后，我们也会被祭祀，只要这个文化体系很完整地传承和保留，我们就不会消亡。在这样的文化体系中，每个人都是活着的、永生的、不朽的。祭的核心正在于此。

接下来就是特别关键的问题：你怎么能说这些人还能活过来呢？

我们与神明的沟通和交流难道是骗人的吗？还是说真有那么一点点超乎我们想象的、我们不能理解的成分在里面？一般来说，祭都要通过斋戒。祭是一种重现，你要斋戒沐浴，使自己的心念收敛于将要祭祀的对象——思念你祭祀的那个对象，这个思念跟我们日常语境里面的思念不太一样，这个思念要求非常专注，沉浸进去。所谓的斋戒不光是说我们今天不要吃肉蛋奶，我们吃点清淡的，吃点素菜，不仅仅是这些，它主要是精神上的虔敬之心。《礼记》里面的《祭统》《祭义》等篇记载了几条关于古代祭祀活动中的精神层面之材料，非常重要。

> 祭者，志意思慕之情也，忠信受敬之至矣，礼节文貌之盛矣，苟非圣人，莫之能知也。圣人智知之，士君子安行之，官人以为守，百姓以成俗。其在君子，以为人道也；其在百姓，以为鬼事也。（《荀子·礼论》）

> 唯祭祀之礼，主人自尽焉尔。岂知神之所飨，亦以主人有齐敬之心也。（《礼记·檀弓下》）

> 祭有祈焉，有报焉，有由辟焉。齐之玄也，以阴幽思也。故君子三日齐，必见其所祭者。（《礼记·郊特牲》）

> 凡祭，容貌颜色如见所祭者。丧容累累，色容颠颠，视容瞿瞿梅梅，言容茧茧。戎容暨暨，言容诮诮，色容厉肃，视容清明。（《礼记·玉藻》）

　　祭不欲数，数则烦，烦则不敬。祭不欲疏，疏则怠，怠则忘。是故君子合诸天道，春禘，秋尝。霜露既降，君子履之，必有凄怆之心，非其寒之谓也。春雨露既濡，君子履之，必有怵惕之心，如将见之。乐以迎来，哀以送往，故禘有乐而尝无乐。致齐于内，散齐于外。齐之日，思其居处，思其笑语，思其志意，思其所乐，思其所嗜。齐三日，乃见其所为齐者。祭之日，入室僾然必有见乎其位，周还出户肃然必有闻乎其容声，出户而听忾然必有闻乎其叹息之声。是故先王之孝也，色不忘乎目，声不绝乎耳，心志嗜欲不忘乎心。致爱则存，致悫则著。著存不忘乎心，夫安得不敬乎！君子生则敬养，死则敬享，思终身弗辱也。君子有终身之丧，忌日之谓也。忌日不用，非不祥也。言夫日志有所至，而不敢尽其私也。唯圣人为能飨帝，孝子为能飨亲。飨者，乡也。乡之，然后能飨焉。是故孝子临尸而不怍。君牵牲，夫人奠盎，君献尸，夫人荐豆。卿大夫相君，命妇相夫人。齐齐乎其敬也，愉愉乎其忠也，勿勿诸其欲其飨之也，文王之祭也，事死者如事生，思死者如不欲生，忌日必哀，称讳如见亲。祀之忠也，如见亲之所爱，如欲色然，其文王与。《诗》云：“明发不寐，有怀二人。”文王之诗也。祭之明日，明发不寐，飨而致之，又从而思之。祭之日，乐与哀半：飨之必乐，已至必哀。（《礼记·祭义》）

　　“凡祭，容貌颜色，如见所祭者。”这句话是说，在斋戒或者思慕祭祀对象的过程中，只要是这种思慕进入了一定的深度，就好像见到了所祭的人。祭祀活动内面的斋戒念想之意识活动或精神经验，将神圣感、神圣性注入到了仪式程序的内部，并成了后者的核心。

涂尔干《宗教生活的基本形式》既强调了仪式性又着力阐发了仪式唤醒的精神体验，即神圣感与神圣性。《礼记·祭义》那一大段话，比较详细地描述了斋戒祭祀过程的精神意识层面的变化，言"齐（斋）三日，乃见其所为齐（斋）者"，又说"祭之日，入室僾然必有见乎其位，周还出户肃然必有闻乎其容声，出户而听忾然必有闻乎其叹息之声"。这是迷信还是瞎说？请注意，这是如实描述的精神现象，无论你理解还是不理解，它们都是有根据的，都是古代精神活动的写实。另外我们也应该注意到，《礼记》提到上述精神现象之时，刻意使用了若干描摹状态的语词摹写那不可方物的精神状态。例如：

> 仲尼尝，奉荐而进，其亲也悫，其行也趋趋以数。已祭，子赣问曰："子之言祭，济济漆漆然。今子之祭，无济济漆漆，何也？"子曰："济济者，容也，远也；漆漆者，容也，自反也。容以远，若容以自反也，夫何神明之及交，夫何济济漆漆之有乎？反馈，乐成，荐其荐俎，序其礼乐，备其百官。君子致其济济漆漆，夫何慌惚之有乎？夫言，岂一端而已？夫各有所当也。"（《礼记·祭义》）

> 孝子将祭，虑事不可以不豫；比时具物不可以不备，虚中以治之。宫室既修，墙屋既设，百物既备，夫妇齐戒沐浴，盛服，奉承而进之，洞洞乎，属属乎，如弗胜，如将失之，其孝敬之心至也与。荐其荐俎，序其礼乐，备其百官，奉承而进之。于是谕其志意，以其慌慌以与神明交。"庶或飨之，庶或飨之"，

孝子之志也。孝子之祭也，尽其悫而悫焉，尽其信而信焉，尽其敬而敬焉，尽其礼而不过失焉。进退必敬，如亲听命，则或使之也。孝子之祭可知也：其立之也敬以诎，其进之也敬以愉，其荐之也敬以欲；退而立如将受命；已彻而退敬齐之色不绝于面。孝子之祭也，立而不诎固也，进而不愉疏也，荐而不欲不爱也，退立而不如受命敖也，已彻而退无敬齐之色而忘本也。如是而祭，失之矣。孝子之有深爱者必有和气，有和气者必有愉色，有愉色者，必有婉容。孝子如执玉，如奉盈，洞洞属属然，如弗胜，如将失之。严威、俨恪，非所以事亲也，成人之道也。（《礼记·祭义》）

上文"济济漆漆然""慌慌"（即恍惚或惚恍）"洞洞乎，属属乎"都是状态语词。严格地说，它们不是名词，不是指名词所通常对应的那种实体。对于这些语词及其规律，我们经过特别缜密科学的研究，简单说，讲的是精神现象，不是简单的形容词或状语。由此可见，《祭义》《祭统》讲的都差不多，讲到"通于神明"的时候已转化为祭祀参与者的精神状态。所谓祭祀、追孝、通于神明，怎样实现或怎样实践？仪式感是必要而不可或缺的基础，里面的精神体验同样是赋予仪式活动以神圣性的重要基础。这样看，我们发现古人很聪明，因为他们能把那些难表达的东西用一种可靠的方法予以表达，只不过是我们失去了密码，我们现在要花很多的时间、费很多脑筋来琢磨恢复它。上文出现的"慌慌以与神明交"如何理解？神明就是那些鬼神；恍惚之间，请注意"之间""恍惚"也是某种状态。《礼记》里记载不少这样的精神层面的深邃经验，说这些祭祀的对象仿佛活过来一样，我们好像听到他的言语，能听到他叹息的声音，能听到他的赞叹，等等。这样讲不是渲染一个诈尸故事，耸人听闻，也不是故弄玄虚的神秘主义。大家一定要清楚，神秘主义的本质是朴素的。如果虚心静意或者说沉浸在那样一种心灵状态中，能保持到一定时间、能沉浸到一个深度的话，就能体验到《礼记》描述的那些精神现象，这是可以验证的。这种精神现象是普遍的，其他文化中亦比比皆是、屡见不鲜。

如果我们想要研究宗教学，就不能回避人类历史上反复出现的精神现象。如果说把《礼记》提到的那些精神现象都当作虚无的东西，或者是糊弄老百姓的谎话，我觉得那就无法从事鞭辟入里的宗教学研究。对于这些现象，首先你得承认它们是真实不虚的、可以重复的。精神经验对古代人来讲基本上可以说是不言而喻的。我们现在因为没有了这个语境，导致我们的祭祀大多不得要旨，好多都是表演。这个时候我们就会发现这样的一种精神活动，它本身在维系祭祀的仪式感，也是祭祀之所以具有神圣性的特别重要的一个原因，即它本身是一种神的活动，而且这种活动不是随随便便地招之即来挥之即去的。

由于有了礼的内外两个方面，即仪式感和神圣性两个方面，我们就能够更好地理解孔子所谓"祭神如神在"这个命题，就会更了解这个命题的深刻性。"神"也在那样的一种我们看起来不可思议的联系中呈现其意义。古礼中祭祀仪式旨在通过规制严整的文化体系，使得人与我、生者和逝者之间形成牢固的纽带；特殊的精神经验又赋予了仪式感以神圣性，进而强化了仪式的意义与价值。切勿以为古人是在吹牛说大话，他们就是用这套文化体系，或者说通过这样的一种礼仪的活动，确立了一种文化模式，它不仅仅可以把人伦日用安排得井井有条，还可以唤醒人心深处的精神力量。

如果人们参加过一次或多次这样的祭祀活动，那么这些活动就会促使其精神意识状态发生变化，毋庸置疑，人们就会改变气质，而且非常明显，甚至人们的整个精神面貌会有革命性的改变。所以说参加祭祀，它主要是还要引起人们内在精神的变化，不是说参加一个民俗活动，我们在那个地方当个"吃瓜群众"，看一看热闹就结束了。这个变化是整个礼乐文明体系的固有部分、有机组成部分，是古人有意识地通过仪式感塑造的更进一步、更内在的精神层面上的气质变化，而不是别的什么东西。

可见，礼的确在精神层面非常深邃。进一步的问题是，可以认为或者能够把礼当作一种宗教吗？其中的部分精神因素不是很接近宗教观念吗？

然而，我们不难发现，在中国古代世界里面，宗教意识其实并不强，就我刚才讲的内容而言，古人好像讲的不是特别多。这能说明什么问题呢？可以肯定的是，一方面，传承和研究上述精神经验的史料不很多，另一方面，我们估计这些史料即使有也会发生某种变形。合理的推测是，古人把它变形，用变形的方法记录它。限于时间我们不能详细地考虑这个问题。

五、诚：儒家哲学语境中的神圣性与真实感

最后，我们借助《中庸》里面复杂棘手的概念——"诚"，来总结一下儒家思想传统是如何深入且内在地讨论神圣性与真实感的。我们知道，宋明理学诸大师训"诚"为"实"，这个解释错了吗？当

然没有错，然而不够明确，至少对我们今天理解这个概念的准确含义于事无补。记得朱伯崑先生说，"诚者天之道"表明了天道伦理化，"诚"是伦理化的实体、实在。当时觉得很有道理，现在呢，经过深入分析，我们发现"诚"这个概念与实体概念，尤其是亚里士多德以来的实体概念，很不一样。其间的差异是什么？简单说就是，古希腊哲学中的实体、实在是逻辑学、知识论和形而上学意义上的实体、实在，而儒家思想传统中的"诚"却是心性论、实践智慧和境界说层面上的真实感和神圣性。孔子一方面"敬鬼神而远之"，一方面又说"祭神如神在"。表面上看，这两个方面相互矛盾，然而儒家恰在相互矛盾的思想张力中，对传统礼乐文明内蕴的神圣性予以了创造性转化、创新性发展，"诚"的概念就是在这个创造性转化过程中淬炼出来的。我曾经写过一篇论文《祭与神圣感》，旨在从"礼"的角度来分析和了解"诚"，把"诚"当作内在于"礼"的一个问题。《中庸》讲，鬼神虽然"视之不见、听之不闻"，但是人们能感受到它真切存在着，如在其上，如在其左右，它真实鲜活地存在着——准确地说，存在于祭祀语境之中。就是说，鬼神看不见然而却是真实的，这种真实当然不是物理意义上的"真实"，也不是物理意义上的"存在"，它的真实性诉诸内在精神体验，因此我们必须要把《中庸》"诚"的概念放在儒家哲学心性论形态下予以分析研究。心性论层面上的"真实""真实感"甚至"真理"皆不能被实体化，牟宗三直接把宋明理学概念"体"翻译为、对应于 ontological being，我实在不敢苟同，因为"诚"这个概念不能被实体化，《中庸》里的"诚"指的就是一种在我们祭祀的活动当中最真实、最活泼的精神状态、精神知觉和精神境界。

有趣的是，战国中期的庄子哲学同样也是某种心性论，与孟子交相辉映。《管子》这部书里面的成分比较复杂，但是其中的稷下学篇什，颇具心性论哲学的特点。《九守》这篇讲"通于神明"，并通过这一点继续讨论政治问题，显示出了黄老政治哲学思考的特质，这也值得注意。它是不是与《礼记》所说若合符节？由此可见，虽然儒道两家"道不同不相为谋"，但战国中期前后的两家哲学思考却殊途同归，不约而同趋向于心性论。自此而后，中国哲学的理论范式确立起来了，而且万变不离其宗。我们都知道，佛教播迁于中国，经历了数百年的佛教中国化，最终催生了中国化佛教，与印度佛教迥然不同、判然有别。原始佛教甚至前佛教时期的印度思想史料里面已经大量出现心与性的语词，不过，我们还不能直接将那些诉诸心与性的语词得以表述的思想学说认为是心性论。严格说来，《六祖坛经》才是真正中国化佛教的经典，如果和从印度传来的各种经论比较，不难发现《六祖坛经》卓尔不群、特色鲜明，甚至从表面上看都很难说它是一部"经"。原因无他，就是《六祖坛经》的思想属于心性论而不见得是唯识学。说得极端一点儿，它是佛教经典么？然而，它就是中国化佛教的代表，它里面的内容核心也是心性论。

第六讲 《中庸》的"诚"概念 *

　　我们今天在讨论中国哲学的时候,有一个非常困难、非常棘手也非常烧脑的问题,就是《中庸》中"诚"的概念。先说一个小故事。我还在当学生的时候,有一次朱伯崑先生问我们"诚"是什么意思,他当时提的可能是另一个问题,就是儒家有没有把伦理当作本体,大家都没有很好的答案。朱先生就说"诚者天之道",我们当时觉得朱先生读书是真的细心,在细节处的理解超过了我们这些常人。但是我们后来继续研究中国哲学的时候,发现朱先生的说法不见得很对。朱先生对中国哲学史的教学和研究作出了巨大的贡献,但是我们不能因为他是我们的老师就有意避谈这个问题,我们要本着追求真理的态度继续推进这个问题。

＊　本文整理自 2019 年 11 月 10 日华中科技大学人文学院讲座。

一、"诚"与真实感

讨论这个问题比较困难，我们需要找到一些思路和方法，就像找到一把钥匙一样。《中庸》中的"诚"，尤其是后半部分中的讨论很难理解，《四书章句集注》基本上把"诚"训为"实"或者"实而无妄"。我们在这里稍微检讨一下古代注疏和经典诠释的关系，研究经典必须要过经典诠释这一关，经典之所以成为经典，就是因其作为历史的流衍物不断阐释和被阐释。如果没有不断阐释和被阐释的文本和书卷的话，就没有经典的地位和意义，所以说，经典是通过不断被解释而成为经典的。如果直接读经典，我们可能认识字或者对文本有些了解，但是产生文本的思想上的缘由，或者更进一步说，文本出现的必然性在哪里是更重要的，而这些光靠解释词句是不够的。我们看一本书往往字全都认识，但是放下书回想书中讲了什么还是一头雾水，所以说我们需要古代的传记、注疏作为通向经典的桥梁。注疏是桥梁，并不代表它是经典本身，历史上的各种解释有的可取，有的我们需要用辩证的、批判的眼光来看待：我们不能说朱熹讲的都对，这是经学的态度，是不可取的。我们要解放思想，古代注疏是我们研究经典的津梁，但是我们要知道通过这些津梁我们也有可能找不到方向，或者说会把我们误导到错误的道路上。

旧注解释《中庸》的"中"为过犹不及、不偏不倚等，这种解释不能说是错的，但是肯定是不准确的，如果仅仅从这个意义上理解"中"，那么"中庸之为德"就一点价值都没有，或者说不具备最高的德目的价值。折中、和稀泥或者说不走极端的原则，不论是在思考方法上还是在伦理学、政治哲学的层面上，怎么可能成为最高的真理？旧注的解释不算错但是不准确，当然我们现在来看，这种解释也是不得已，因为"中"是不可以直接讲的，是一个活着的东西，不能对它进行盖棺论定式的定论。所以对古代人的解释我们需要重视，但也不能奉为圭臬。

将"诚"训为实、实而无妄也不错，但也是不准确的，朱子门下的弟子对这个问题有很多讨论，就是因为他们对这个解释不理解，但是他们说来说去还是这些东西。旧注以"诚"训"实"没能给我们提供太多有价值的线索，因此，分析这个问题我们要另辟蹊径。我们先举一个例子。在十三经之中没有"真"这个字，洪适、顾炎武都看出了这个问题，我觉得这很了不起，我们还真没看出来。真假的这个"真"太基础了，我们一旦用哲学来讨论问题，都要讨论真实和虚假的区别，也就是说，在思想世界中最普通、最基础的一些常词在十三经中竟然没有出现过，这是非常奇怪的。有的人不相信，比如前一段时间有一位搞数字人文的老师找我，我说十三经中没有"真"字，这不是一个偶然的现象，他说真的没有吗，我说你立刻查一下，最后搜索结果是 0。我们的问题是，儒家传统绵延如此之久，十三经也不是一时写成的，十三经的解释文献也是汗牛充栋，但是十三经中就没有出现过"真"字，非常的奇怪。

顾炎武给了一点点提示，他说老庄说的"真"和真假意义上的"真"不一样，这当然是很重要的洞见。"真"第一次出现在哲学文本还是在《老子》之中，比如讲恍惚的时候说"其精甚真，其中有信"，这个"真"不是真假意义上的"真"。但是，如果中国哲学中连真假意义上的"真"都没有，还怎么讨论真理？怎么讨论我们对于外物感知最朴实、最亲切的真实感？我们要对这个问题做一些分析。儒家各种各样的思想文献和史料之中尽管没有出现"真"字，但是仍然有关于"真实"概念的描述和表达，比如"实"就是一种，朱熹讲"实""实而无妄"，讲"理"的时候处处都讲"皆实"，这个时候的"实"就有真实的意思，"实"是最普通的、最表面的一种表述，但容易引起一些误解。我们进一步梳理和分析后可以发现，有两个相关的语词可以表达真实的意思，一个是"信"。信使之所以称为信使，就是因为其使命必达，你交给他就是信任他，他也一定会把这封信送到你指定的地方，否则就称不上信使，这个就是中国古代"信"的准确意思。所以《老子》中"其中有精"后面还讲"其中有信"，这都是联系在一起的，"信"就是真实的意思。到了秋天树叶就会变黄，这是有规律的，这个规律就叫做"信"；春天风一吹花就都开了，这就叫花信风，这也称之为"信"；每到十五月亮就圆了，这就叫月信。"信"在中国早期思想史料中被用以表达物及其规律，其实表达的是真实的意思，因为一定会按照这个规律，否则就是不正常的现象，是灾异。"信"在后来被进一步地转化成了伦理的观念，仁义礼智信，"信"也有讲信义的意思，是从原来的意义中分化出来的。

"信"和"实"都表达真实的意思，但是不具备决定性的意义，具备决定性意义的是我们今天讨论的"诚"，"诚"就是真实的意思。我们都知道真诚、诚信，真和诚、诚和信结合到一起是与这些语词的规律、它本身所包含的意思吻合的。

这时我们就发现了理解"诚"作为哲学概念的一条道路。"诚"的一种用法是"……诚小人也"，这里的"诚"表示的确，是形容词，也可以说具备"真"的意思，这和英文的 real 意思是一样的。"诚"除了作为形容词，还是名词，表示真实、真实感，恰恰相当于

reality，这对于哲学研究来说是很重要的，可以翻译成"实在"。也就是说，中国的概念、语词的规律很好地体现了这一点，即引发我们真实感的基础不是虚无的东西，虚无的东西对于我们而言不会起任何作用。

"诚"一开始就是表达真、不虚伪、确实意义的语词，并且与其他的语词大量联系在一起。但是我们进一步考察就会发现，在《孟子》《荀子》《中庸》中，"诚"已经不是一般的语词了，而是成了概念，是哲学上有明确的意义的概念，而以上这些层次的意思都包含在这个概念之中。

以上我们主要讲了"诚"的意义的大概的发展过程，以及我们怎样通过哲学研究来接近其准确意义，简单来说就是要在古代注疏的基础上用传统学术所缺乏的更加哲学的分析方法进行研究，这是我们现代哲学研究相较于古人的优势所在。

前面我们已经提到，道家的著作里面所讲的"真"不是真假的真，比如"其精甚真""其中有信"，诸如此类的"真"和真假的关系不大。《庄子》中讲真人，其反面不是稻草人、假人，"真"表示的是纯粹的意思，所以"真"在这里的反面是"伪"，"伪"就是那些人为的、社会性的因素，或者说文明所造成的各种各样的问题。文化和文明都试图要掩盖一些什么东西，要掩盖其最初的本然的状态。我们总得穿得整整齐齐，不能像动物一样啥都不穿就来上课，在一些特殊的场合还会有一些穿着的要求，这就叫文化，文化会改造原始的状态。但是道家哲学认为原始的、纯粹本然的状态是和"伪"相对的，这才是道家认为的真正的真实感。比较来看，我们会发现儒家和道家有些不一样，但是没有关系，我们讨论《中庸》中的"诚"，除了要分析《中庸》之外，我们还要参取《易传》《孟子》

《荀子》这些书，另外还要考虑《庄子》，也就是在《中庸》写定的这个时期的道家系统的书，这个范围很广，一直到秦汉以来。我们把这些道家的材料提取出来后会发现它和儒家讲的"诚"有呼应的关系，所以说儒家讲的"诚"绝对不是孤立的，我们要在对话的关系中探讨这个问题。

我在这里讲一个大家耳熟能详的小故事，这个故事在汉以来的书中记载很多，但是大家对它的意思可能并不明确。传说飞将军李广晚上在外面巡逻时，看到草丛中蹲着一只猛虎，马上掏出弓箭射了一箭，声音很响，然后老虎就不动了，也不知道死了没有，他也不敢贸然上去查看。等到天亮后过去一看，发现射中的不是一只老虎，而是一块石头，箭已经深深地射入石头中去了。他就想，自己有这么大劲儿吗？于是又试着射了一箭，这次就射不进去了。这样的故事虽然说是一种传说，但是在社会生活中一定会发生。在心理学上有一种应激反应，一个真实的例子是，有一架飞机迫降在北极的冰雪上，飞行员下来修飞机，当他正撅着屁股忙着修飞机时，他就感觉有人拍了他一下，回头一看吓坏了，是一头北极熊正在他身后，他嗖的一下就跳上了飞机。虽然战斗机没有多高，但是我想两米五或三米是有的，这个飞行员平时未必能跳这么高，在危急情况下突破了自己的极限。前一个故事是"精诚所至，金石为开"这个成语的来源。精诚就是真诚，是最高意义上的那个"诚"，到了这个程度可以金石为开，产生不可思议的力量。

在这个基础上我们继续讨论"诚"的问题就可以渐入佳境。前面提到的朱先生那种伦理本体的说法是非常陈旧的，我觉得也是不准确的，伦理如何就成为本体了？我们研究的本体论哪有一种叫伦理本体的？或者说像牟宗三先生讲本体论上的存有，这种说法是不合格的，哪有这种自相矛盾的东西？

二、交于神明："诚"的创造性转化

我们想强调的是，"诚"的根据在于真实或者真实感，以下我们具体分析这个问题。对"诚"的分析，从周敦颐开始就非常受到关注，二程说周敦颐只讲"静"是不够的，要易之以"敬"，这个转变之中程颢作了一个阐释，说这个"敬"就叫诚敬，将"诚"和"敬"结合在一起，这是一个洞见，这说明程颢真不是吃素的，真有两下子。

沿着这个问题，我们需要进一步把诚敬放到祭祀的语境下来讨论。儒家讲得再天花乱坠，最后都离不开"礼"，离开"礼"就不叫儒家思想，"礼"是它的基础。《中庸》不论怎么升格，它的来源还是《礼记》，是《礼记》的一部分。《中庸》与《礼记》其他篇什的关系是需要讨论的，特别是《中庸》讲"鬼神之为德"以下的部分，比如讲"洋洋乎！如在其上，如在其左右"，这就是在讲祭祀，祭祀不是行礼如仪就结束了，程式化的仪式活动还不能叫作"礼"，都只是"礼"的皮毛。在"礼"的范畴之中，我们讲一下祭礼。所谓的"祭"是一切礼中最核心的，"礼有五经，莫重于祭"，祭首先是要祭祖，不论是一家的宗堂、一个家族的祠堂还是一个国家的宗庙，都是为了祭祖。祭祖有一整套的制度，天子七庙、诸侯五庙这种庙制也是和祖先祭祀有关系的。祭祀首先是一种仪式，重要性不在于仪式本身，而在于仪式要达到的目标，古代或者说儒家和前儒家时期的知识分子或者思想家一直在考虑的问题就是祭祀的目的。祭祀祖先表面上讲是我们碰到了一些问题，或者说请祖先帮忙，让他荫庇我们，这都是很功利主义的，但这不是主要的目的，主要的目的在于通过仪式把一种神圣感灌注于其中。祭祖可以祭自己的父母、高祖一直往上，最后一直到始祖。我们在讲每一个氏族的起源，也就是始祖的时候，都会讲这个氏族的祖先和动物之间的关系，比如鹿、熊、龙、凤凰、狗等。这里面有着深刻的意义，一方面是早期的氏族都是以动物为图腾的，另一方面是我们和动物的世界、自然的世界是不可分离的，祭礼作为一个系统其实是要通过"祭"这种仪式性的活动保障我们和自己的祖先在精神上进行沟通。在祭礼之中除了仪式化、程式化的那种表演的内容之外，最核心的是"交于神明"，也就是和祖先、鬼神在精神上沟通，如果没有这个，祭礼就是失败的。

我做过一点点宗教学的研究，在仪式理论之中有非常核心的一点，即所有参加祭礼的人，都会在参与的活动之中感受到和祖先又重新生活在一起了，祖先虽然早就亡故了，但是通过祭礼可以在特殊的时空语境下把这个联系重新建立起来。这就是祭礼的意义，无论从社会学还是思想史上讲，都具有这样的意义。古人特别强调祭祀，说宗庙不血食就是一个很大的罪过，因为没有人祭祀"你"，"你"这就是真正地、彻底地死了，完全地画上了一个句号。但是反过来讲，有人祭祀，"你"就会在祭礼的仪式中重新"复活"，也就是说祭礼是用特殊的方法把祖先召唤回我们现在的生活世界，在这一个瞬间之中和他们有沟通。从理论上讲，一切逝去的祖先、先人都没有离开过我们，只要祭祀不绝。也就是说，只要有子子孙孙不断祭祀，人就是永恒的，在这个文化体系里面给了"你"一个永恒的位置。这就是中国所谓的礼乐文明特别有力量的一个原因，解决了宗教解脱的所有问题，不需要再有宗教。

我们现在看古人祭祀好像都是一种表演，仅仅是一种仪式，其实完全不是这么回事，在这个过程中需要引发精神层面的互动才可以，这种互动就称之为"交于神明"。《礼记》的《祭义》《祭统》两篇经常会讲，我们在祭祀祖先之前除了需要准备祭品，还需要收拾自己的精神，不能胡思乱想，要是你脑子里是些乱七八糟的东西，就不能参加祭祀。然后还要斋戒，吃几天素，在斋宫中待几天调整精神，使你更好地进入"交于神明"的状态。要进入"交于神明"的状态，一开始就要想象、思念你所祭祀的对象，比如你的祖先、逝去的亲人，思念其容貌、言语、走路的形态或者形式，这种精神状态的调整达到一定的程度之后，你会突然发现——这是《礼记》讲的，不是我讲的——你祭祀的对象叹了一口气，或者跟你说了几句话，他的语言、相貌栩栩如生。这些内容出现在《礼记》之中是很特别的，如果不重要肯定会被当做怪力乱神删除掉。这部分内容的保留说明我们要"交于神明"就需要通过这样一种特殊的方式。这有点像巫师、萨满跳大神那些降神，神要降下来，这和其他宗教仪式的理论是一样的，没有区别。我们需要有这种沟通，只有在这种沟通里面，我们才意识到人是一种社会的存在，祖宗和子子孙孙之间的链条就是我们自己，我们不能让链条断了，这就是儒家思想特别朴实但也特别深刻的地方。这种关系一定要通过不定时的祭祀来进行维护，所以不仅仅是一种文化的象征，其中"交于神明"的这个层面在宗教仪式感之外还被赋予了一种神圣性，就是说在精神层面进入一种特殊的状态，可以交感于人所祭祀的对象。这样一种特殊的精神经验，我个人认为是不用质疑的，对他的质疑毫无意义。

如果做一个参照的话，道教中所有的法事、所有的道场、所有的仪式都需要降神，如果降不下来，是因为你的等级不够，同样的道理，祭礼中也有这样的情况。

交于神明这样一种精神状态不是日常的，是特殊的，对这样一种精神状态的描述就是通过"诚"来实现的，这种精神状态是真实不虚的。"诚"所讲的那种真实或者真实感首先需要放在祭礼中来把握，这是它最切实最深厚最坚实的基础，讲其他的都是虚的，可有可无，而这一点是非常关键的。所以会讲"絜诚以祭祀"，如果进入不了"诚"的状态，达不到在精神层面特别复杂深邃的那种真实感，就无法谈"诚"。这样的一种精神层面的真实感才是"诚"的真正的基础，而不是其他的一些通过抽象的概念分析所得出的各执一词的说法。

这时我们可以顺便解决几个问题。孔子讲"不语怪力乱神"或者"敬鬼神而远之"，这个意思好像是将鬼神之说拒于千里之外，这种说法是合理的，孔子在当时社会迷信鬼神的氛围之下讲这个是有一定的意义的，儒家很朴实的人文理性的精神当然要祛除这样一些巫术迷信的成分。但是我们会发现孔子还说了一些其他的东西，比如他说"祭如在，祭神如神在"，就是说鬼神不是什么时候都不在，在祭祀的时候是在的，通过我们刚才的分析，我们就知道鬼神只有在祭祀的时候可以说在，如果说祭祀的时候鬼神不存在，祭祀就没有意义了。不管后来儒家再怎么颠来倒去地讲，这一点是始终不破的，钱大昕就讲鬼神思想之所以在儒家思想中始终没有被打破就是因为祭礼。但是祭不仅仅是一种仪式感，还要唤醒共同参与的神圣感。在古代，所谓的社会的整体的感觉很大程度上就是通过参加祭礼而获得的。这些我们不用多说，涂尔干写的《宗教生活的基本形式》把这些讲得非常透彻。

《中庸》中讲"至诚如神"，"至诚"怎么就能"如神"呢？这个说法本身是很奇怪的。还有"至诚之道，可以前知"，也是很奇怪的，我们都想知道明天股票涨不涨，但是我们做不到，而《中庸》这里说到了至诚这个阶段你就可以知道。实际上这几句话是对古代文化、古代思想的一种转写。在前诸子时期或者说一直绵延到诸子哲学发展的阶段，有一个非常强大的观念，认为人的认识和知识是有局限性的，但是鬼神没有，所以我们需要占卜、问鬼神。比如我们和敌人作战谁能挺到最后，谁都不知道，但是鬼神知道，所以占卜问鬼神吉利不吉利，如果吉利那就跟他打。周公营造洛邑是一个很重要的政治决策，这中间具体怎么决策的我们不知道，但是史料记载周公把他收藏的一个很大的龟板拿出来占卜，占卜断定说吉，那这个事情就不用讨论了。"至诚如神"从这个角度讲就比较容易理解，如果孤立来看是很难解释的。

更广的史料里面讲唯诚才能感于神，和"絜诚以祭祀"是一样的，也就是说如果不进入一种特殊的精神状态的话，你跟鬼神不可能有任何沟通和交流；或者说精诚才能至鬼，说明的问题也是一样的。

《中庸》中还有一些特别棘手的、众说纷纭的说法，比如"诚者物之终始，不诚无物"，从伦理实体的角度要想把这句话搞清楚完全不可能，但是从我们今天讨论的角度来看就容易理解多了。

说"诚"是真实或者真实感是可以的，但是我们一定要进一步增强这种理解，知道它的来源和祭祀所引发的那种内在化的精神活动的规律是有关系的，这个规律是说如果按照这种方法举办同样的祭祀也可以交于神明，常人都可以达到。

　　总结来说，"诚"的起点是一般的真实，通过对"真诚""诚信"这些语词的分析，我们发现它叠置了比较复杂的意义，我们将这种意义理解成"诚"对于一些复杂的精神现象的概括和转型。这是儒家哲学中最了不起的内容，表面上看起来波澜不惊，但是已经进行了创造性的转化。在我们研究中国哲学的过程中，最重要的就是要看出这其中的创造性转化，我个人认为这也是最难的部分。深入儒家的肌理脉络可以看到，"诚"从一般意义上的语词演进为一个哲学概念的整个历程跌宕起伏，有几个明显的跳跃，从而使得它的意义上了几个很大的台阶，实现了创造性转化，把这些表面上看起来是巫术的东西转变成了人文理性的光芒和照射。没有这种创造性的转化，儒家就不能称之为儒家，儒家就只能是"小人儒"，孔子所表彰的"君子儒"这条线就不可能开展出来。马王堆帛书《易传》中记载孔子也讲他跟巫史传统同途而殊归，巫史重视怪力乱神，儒家则聚焦于德和义。

三、"诚明"与"神明"

　　最后再讲一个问题。"诚"所讲的精神状态也有一些更复杂的知觉的含义蕴含在其中，《中庸》经常会有"自明诚""自诚明"的说法，历来的注疏解释很多，我们就不重复了，这些解释基本都是错误的。我们首先要讨论的是"诚"和"明"的结合，"明诚"和"诚明"是一个意思，这是中国早期语词的规律，其实在中晚期也是一样的，这二者的结合有规律。孤立地基于这两句话，再怎么翻来覆去地讲，我们还是一头雾水，需要把它和某些东西建立联系，我们的理解才能渐入佳境。

我们在这给大家打开一扇窗户，即"神明"和"诚明"有一定的联系。"神明"最基础的含义就是鬼神，我有几位老师认为，"神"或者"神明"有几个意思，其中一个还是神妙不测，张岱年先生分析中国古代的范畴举了几个例子，说明不能直接用西方的那一套范畴体系来认识中国哲学的一些范畴，最典型的一个例子就是"神"。"神"有一点上帝、鬼神的意思，但是在这个意思之外还有变幻莫测的意思，"神也者，妙万物而为言者也"，变幻莫测和鬼神都用"神"这个字来表示，二者是有联系的。我们生活中也会有一些不可理解的事情、不可思议的现象和经验。我有一次回家路过一个电线杆，我当然没有注意这个电线杆，和平常一样直接走过去了，当我快要进院子大门的时候，我就隐约感觉会有什么事情发生，扭头一看，就在那个瞬间电线杆上的灯泡掉下来摔碎了。灯泡早不掉晚不掉，偏偏在我回头的那个瞬间掉下来。这是真实的事情，但是我完全没法理解。这么来看我们就知道，古人用神妙不测解释那些不可理解的现象完全是合理的。

张岱年先生讲鬼神、神明讲了两种意思，但是他遗漏了最重要的一种，"神明"讲的是特殊的超出常人的智慧，我们通过研究儒家和道家的文献明确了这一点。这背后的思想逻辑是很清楚的，鬼神是比人聪明的，这一点可以通过大量史料文献来证明，我们在这里不多说。神明是用来比拟鬼神的那种聪明劲，所以说人努力的目标就是要具有那样的一种聪明智慧，所谓的真人、圣人，就是具有比拟鬼神的智慧，这就叫通神明之德，"交于神明"也有这个意思。

这在道家哲学里讲得很清楚，比如"知常曰明""鬼神将来舍"，

"鬼神将来舍"就是鬼神进入你的心灵的深处，或者说从你的心灵深处涌现出来，人对于道的体认就是通过这样的语言来描述，这里的鬼神是指特殊的智慧、最高的智慧。

明确这一点之后，我们继续研究"诚明"的知觉性、特殊的智慧的意义就会发现，"诚明"的"明"和"神明"的"明"是一个意思，或者说"诚明"所指向的精神状态、精神知觉性、最高智慧和"神明"是一致的。有了这个对话的基础，我们才能理解儒家"诚"和"明"的结合有必然性，一定要通过这样的精神层面的深邃复杂的精神经验的真实感去理解，这种真实感包含了智慧和觉解的成分。

有关"神明"和"诚明"的交涉，我们还可以通过其他的一些文献材料印证。《庄子·徐无鬼》中讲"修胸中之诚，以应天地之情而勿撄"，这和儒家说的是一样的，"胸中之诚"讲的就是一种真实不虚的精神体验，这样才能应天地之情、天地之性。《文子》和《淮南子》还对此做了更进一步的阐释。

以上我们从方法和进路上讨论了《中庸》中"诚"这个概念，我讲的东西或许有对的也有不对的，这都是可以讨论的，但是我对这个方法非常自信，通过这种方法我们才能更好地理解一些复杂的情况。回过头来看所谓的这些本体论，我觉得已经用不着多批评了，我们做的已经比之前各种各样的说法要深入得多。把这些东西揭示出来之后，我们发现儒家哲学表面看起来很平常，但是我们一定要致力于发掘其中的创造性转化，要发现它在理论和思想的深度上的重大跃进。通过这些问题我想说，我们研究中国哲学，看起来梳理和重建的工作已经告一段落，但实际上我们要做的工作还基本是属于初级阶段，很多问题都需要更深入的思考和讨论。

第七讲　古代思想世界里的"法"与"政"*

一、引言

我们今天讨论的问题是古代思想世界里的"法"与"政"，可能要重点讨论一下"法"。这个主题看起来很像是为中国政法大学定做的，但从另外一个角度说，我曾经在国务院宗教事务局的政法司工作了一段不长的时间，所以说这次讲座也是对自己工作生涯的一个思考跟回顾。选择这个话题，更重要的原因是，如果体察一下当下的整个中国乃至世界的局势，会发现我们到了一个历史的转折点。如果我们有一些历史经验的话，会发现这是一个大变局的开始，在这个时候我们要思考"法"与"政"的问题当然是有一些针对性的。我这几年也在思考这样的问题，有各种各样的头绪，有各种各样的

＊　本文整理自 2020 年 9 月 13 日中国政法大学儒学院讲座。

展开的方向，今天我们就稍微自由一点，采取大开大阖的方式探讨一下这个问题。

我想在开始讨论"政"和"法"之前，我们还是要明确一下我们为什么或者如何讨论这个问题。我们强调的是在思想世界里面，尤其是进入哲学时代以后，古代的哲人们围绕着"法"与"政"展开了许多比较深刻且复杂的讨论，这些讨论是我们要追寻的。古代哲人关于现实政治的种种考量早就开始了，而且卓有成就。我们有的时候会参考一些法律史专家的著作，因为中国的法典是非常丰富的，会带给我们很多收获。

我们在这个基础上要做进一步讨论，应该沿哪个方向来进行呢？我想提醒大家注意，思想世界和现实世界是不一样的。如果我们从现实世界的角度来看，无论是政治还是法律的制度，这些问题都是社会科学的范畴。但是我们今天是要在社会科学的基础上，进一步强调人文科学的视野，从而来进一步讨论这个问题。而如果我们要从思想史或者哲学史的角度来讨论问题，一定会触及一些更加复杂的问题。

（一）三条分界线

现在来简单地看一看，从现实政治的层面上来看，我们中国古代的政治跟它的整个历史进程都是息息相关的。我们要讲的第一点就是三条线——三条历史分界线。如果能搞清楚这三条线，我们就能对整个中国的历史和思想史有更清楚的把握。

第一条线就是殷周之际，这条线当然是非常重要的。王国维先生曾论证过这一条分界线，虽然他使用的史料不是特别丰富，但我们认为其论证非常有力。在殷周之际之前，当时的人当然也生活在一个政治与法典的共同体里面，但是对那个时候的情况进行历史学的研究非常困难，思想史的研究也很难突破这样一个帷幕，很难看得比殷周之际更远。而对于思想史研究来讲，如果我们没有充分的思想资料，就很难展开讨论，所以说从科学的意义上讲，我们目前只能把思想世界的起点推进到殷周之际，再往上就只能做一些估计。当然这个估计将来还会有办法突破之，但现在谨慎一点，认为殷周之际奠定了一个基础，这也是中国成熟的早期国家的基础。也就是说，所谓成熟的早期国家，其政治模式、典章制度已经基本上都有了，这条线往下绵延了七八百年的时间。

第二条线就是周秦之变。我们都知道这是一个封建宗法制度向郡县制度转折的时期，这个时期在中国历史上支配了相当长的时间，前近代的这个时期基本上是被这条线所积累下来的经验所支配。这是非常重要的，因为它在世界历史上是比较独特的。我们知道罗马以来的法律的传统非常强大，对西方的世界或者对世界各地都有很深的影响。然而，即使跟罗马传统比，周秦之变形成的这样一种传统也不会逊色多少，当然这一点还需要我们努力进行深度的阐发才能把它讲得更好。

第三条线就是近现代以来。这条线彻底和古代世界划清了界限，我们进入了近现代的时期，虽然这条线距今并不远，但其变化力度空前，且一直到现在还在持续。

有了这样的三条线，我们要讨论的问题就有了依据。当然这里面涉及的问题还有很多，我们就不逐一详细讨论了。

（二）政治学和政治哲学的不同

我们想强调的另一个问题就是思想世界的反思性质。我们要把进入哲学时代以后所有的伦理学、政治哲学的向度打开，而思考这个向度的方法和进路，与我们所说的社会科学，比如政治学、法学是完全不一样的。我们不是从理性的、世俗的或者说社会科学的角度来讨论这个问题，也不见得把问题仅仅局限在国家、权力、体制等这些问题上，我们要探讨的是一些更抽象的问题。

这样说大家可能容易迷惑，什么叫政治学跟政治哲学的不同？我们来举一个例子。比如说《理想国》它讲城邦政治，城邦政治就是一个模板，但是我们研究哲学或研究政治学的都知道，它里面有一些很奇怪的东西，比如说，讲城邦政治为什么要讲灵魂？带着这种疑问继续读的话，我们就会发现《理想国》里有一些非常抽象的东西，这些抽象的东西跟现实的城邦政治、和一切时代的政治都有一些联系。我们同时也会看到，在中国的思想世界里面，我们除了讲国家之外，还讲天下。天下不能跟国家简单地画一个等号，我们研究哲学的，会发现天下的意味还是比较复杂的。那么讲这些问题的时候，我们就离开了一般意义上的政治学，而进入了一种更广义的伦理学，比如包含政治哲学的那种伦理学的领域，这是我们今天讨论这个问题所必须具备的一些前提。

二、中国古代的"政"

（一）中国古代政治的早熟

我们下面就讲第一个问题：中国古代的政治。中国古代有这样的一个特点，我们从遗留下的材料来分析，会发现从我们所能知道的最古代的历史时期开始，政治就一直是一个中国古代先民聚焦的问题。前辈张光直先生有一句话，说政治控驭是中国文明的一个特点。他讲这个的时候当然有一些参照系，在其他的早期文明里面，可能宗教的力量和影响会更大一点，宗教也是跟政治一体化的。张光直先生讲以政治控驭为中心的这样一个特点的时候，就说明了我们可以通过考古资料的分析，把这个特点提取出来。比如说青铜器上面有各种各样的纹样，这些纹样表面上看起来好像跟国家大事、跟社会生活中的重大事件没有太大的关系。那么，这些东西是不是艺术家在闲得无聊的时候干的事情呢？我们在读书的时候，或者说刚开始研究的时候都多少有点这种想法，但是后来我们发现，张光直先生或者说其他的一些考古学家、文字学家们做的工作实际上是很有意义的，因为这些纹样都出现在青铜器上，青铜器都是礼器，礼器当然属于礼制的一部分了，青铜器上的任何细节其实都是礼制的一部分，用这种代入的方法就会发现这些分析都是有意义的。

　　这样的话，我们就知道理性地审视自己的政治角色这件事，在中国历史的早期就开始有了，或者说历史所能追溯到的最早的时期，其实都有这样的因素。首先要强调一点，即政治问题是中国从古至今一直非常关注的问题，不一定说它是最重要的问题，但肯定是最重要的问题之一。

　　我们刚才说了三条线，从第一条线开始，也就是从殷周之际开始，政治的发展就已经显示出一种文明早熟的特色，其他文明很难有这样的一种力度。政治控驭，或者说政治的这种力量的显现，就不仅仅是我们人类早期的那种基本上是以征服与杀戮为主的政治关系。实际上一直到今天，这种依靠征服与杀戮的势力还有残留，在我们的现代文明里面也是屡见不鲜的——就看谁的拳头硬。但是我们知道，从西周初年以来创设的这些制度最重要的理念，就是"怀柔远人"，是不会一边倒地使用征服跟杀戮的方式的，而是要求有德行两手，有怀柔的一面，有怀心的一面，这两个方面必须配合起来。

那么，我们会发现殷周之际是一个历史分水岭，此时奠定了一套我们后来称之为以德治国的理念，这样的理念又为后来整个的儒学传统所接续。所以在殷周之际，我们会发现历史进入了一个新阶段，光明一下子倾泻下来，我们的历史开始闪烁着人文、理性的光辉。这样说起来有点抽象，我给大家举个例子。在周初的时候，我们说"天下万国"，即天下有很多小的邦国，这些邦国有的是臣服于周王朝的，有的则游离于它的边缘，甚至还有跟它作对的。但是我们会发现在周初大概不到一百年的时间中，或者几十年的时间之内，这些诸侯国的数量锐减到几十个。我们说周初有万国或者有八百诸侯可能有点夸张，但是说上百个，或者说两三百个估计是没有太大问题的。那么为什么诸侯国数量会锐减呢？因为西周以来推行的"德"的模式起了很大的作用，这个模式的特点就是合作共赢，用不着征服杀戮，收编合作未尝不可，而收编了以后对合作双方也有很多好处。我们不见得用兵，但你要是一直造反、一直不服从周人所拟定的文明准则的话，那可能就要讨伐你了。讨伐的情况偶尔会发生，像鄂侯就是。湖北出土的鄂国的文物说明这个国家被灭了，相当于被屠城了。虽然西周以来的历史与政治偶尔也会显示出很残暴的一面，但是总的来说跟世界同时期的其他文明比较起来，它的政治行为非常合理、非常理性。这样的情况经过了几百年的实践，奠定了一个非常深厚的基础。

（二）儒家的"德政"传统

进入了春秋战国之后，政治上非常乱，土地兼并无所不在，僭越礼制的事情也比比皆是。那么在这个基础上，到了哲学时代的边缘，就催生了两种不同的政治思考传统或者说模式，第一种当然是我们熟悉的儒家，或者说主要是由儒家的学者来阐发和推动的"德政"传统。我们刚才已经讲了，孔子梦见周公可不是假的，说"郁郁乎文哉！吾从周"也不是假的，因为周文王的确是给孔子留下了非常深刻的印象，他讲为政以德、他推崇的"德政"，说来说去，其本质上还是礼制。所以我们说古代意义上的以德治国，其实就是用礼的模式来治理国家。

"德政"一开始基本上讲的就是恢复礼制，但到后来它在意义上会出现一些争执。举个例子，孟子讲仁政，我们知道仁政也是在"德政"的一个脉络上开展出来的，如果把他所说的"不忍人之政"与孔子以来讲的"为政以德"分析对比一下，会发现出现了意义的增殖，或者说增加了一些东西，这些东西是非常重要的。也就是说我们不要把"仁政"孤立地来看，而要把它和"不忍人之心""四端"和"性善"结合在一起看。古人可能不会像今人这般有条理地把思想分门别类，但毋庸置疑，他们的思想是有内在逻辑的。

那么这个逻辑是什么？是要把政治的问题提升到德性伦理的高度来继续审视、来进一步论证。不但论证天人合一，而且赋予了它新的东西。所谓新东西，无论是性善说还是静心说，这些问题都是德性伦理学的一种形态，这个形态背后的基础其实是心性论。孟子是讲心性的，即心言性，所以说他的讲法比一般的、单纯的社会科学意义上的政治学要深刻得多，他讲的内容正是我们哲学史或者哲学研究讨论的问题。

我在这个地方补充一点，对于德性伦理学的研究，我们现在还是可能受了一些麦金泰尔以来的影响，他要恢复古典意义上的德性伦理学——围绕 virtue 来讨论问题的这样一种伦理学。

我们反过来看一看。中国古代的这些伦理学我们可以叫做德性伦理学，但是我们在谈论这些问题的时候，必须把它和西方的传统做一个对比，就是说要能比较自觉地意识到中国传统的伦理学到底有哪些特点。中国的德性伦理学跟西方讲的那些德性伦理学，在内容跟形态方面差别都很大，这一点不是我们今天讨论的重点，但它是一个重要的问题，是我们说的儒家的一个传统。在进入哲学时代之后，儒家对"德政"，特别是在孟子的哲学中对它进行了深化，这应该说是儒家政治哲学的核心问题。当然我们知道后来还有一个旷世奇才董仲舒，他有很多的贡献，给儒家的传统带来了很多东西，不光是现实上给儒家的学者提供了保障——奠定了其社会地位和政治地位，而且他的新王道的体系里面有了一些比较复杂的、了不起的内容。它对当时的特别是汉武以来的政策起到了一定的作用，这些东西应该正规，不能抹杀。这是我们所讲的"德政"的传统。

宋明以来各位儒学宗师讲"德政"的传统基本上是比较抽象的，因为治理卓越跟他们这些士人其实没有什么太大的关系了。你可以讲，但是实际上你想有点作为的话，是没有什么可能性的。大概说来，我们把儒家的政治思想的传统归结为"德政"，但是我们知道这里面包含了各种各样的丰富性。

（三）道家的"玄德"政治哲学

我们下面讲一下道家。道家也讲为政以德，只不过道家讲的德跟儒家讲的德不太一样。道家讲的德是"玄德"，老子讲"玄德"是"生而不有，为而不恃，长而不宰"。我们如果玩味这几句话，会发现所谓的"玄德"跟"无为"实际上是一个意思。也就是说老子以来的道家的政治思考传统里面，有一支就是无为政治哲学，讲无为政治也是道家思想的正宗。

那么道家思考政治问题，它的特殊性和价值在什么地方？它难道是就像儒家一些学者批评的那样，想"绝灭礼学"、想反对一些建制吗，或者说他就是想"绝仁弃义"吗？考虑这些问题的时候，我们要从更广的角度来审视，我们首先跟大家分析一下"无为"是什么意思。我们要讲"无为"，前提是要把"为"讲清楚。"为"实际上是一切包含人文动机的社会行动，包括政治行动。它不是一种生物性的行为，而是一种action，是一种行动。我们会看到，举凡一切人的政治生活、社会生活、宗教活动，它都是"为"或"有为"。问题的关键就是，对于道家来讲，"无为"是在"为"上面加了一个"无"，这个"无"不是说消解它或者绝灭它，而是哲学经常讲的那种批判和反思，这是一种辩证的否定，就是说我们对"为"要进行自觉审视。哲学以外的其他任何学科，都不会承担这样的一个任务。那么有了这样的一个观点，我们就会发现，道家反思的力量是非常强的，道家哲人否定了这些东西之后并不会空无所有，而是会剩下一些东西，并且这些剩下的东西反而更重要。而那些通过否定被遣除的东西，道家认为其对于我们的生活、生命来讲是一些枝节的东西，有的时候甚至会碍事。那把这些东西用这种否定的方式清除消解后，还剩下什么呢？道家认为通过这种办法，能把人的本质，或者说政治生活、社会生活的本质揭示出来。所以说"无为"是一种抽象，也可以说是一种虚无缥缈的东西，但是我们知道这些东西是只有进入哲学时代才能具有的思想历程的产物。

接下来说第二点，道家的思考传统也是一种德性论。讲它是一个德性伦理学的时候，我们会发现老子的思想里面有"见素抱朴"，讲朴、素、婴儿、赤子这些东西，虽然这些语词看起来很具象，但经过分析会发现他讲的是一种原初的东西，用今天的话讲就是真实不虚的人性。因为我们在社会生活中可能都戴了个面具，或者说我们的人性都被玷污了，沾染了一些乱七八糟的东西，迷失了自我，从而难以返回我们曾经所在的世界，所以说我们要寻找的是曾经有过但现在失落了的那样一个世界。这是我们在人类历史上所反复面临的一种问题。

那么这个时候道家给你一种力量，告诉你要清除掉那些看起来不是你本质属性的东西，剩下的这些就是你的本质属性。按照你的本质属性来生活，不要听凭其他原则，这才是道家讲政治、讲伦理的最高原则。如果说在老子那儿看得不太清楚的话，在庄子这儿就讲得非常清楚了，就是要"任其性命之情"，或者"安其性命之情"。什么叫"性命之情"，就是人的最纯粹、不可让渡、最真实的本性，如果再将其去掉，人就会彻底崩溃、彻底瓦解。

（四）中国古代政治思想与人性论

儒家讲政治，讲着讲着就会讲到人性。《周易·彖传》里面讲"乾道变化，各正性命"，啥叫"各正性命"？讲的就是政治跟人性结合在一起的道理。所以说古代的政治哲学就是一种广义的德性伦理学。我们来做一个简单的总结，即中国古代思想世界里面所讲的政治永远不是一个单向的问题，永远不是说仅就政治而讲政治，而是会结合着其他的问题讲，它的最重要的归宿就是人的本质，就是性命之情。那么这个性命，比如说你可以在心理学人格概念的基础上来讲人性，或者说在启蒙运动的那几条原则之下来讲人性，但这些东西和我们中国古代思想世界里面讲人性的那种方式不同，我们是有特殊的进路的。我们刚才讲了孟子的心性论，庄子跟孟子所处的时代差不多，像庄子讲的那些内容，我们现在认为也是讲心性的，在这个基础上讲，它是非常复杂的。所以说，在中国古代的这样一种政治思考的空间里，人性的这种精神生活的诉求和所谓的"万物一体"，就是为了说明我们每一个个体跟群体中的其他每一个成员是如何关联在一起的。对这些问题它投入了特别多的关注，这是它的一个特点。

我们总结一下，中国古代讲政治，它跟性命之学是有关系的，比如说《论语》里面讲"政者，正也"，《礼记》里面也对孔子的这句话做了进一步移植和阐释。那么"政者，正也"的"正"，当然不能把它简单地解读成正直了。我们想强调的是，这跟他"正其性命之情"有关系，也跟"正其心"有关系。这样的话，我们就会发现，我们讲的所谓古代人的政治世界实际上有不同的层次，有我们所对应于一般意义上政治学的层次，也有和我们政治哲学层次讨论问题息息相关的部分。我提醒大家不要忽视了后一个方面的内容，也不要把所谓的政治哲学混同于一般意义上的政治学。

（五）不同传统的对话

此外，中国古代的政治世界里面有不同的传统，比如说儒家跟道家的传统；不同传统间还有对话，对话也非常重要。举个例子，《论语》里面就记载了"无为"这样一个语词，经过研究会发现，《论语》一直到秦汉以来各种各样的书，里面讲"无为而治"是非常多的，包括《易传》里面也有类似的意思，如何理解呢？一个基本的结论就是说它是儒家和道家进行思想对话的一个结果。不是简单地说儒家受道家的影响，而是说儒家把道家的一些思想吸收了之后，会按照自己的思想逻辑来作进一步的展开。所以说我们会发现儒家讲政治、伦理的时候，会树立几个典范，所谓的圣人比如说尧舜就是这样的典范。

讲到舜的时候，说他如果不知道怎么回事，肯定会中规中矩。我们会在《孟子》这部书里面看到，舜会面临很多困境，比如说他的父亲跟兄弟想谋害他，或者说他小时候掉到水里等各种各样的、设计出来的伦理的困境。这该怎么处理呢？尧舜"无言而止"，"举手投足无不中道"。讲这样的一些道理的时候，实际上就是用"无为"来讲，这是一个对话的基础。

我们总结一下这部分内容。中国古代的政治世界、特别是思想史，和古代的哲学密不可分。如果我们忽视了这一点，可能对中国古代政治的理解会有很大偏颇。比如说我们直接套用西方的一些关于国家的理论，即城邦、帝国、近代民主国家这个三段论，来思考中国古代政治的这些问题，是非常难的。很难说城邦时代对应于古代中国哪个时代，有的人又提出了一个"酋邦"，这也不准确。那么我们秦汉以来的王朝国家，它是像罗马、拜占庭那样的一个帝国吗？也谈不上。我们近现代以来的国家是一种民族国家吗？也不是。所以说在这个地方，我们要联合人文科学跟社会科学的力量，要创造性地思考，一方面要把中国的历史经验用现代的方式讲清楚，另一方面要有一种自觉的意识去摆脱一些西方社会科学理论的宰制，这些任务都任重道远。

三、中国古代思想世界中的"法"

我们下面再讲一下比"政"更抽象一点的"法"。人类自诞生以来就是要过群体生活的，蚂蚁都过群体生活对不对？而且一切生物单从个体上讲，都是跟其他个体、跟种群息息相关的。我们说某种动物濒危了、马上就要灭绝了，比如说某种珍稀动物的数量下降到一定程度，它的灭绝是迟早的事情，为什么呢？实质是它的基因库不足以支撑它继续存在下去，这跟个体没有关系。这个道理当然很浅显了，但是一些学者就认识不清楚，非要把那种孤立的、原子性意义上的个人当做我们社会科学或者人文科学的出发点，这是非常荒谬的。近现代，西方启蒙运动以来的政治理论，是不是也建立在这个基础上？他可以讲出来一套东西，这套东西也已应用于时代的发展，但实际上这个基础是很脆弱的。

（一）"法"的含义的演变

"法"的存在，跟人之间的关系有非常紧密的联系，我们现在分析一下这个语词。进入近现代以后，我们会发现，近现代意义上的国家一个非常重要的标志就是法制。但是反过来审视中国的历史，我们会发现法的制度设施跟精神观念的这种资历是非常耐人寻味的。我觉得找出这个字最早出现在哪里，意义不是特别大，它很早就有了，问题是它在语境中所显示出来的含义跟我们今天所理解的含义差别非常大。进一步讲，语词在历史的流变中，不断被加入一些新的含义，其意义在不断地扩展与增殖，这一点非常重要。所以我们接下来稍微对它进行一些分析，我觉得这种分析能展现我们思想史研究或者哲学研究的独特方法。

我们要讨论古代思想世界里面的"法"，首先要把它和"礼"结合在一起，早期的法不是孤立的。这是因为，早期的关于这种制度、秩序、权力的分配跟再分配的原则，都是通过"礼"来进行，"法"当时与"礼"的影响力比起来是微乎其微的，"法"必须和"礼"结合在一起讨论，才能真正地进入其历史的脉络。那么这个和"礼"结合在一起的"法"具有什么样的意义？首先是"法"的重要性在"礼"之下，这个时候"法"的含义实际上表明它是一种法度，我们说"礼"当然也是有法度了，"法"它也是法度的一种，但是它的重要性要比"礼"低一点，这是一个古代的传统。我们在《荀子》里面也会看到他讲"隆礼重法"，这个"法"不是我们今天讲的 law，也不是韩非讲的"法"，韩非讲的"法"已经接近我们今天讲的 law 的含义了，但在韩非的老师荀况那里，"法"还是比较广义的，不是特别精确的一种法度意义上的民法。

其次我们一定要注意，自古以来我们能追溯到"法"的开始的时代，它的意义基本上如前所述，那么进一步我们会看到法的成长，它会进入一个新阶段，新阶段从春秋开始。我们知道春秋和西周相比，无论是政治还是社会生活，变化都非常大，但虽然变化很大，整个结构却还没完全更换。既有的东西是什么？当然是礼制了。新出现的东西是什么？它就是"法"。那么谁在推动"法"？是春秋时期的一些人，特别是齐桓公、晋文公，他们做了一些推动。我们说管仲变法，它就表明了"法"是被"变"出来的，而不是一开始就有的。之所以要变法，是因为历史条件发生了诸多改变，比如铁器的使用推广了，周天子的权威下降了，过去诸侯国之间的血缘关系也淡漠了，最重要的还是利益的冲突，种种因素导致周礼已经不完全适合于当时的历史发展趋势了。在这个时候要进行制度上的更替，这种更替的结果就是法的出现。"法"，相对于"礼"来讲，具有抑制性，跟"礼"完全是一种精神气质不同的东西。在这个时候变法运动开始，并持续了几百年，经过这几百年时间的酝酿与实践，"法"才真正地站上历史的舞台。"法"最终是要把"礼"送到坟墓里面去，可以说"法"是"礼"的掘墓人，这一点不夸张。我们看一下韩非子的那些说法就能更深刻地了解这一点，他说"礼"和"法"是不共戴天的，我们现在要推行"法"，那跟"礼"有关的东西都得扔到一边儿去，要不然历史就裹足不前了。所以说我们要看到"礼"跟"法"中间有一个很大的张力，"法"一开始是对"礼"的修正、补充、调整，那么到了"法"可以支配政治生活跟社会生活全局的时候，会发现"法"跟"礼"背后的精神是格格不入的。

（二）"法"与"礼"的关系及其背后的精神

我们讲到"礼"与"法"，都会讲它背后的精神。"礼"不是纯然地为了实现某个具体的政治生活或者社会生活的目标而设的，它有更广阔的意义。广阔的意义主要是说，它背后体现了"德"的精神，"德"跟"礼"是配合在一起的，其匹配关系是非常牢固的。我们刚才说了以德治国跟以礼治国画等号是没有一点问题的，"德"跟"礼"是一种表里的关系。"法"的出现，表面上看起来是一种非常世俗、有现实针对性的考量。一开始"法"还是依附于"礼"的，这种考量背后的精神是"礼"还是其他的东西呢？这个问题需要进一步的探讨。但是我们中国的早期历史选择了另外一条路，就是在黄老学里面它推动着一个思想的运动，我们称之为把"道"跟

"法"结合在一起，这个意义是非同小可的。为什么在老庄哲学这样的道家学派里面，会发生这样的运动？从老庄的哲学思想来看，它是不拒绝变化的。你看周礼是不是在到处崩坏？整个王道是不是日益失序？这个时候，我们知道儒家的学者都要挽救天下的危亡，"挽狂澜于既倒"，若知其不可也要这样做。道家观察到这个趋势是不可逆转的，不可逆转怎么办？不如让其崩坏得更快一点、更彻底一点，赶快把它扫到坟墓里面埋葬，然后我们重新出发。这也是一种方法对吧？所以说道家的思想比较灵活，而且这个要放弃的东西对道家来说也不是最关键的，因此放弃了也关系不大。

问题关键在于，我们将来是不是要过一种更好的生活。实际上道家跟法家是一家，它是一条线上的，这中间还有黄老学在起一些连接的作用。我们会发现黄老学开始对变法运动以来的制度设施更张的成果，尤其是思想观念的成果，进行理论的总结。我们在《管子》这本书里面，发现了非常清晰的这样一种思路。我们可以确认，只有在黄老学的文献里面才把"道"跟"法"紧密地结合在一起讲，除此之外其他的各家都不会这样，包括老庄都不会。所以说把"道"跟"法"结合在一起，它的意义就非常大，它为"法"能真正地推陈出新、克服礼的局限性并完成自己的历史使命奠定了一个坚实的历史和理论的基础。更重要的是，我们知道"道"是哲学突破以来，或者说进入哲学时代以来，所出现的新的概念。以前我们虽然有这个词，但是不能称之为概念，儒家跟道家都花了很多时间来讨论"道"。那么也可以说"道"是进入哲学时代以来的理论精华，甚至可以说是最高成就。而"法"，则是从春秋以来波澜壮阔的社会政治运动的一种精华。因此这两个东西结合在一起非常重要。

我们看马王堆帛书，《经法》的第一篇里面，第一句话就是讲

"道生法"，不是说"道"真的能生"法"，而是讲"道"跟"法"的那种紧密的、必然的联系。这样的话我们就会说从"德礼"到"道法"是早期思想世界里面非常重要的一条线，这对于我们认识古代思想世界里面的法也是非常重要的。"法"到了黄老学中讲"道法"的关系，到了韩非子的时候讲"礼"跟"法"完全不相容，这其实是对于"法"的观念不断认识、不断深化的一个过程。

我们知道，"礼"跟"法"的关系非常复杂，这个复杂性到了秦汉以后还在被继续讨论。有的人把它当作儒法的斗争来看待，有的人说什么法律的儒家化，各种各样的论调都有，但是我期待开出一个思想史研究的新局，能看到法家和道家、黄老学的密切关系。是黄老学把"道"跟"法"结合在一起，使得"礼"跟"法"曾经的纽带被彻底切断，因此这个阶段具有重要的意义。我们说"礼"背后的"德"有一种思想的传统，这个"法"背后的"道"就是黄老学找到的一个深刻的思想基础。这样的话我们在思想的世界里面来讨论这些问题就非常有意义，而且张力非常大。可能有一些师友也在研究法制的历史，我们在这儿想提供一个思想史的视角，就是说"道"跟"法"的关系是不容小觑的，我认为进一步搞清楚这一点，对于我们的研究来讲是非常有贡献的，这是我们讲"法"的一个基本的条理。

我们说这个问题的复杂性不在于什么礼法之争或者儒法之争，而是在于秦汉以来的"法"总是和"礼"有千丝万缕的联系。我们研究中国法律制度的专家跟学者，都有一个基本的共识，就是在中国除了讲"法"之外，还要讲一点别的东西，比如人情，甚至有时还会讲一些天理。杨连生先生就这么讲，他说天理、王法、人情构成了中国古人的基本生活环境。在今天看来，似乎只有王法跟我们今天理解的"法"有关系，那另外两个维度不起作用吗？当然也起作用。这样想的话，会有助于丰富法学研究的角度和视野。从思想史的角度来说，政治空域一直是一个被关注的中心，这个中心不是简单地以世俗的理性建构起来的，而是有一个绵长的思想传统，甚至于说有很强大的一个哲学传统在支撑着，这也是一个非常有价值、有意义的问题。

上面我们已把中国古代思想世界里面的"政"与"法"给大家简单地介绍了一下。我们知道这里面有很多的问题，这些问题的张力也促使人们投入更大的精力来继续研究、来进一步发掘有价值的东西。最后想强调一点，我刚才讲的东西仅仅局限在古代思想世界里面，走马观花地把主要的东西给大家介绍了一下。我们关注这些问题的时候，要看到我们今天的中国还是要继往开来，我们要建立一个现代意义上的国家，有完备的法制、有对法的精神信仰，如果没有的话，我们很难跻身于世界民族之林。现在的欧美世界发生了很大的变化，总的来说，我们要跟世界接轨，赶上资本主义国家的步伐，这是我们要做的第一点，也就是不要被整个世界潮流所抛弃。还有一点我觉得同样重要，我们要对我们的传统有更多、更深入的开掘，把真正有价值的尤其是在西方传统里面没有的东西阐述出来，为将来的我们能过上一种更好的生活、建构一个更好的社会、进入一个更理想的政治世界，来贡献我们的一点力量。

第八讲　稷下学宫与诸子百家 *

一、稷下学宫与稷下先生

首先需要给大家解释一下"稷下学宫"的意思。"稷下"指的是齐故都的西门，也称之为稷门。稷下学宫是齐桓公田午设立的一个教学科研机构，位置就在齐故都的稷门外面。"学宫"这两个字在西周的青铜器铭文里面就出现过，研究认为它就是古代办公的地方，相当于古代的学校。古代的学校跟今天的学校稍微有点不一样。学校从西周以来就不仅仅是一个教育机构，同时也是一个议政的机构，还是举办一些公共活动的场所。除了教书育人，它还有研究、制定国策的功能，因而兼具了一部分政府职能。就是说，一部分政府职能是由学校承担的。

---

* 本文整理自 2019 年 4 月 17 日山东卫视齐鲁文化大讲堂"齐鲁文化系列讲座"。

　　齐国建立稷下学宫，具有历史的动因和意义。为什么这么讲呢？稷下学宫始于齐桓公田午，它的重要契机就在于田氏取代姜氏，进而取得对齐国的统治。这一事件就是从田午开始的。这个时间点是特别值得注意的。我们推测，它是为了田氏代替姜氏做理论准备或舆论准备。这样的动机是非常强的。有了这个设施之后，齐国开始推行一系列的政策，招揽天下游士贤达汇聚此处进行教学活动，开展学术研究。

　　这个举措和战国中期社会结构发生的巨大变化也是有关系的。春秋中晚期以来，社会结构发生了一些持续不断的、深刻的变动。很多贵族子弟在这一变动中脱离了以前的贵族体系，成为普通人，这样就产生了一些游士。游士就是浮游的知识分子。战国年间这一情况比春秋时期更加普遍。浮游的知识分子为人才的流动创造了条件。那么稷下学宫的成立也和这一历史契机有着千丝万缕的联系。设立学宫一个特别重要的前提就是招揽天下贤士。浮游的知识分子来到齐国稷下讲学，齐国的统治者可以借助他们来推动国家改革，实现富国强兵等目标。这是建立稷下学宫的另一个重要动机。

　　在稷下学宫出入的知识分子被称为"稷下先生"，说明当时齐国的统治者非常重视他们。甚至会给一些著名的学者"大夫"的称号，或者让其位列卿大夫，俸禄非常高。请他们来干什么呢？就是让他们来做学术研究。因为他们有一定官职又不必承担一般意义上的行政事务，所以当时又把这些人的活动称之为"不治而议论"，即不处理具体的行政而主要是议论。大家汇聚到这个地方，进行各种意见说法、思想学说的交流碰撞，久而久之这里就形成了一种自由兴盛的学术研究氛围，也形成了知识阶层的共同体。这个共同体可以笼统地称为稷下先生。稷下先生和在稷下学宫里面的活动，在历史上是空前的盛举。

稷下学宫设立之前，关于古代的教育或者说学术研究的史料是非常少的。稷下学宫给我们留下了非常宝贵的史料。稷下先生的思想遗产同样具有非常重要的意义。稷下学宫在中国教育史、学术史上的地位举足轻重。从齐桓公田午创立它开始，稷下学宫历经了威王、宣王、湣王、襄王，一直到齐王建，大概延续了 150 年的历史。在这期间，出入稷下的知识分子非常多。根据相关的史料记载，到了宣王时期，稷下学宫非常兴盛，人数超过了 1000 人。这样的规模当时无论在中国还是西方，都是非常罕见的。因此，稷下学宫，在教育史上是一个具有划时代意义的标志。

虽然稷下学宫有上千人，但人数多不一定代表水平高，水平高需要大师的出现。这些大师就出现在威、宣之际，当时稷下先生有 76 人，这 76 人是有名有姓的 76 人。这个数目就超过了仲尼的弟子 72 人。现在根据各种文献，可以考证到的稷下先生的名字将近 20 个。我们知道留名青史从来不是一件容易的事情，他们都是名垂史册的人物，这本身是十分了不起的。

在这些有姓名可考的人物里面，有大名鼎鼎的淳于髡、彭蒙、慎到、宋钘、尹文，还有一些像邹衍、邹奭一类的人，还有更加有名的、儒家两个非常重要的宗师——孟轲与荀况，他们都和稷下有十分密切的联系，是稷下先生里面的代表。稷下学宫涉及的人物众多，涉及儒、道、名、墨、阴阳、法诸家，甚至兵家和农家也在其中。各种各样的思想在这个地方汇聚碰撞，最终激发了古代自由争鸣的思想格局。

西周以来，学术思想文化基本上都被官学垄断。王官之学囊括一切书籍、典策，具有最高的教育权力。然而随着历史的演进，私学在春秋末年开始出现。孔子授徒讲学性质上就属于私学范畴。正因如此，我们才把孔子称为教师的祖师爷，说他是私学的代表。战国时期私学越来越发达，尽管周天子的王官之学不断失守，古之学官不断地分散于四方，但官学也没有彻底消亡。各个诸侯国为了书写自己的历史，掌管自己的典籍，或者说在一些特殊的人文动机的推动下，他们也会设置自己的官方教学研究机构，从而扩展自己的影响力。稷下学宫就是这样一种典型的具有官方性质的学术教育机构。

齐桓公田午为了取代姜氏绵延已久的统治权，他就一定要想方设法论证自己取得政权的合法性。他招揽天下游士贤达在稷下讲学，一方面确实促进了学术自由的风气，但另一方面主要还是为自己的政权服务。这种情况实际上在战国时期非常普遍。春秋战国时期的重要人物，像春申君、平原君、吕不韦，甚至一直到汉代的淮南王刘安，他们都招致门客汇聚于自己的门下，讲学、做研究，并将这些讲学研究的成果汇编成册，比如我们熟知的《吕氏春秋》和《淮南子》这两部特别重要的经典。稷下先生的一些言论和成果，也被载于齐国各种各样的史册或者典籍当中。我们知道《管子》这部书的内容非常丰富、非常复杂，它里面包含了不同时期的文献档案和思想片段，乃至一些理论的著述，当然也包含了一些稷下先生的著作，能从中看到关于稷下先生思想学说的记录。

兴盛于战国中期的稷下学宫是中国教育史、学术史、思想史上一个重要的分水岭，甚至可以把稷下学宫的重要性和柏拉图创立的academy（学园）相提并论。

下面谈一谈稷下先生的主要职责。稷下先生主要的职责就是议论。他们不承担具体的行政职务，也不处理具体事务，齐国授予他们大夫或者列大夫的官职，却并不是荣誉性的虚名。一方面，统治者要给他相当丰厚的俸禄；另一方面，稷下先生在政治制度层面也发挥一定作用。这个作用可以在西周的王官之学里面看到一些端倪。比如说在西周史官系统里，有一部分史官就不处理具体政务，但他们的地位却非常高。有的史官可能就是掌管一些典籍，负责一些文书，有的可能是负责教育贵族子弟，但这些史官都属于王官之列。对比来看，稷下学宫的设置与古代官学显然是有关系的，甚至可以说是对古代王官之学的推陈出新。

稷下学宫里面设的这些官职，其职责是不治而议论。这个对秦汉以来的博士制度有启发作用，或者说它开后世博士制度的先河。在汉代经学系统里面，如果某一本经典立于学官的话，就会称精通此经典的人为"某某经博士"。博士实际上就是一种体制内的学者，他在体制内有一席之地。他们除了掌管教育、文书之外，还要承担起参政议政的职责。我们知道中国古代一直都有言官的存在，他们的职责就是专门提意见、专门发表议论的，从言官的职责来看，后世言官的长期存在同样和稷下学宫有着重要联系。

如果跟现在的制度设施比，稷下学宫就相当于现在的大学。现在的大学是分科的教育机构，稷下学宫是一个比较笼统的教育机构，它可以说是现代大学的雏形。稷下学宫的任务之一是对经典的研究学习，主要是进行理论的探讨。在此地求学的学生也不见得全是贵族子弟。稷下先生本身就是来自四面八方的天下游士，故他们的学生也有可能是出身寒微的布衣。因此可以说，稷下学宫在受教育者方面推动了一定的变革。比这个时代稍早一点的墨子就出身贫寒。他虽不是饱读诗书之士，但思想却很深刻，可以说是一个从庶民上升为士的典型代表。我们从各种各样的史料来推测，稷下学宫学生的来源应该是非常多元化的，既有贵族子弟，也有平民子弟，这样就给稷下学宫增添了巨大的活力。

稷下学宫推动中国教育进入了一个新时代。前面说到，著名的稷下先生有近 20 位，他们是天下各家各派的精英代表。这样就打破了门户之见，形成了自由、开放、充满活力的学术传统。这一传统是非常重要的。在战国中晚期，中国历史上出现了黄老之学，与其他诸子派别相比，黄老学有更强的现实针对性，这个学派在稷下学宫里扎根非常深。稷下先生的来源是很多元化的，他们的思想是非常有活力的，他们的历史影响也是非常深远的。稷下先生的思想在中国学术史上打下了很深的印记。

二、稷下学宫与诸子百家

诸子百家之学在稷下学宫非常兴盛，因为有学术自由的风气和条件。稷下先生根据自己所长，针对现实问题都有自己的独立思考。这一点是非常重要的。为什么这样讲呢？在诸子百家兴起之前，或者说在春秋和战国之交的这条线之前，很少有个人的思想。从相关史料可以看到，无论是周公所说，还是召公所说，或是其他一些著名人物所说，揣摩其文辞、斟酌其思想，我们会发现，他们所讲的都是官方的文献，里面几乎没有什么个人的特点。《诗》《书》就具有这样的特点，它是官方的文档。其他的一些史料更是如此。比如青铜器的铭文就是非常格式化的题材，里面包含了非常多的套语。所以说在诸子百家兴起之前，个人性质的思想很不发达，它是在春秋中晚期以后才逐渐发展起来。他们在议论这些文书、诰命的过程中，口头表达能力越来越强。这个趋势反映个人性质的思想逐渐成长起来了。

哲学思想非常重要的特点是，它是个人性质的思想。不同哲学家的思想是完全不一样的，每一个哲学家都有自己的特长，一个人的哲学思考往往会反映这个人的气质。诸子百家思想同样各不相同。每一家都是相对独立的，相互之间显示出来明显的差异，稷下学宫里面同样体现了这一特点。诸子百家的范围很广，在稷下学宫里面都能找到。需要强调的是，其中的儒家思想是稷下学宫诸子百家思想的基础，黄老思想也是其中非常重要的一支力量。其他还有名家、法家、阴阳家、墨家、农家、兵家、杂家等。稷下学宫里面的诸子百家为我们提供了比较广阔的历史背景。在稷下学术里面，儒家思想具有重要性，因为孟子、荀子都曾游学于稷下，作为稷下先生受到了齐国政府的高度重视，给予了他们非常高的礼遇。孟子不止一次来到稷下；荀子在稷下三为祭酒，待的时间非常长。所以说儒家的影响不容小觑。

目前所能看到的关于稷下先生的最直接的史料记载是出自《史记·孟轲荀卿列传》。此外《庄子·天下篇》和其他篇章里面也记录了一些，如《天下篇》里面宋钘、尹文、彭蒙、慎到这些稷下先生的思想，这意味着《天下篇》的作者对稷下思想、学术非常了解。根据《天下篇》这个史料，多少可以还原当时稷下学宫诸子百家的一些状况。

下面我们根据现存的传世史料和出土文献，简单介绍一下齐国稷下的诸子百家究竟有哪些人物。

第一个是淳于髡。他的言论、思想被载于各种史料之中，呈现出一种碎片化的特点。借助这些零散史料并结合《孟轲荀卿列传》中的记载，我们推断淳于髡在稷下学宫里的地位是非常高的。一个原因是他年长；另一个原因是他特别善于辞令，滑稽幽默，感染力非常强。他经常作为外交使节出使国外，能够不辱使命。他非常善于对"名"的辩论，作为善于名辩的学者，自然在思想史上有特殊的地位。过去公孙龙、惠施都号称是名家。所谓名家，就是擅长名辩的人，战国时期被称为辩士。从某种意义上讲淳于髡也是辩士，他长于论辩。善于名辩的学者在思想史上的重要意义在哪里呢？我们思考某种事物的时候，比如思考山川大地，我们不会把大家都叫到野外指着山川大地说，你看这是山川大地，古代人也是这样的。他要把山川大地赋予一个名，宇宙万物都要赋予一个名，有了名才能确立思想的世界，有了思想世界，才能谈思想史。它的重要性就在这个地方。另外一个层面，你有你的名，他有他的名。名跟名之间到底有些什么样的规律呢？名能不能反映你所想表达的那个实在？我们确立了一个思想世界之后，还要反思这个思想世界，而反思就需要辩论，真理就在辩论当中显现出来。所以说辩论也非常重要。有的史料里面之所以将淳于髡列为稷下先生之首，就在于他是一个名辩的学者，他有特殊的能力、地位和影响力。

淳于髡特别倾慕齐国名相晏婴。晏子的思想、传说和政治遗产是齐文化的重要组成部分。《晏子春秋》这部书可以说是晏子生平的一些记录，性质类似《论语》，这里面体现了晏子的一些个人性的思想。春秋中晚期，个人性的思想一旦出现就是不可逆转的态势，它会不断地发展。淳于髡倾慕晏子，我觉得他是以晏子为榜样，自觉仿效他的言行。

稷下先生里面的重要人物还有宋钘和尹文。宋钘在《庄子》里面被称为宋荣子。宋钘的思想基本上可以说是墨家思想的余绪，同时也继承了名辩传统，所以一般都把宋钘定位成介乎名家跟墨家之间的人物。

与宋钘相提并论的是尹文，也可以称之为尹文子，他也特别擅长名辩。他名辩的目的是"法"。尹文子不但讲具体的"名"，还讲抽象的"名"；不管讲哪一种名，最后都是以"法"为基础。把"名"跟"法"结合在一起，是黄老学非常重要的特色。诸子百家不但借助"名"来讨论宇宙万物，他们同样通过"名"来讨论一些社会事务。最典型的就是孔子讲的正名。"名"是"礼"的抽象形式，孔子正名思想的核心是周礼。周礼是社会政治制度，所以他的正名思想是针对社会政治制度。古代人讲"名"不仅仅局限在语言层面上，他们更多是在政治、社会层面上讲"名"。《老子》里面讲的"名"也有双重含义：一方面是语言层面上的"名"，另一方面是政治层面上的"名"。《老子》讲"道常无名"或者"道恒无名"，就是认为"道"不是能用语言来表达的，这是第一个层面；《老子》说"朴散则为器"就是说"名"虽然可以用，但是最根本的原理还是无名，无名就是对"名"的反思和否定，这是第二个层面。所以说不管从哪个意义上讲，"名"都有社会政治的意义。

现在有一部书叫《尹文子》，这本书的可靠性还有一些争议。其中有两篇可以帮助我们进一步讨论尹文子的思想宗旨。他的宗旨很明确：一方面是"名"；一方面是"法"。他通过"名"来论证"法"的合理性和必要性。

关于宋钘跟尹文，郭沫若先生曾写过《宋尹遗作考》。他通过考证认为《管子》四篇是宋钘、尹文所作。郭沫若先生观点的启发性在什么地方呢？宋、尹之学是稷下学术的一部分。宋钘的思想体现了名家和墨家的结合，尹文体现了名家跟法家的结合，甚至可以认为他是名家跟法家之间的过渡。所以说宋钘、尹文是稷下诸子百家里面非常重要的两个人物。郭沫若先生认为《管子》四篇是道家文献，又是宋钘、尹文所著。不过随着研究的深入，特别是马王堆帛书的发掘和整理研究以来，学界主流意见认为《管子》四篇可能和宋钘、尹文的关系没那么密切，反而跟田骈、慎到的关系更近一点。

接下来讨论一下田骈、慎到的思想。我个人的看法是《慎子》这本书中有一部分内容还是比较可靠的。新出土的简帛中有《慎子》的一些异文，如何看待这些异文还有进一步阐发的空间。

《庄子·天下篇》提到慎到，并对他有两个比较重要的评论：首先是慎到继承了老子的"道"，其次是他懂"法"。通过这些评论并结合《慎子》和《管子》四篇中的内容，我们发现慎到这个人非常重要。他的重要性就体现在对"道"和"法"的结合上。这一点为什么重要？自从老子提出"道"的概念之后，它从以往"道路""原则""言说"等意义上超越出来，成为一个哲学概念。"道"是万物的本源，是贯通宇宙人生的终极真理。老子从哲学的层次赋予了"道"非常深刻的内涵，并在此基础上建立了一套深刻的哲学理论，所以如果没有"道"这个概念的淬火，道家的理论系统也构建不起来。慎到所讲的"道""法"之间的结合，其中的"道"是明确源于道家，换句话说，慎到所说的"道"是源自道家系统。慎到说的"法"与之前的"法"已经不同，他对"法"有了新的发展，与今天所讲的"法律"意义上的"法"相接近，他所说的"法"，不仅是笼统的法度，更多是法律、法令、法例、条文，这个内容是非常明确的。与其他相比，慎到的特色就在于他将"道"和"法"结合在了一起。

活跃于稷下的有各种各样的思想流派，我们再来看邹衍的学说。邹衍的阴阳五行学说是稷下学术里非常重要的一部分，是中国古代思想的重要一支，现在来看，阴阳五行思想几乎代表了中国思想乃至于中国文化的根本特征。作为稷下先生里面非常重要的一个代表人物，邹衍把流传已久的阴阳观念和五行观念进行了理论上的升华，最终将它变成了"大九州"学说和"五德终始"学说。这两个学说之间是互相配合的，"大九州"讲的是地理空间，"五德终始"讲的是历史政治的变迁，他用五德也就是五行交替的规律来概括自己的理论。战国晚期至秦汉时期，阴阳五行学说都是非常重要的显学，受到了统治者和知识阶层的高度重视。此外邹衍的口才也非常好，据说他在一次辩论中甚至驳倒了公孙龙。

三、稷下之学与黄老思潮

虽然稷下之学千头万绪，但它的核心主干应该是黄老学。黄老学是以老庄哲学为基础，进一步推陈出新发展起来的道家流派，它的渊源可以上溯到春秋时期的齐桓公和管仲，推动它兴盛与发展的重要动力是齐国的统治者。田氏代齐之后，田氏统治者面临着很大压力，前面讲过，稷下学宫设立的动机与论证田氏代齐有密切关系，一定程度上可以说，齐国的田氏统治者是为了论证其统治的合法性才设立了稷下学宫，稷下学术的目的之一就是为田氏张目。所以稷下学宫诸子百家有相近的地方，就是思想上都或多或少有着黄老学的背景，这一点是谁也不能否认的。黄老学乘着各种各样的历史机缘不断发展，并抓住了几次重要的契机，自身获得了长足的进步。它在中国历史上绵延发展的时间很长，大概有六七百年之久。直到汉末仍有黄老学的余绪。

黄老学的"黄"指的是黄帝，"老"指的是老子。黄帝是传说人物。司马迁写《史记》的时候说"百家言黄帝，其文不雅驯"，就是说与黄帝相关的信息都是一些很怪诞的传说。春秋中期以来，关于炎帝跟黄帝的传说突然兴盛起来，为什么呢？据《春秋公羊传》记载："南夷与北狄交侵，中国不绝如线。"意思是说春秋时期，诸侯国受到周边少数民族政权的挤压和侵略，危亡存于一线。这种情况激发了诸侯国同仇敌忾的心理，大家团结在一起共同抵抗外侮。管仲讲"尊王攘夷"也是同样的道理。要想使大家团结在一起就需要有一个共主，这个共主就是炎、黄二帝。春秋中晚期是中华民族形成的非常重要的时期，自此以后，中华民族开始形成了共同的历史记忆。炎帝、黄帝，为什么要用"帝"字？西周以来，最高统治者都是称王。在他们的意识中，"帝"要比"王"阶次更高、时代更久远，在"帝"的时代，政治制度更合理，人民更幸福。礼崩乐坏之后，周天子无法号令天下，诸侯要推共主，周王已经不再适合，不如就选一个比王阶次更高、能力更大的人物，于是他们开始以"帝"来称炎、黄二祖。这里面包含了非常丰富的思想文化内涵：第一，炎、黄二帝明显偏离了周文王以来的文化传统，说明礼崩乐坏在春秋时期就已经开始，而且崩坏的速度越来越快，所以就需要一个全新的、更强有力的符号来替代它。这个符号就是"黄帝"。第二，田氏代齐之后，专门造了一个青铜器，这个青铜器鼓吹的就是黄帝。我们知道周人的祖先不是黄帝，田氏作为齐国新的统治者，他要把自己标榜为黄帝的后裔，这个思想动向是非常明确，也是非常重要的。稷下学宫是田氏设立的官方机构，这里自然要主动渲染这样的说法，所以说黄帝形象出现在思想史里面有着很深刻的原因。

第二个是老子。老子应该说是战国初期或者春秋战国之交的人，他是中国第一个哲学家，象征着中国思想史进入了哲学时代。用我们的现代术语来讲，老子实现了中国思想的哲学性突破。他的思想与传统思想很不一样，它是一种哲学形态。他提出的"道"的概念经过"无"的诠释，一方面变得非常深刻，另一方面表达出了对现实绝不妥协的批判意识，它比儒家的批判意识要彻底得多。儒家本质上是高度匹配于宗法社会的一种思想形态，而道家则不和任何一种政治势力相匹配，不把自己的基础建立在任何一种既定的政治制度之上，它具有超越于一切政治、社会制度的气质，这种气质为推动政治、社会变革提供了理论武器。因此老子和黄帝的结合带有一定的历史必然性。黄老学的出现本身就表达了一种推陈出新、天下归一的历史诉求。在战国中期，天下分崩离析，需要重新建立天下归一的秩序。归于什么地方呢？现实情况决定不可能再重新归于西周了。稷下之学高度重视黄老学，就是因为这套理论与战国中期以来的历史进程高度匹配，这是其他各家所无法相提并论的。

通过《管子》这本书，我们可以讨论一下稷下学术中黄老学的来龙去脉。《管子》不见得是战国中期稷下先生思想学说的汇编，它的内容来源非常多元，一般来说，《管子》成书经历了不断叠加的历史过程，篇幅比较大，在先秦流传下来的典籍里面，可以说是篇幅最为宏大的一部著作了。《管子》有一部分内容，如《牧民》《乘马》等篇，可以说是对管仲在变法时期的言论、文档、公文的记录，还有一部分则是稷下先生的一些著作言论，特别是《管子》四篇《心术上》《心术下》《内业》《白心》，以及其他部分，如《宙合》《枢言》等。这些文献可以说是稷下先生的著作。稷下先生思想的主流毫无疑问是黄老学。《管子》里面既有管仲学派的作品，也有黄老学的作品，另外还有一部分是和阴阳家月令相关的作品，比如说《幼官》篇。现在我们知道《幼官》本是《玄宫》，《玄宫》和《玄宫图》这些都和古代月令思想有千丝万缕的联系，可以说是早期月令思想的雏形。

下面讨论一下稷下学的特点。从管仲变法以来官方的一些文档记录来看，稷下学的思想主题毫无疑问是讲"法"。"法"脱胎于"礼"，管仲讲的"法"最初与"礼"有关。"礼"是"法"的来源，"法"是"礼"的更张。在变法运动中，"法"在"礼"的母体中不断成长起来，"法"的精神得到不断滋育。通过《管子》我们发现，"法"的成长是非常重要的第一步。"法"是对周礼的一种调整，相关内容汇集起来就称之为"法"。这个时期对"法"讲得还比较笼统，其意义和"礼"还比较接近，二者之间并没有太大的区别。直到荀子的学生韩非子所处的时代，情况才开始发生显著变化，"法"的精神开始接近于慎到所谓之"法"，也就是接近于法律意义上的法文条文，所以说管仲变法所谓之"法"，实际上是对周礼的调整修正。由此可知，《管子》中管仲变法时期的公文档案以及管仲学派的著述所谈的法，重点都是强调"法"与周礼的关系，强调的是"法"的实施。由此也可以看出，黄老学思考问题的焦点之一，同样是"礼"和"法"的关系。也就是说，整个稷下学思考问题的背景是源于管仲以来的历史遗产。他们要在此遗产基础上再做进一步思考。

慎到思想的核心就在于他将"道"与"法"结合在了一起。也就是说，这个时候的"法"已经有了远离"礼"，与"礼"分庭抗礼的含义。"法"脱胎于"礼"，独立于"礼"，最终要和"礼"相抗衡。在这个过程中，为什么要说"道"和"法"的结合很重要呢？就是因为"礼"跟"德"的结合已经有了典范存在。诸子百家兴起之前，中国思想史的主题都围绕着"德"展开，现实层面都通过"礼"来把握。这就是"德"和"礼"之间的结合。战国中期随着黄老学的兴起，稷下先生思考问题的时候开始要推陈出新。推陈出新首先是推动德礼体系的寿终正寝，其次是寻找新的体系代替德礼体系。这个新的体系就是道法体系，也就是将"道"和"法"结合起来，抗衡"德"与"礼"的体系。如果说德礼结合所指的是一种传统的社会政治体系，那么稷下学术所推动的道法结合则是对传统体系的重大理论创新，表现出了将"法"奠基于"道"的深刻的问题意识和哲学思考。围绕《管子》四篇和《慎子》《尹文子》，会明显看出"法"与"名"、"法"与"道"相结合的主张。《管子》四篇里一个明显的思想结构就是呈现出了"道"与仁义礼法、刑名法术之间的结合，这就暗示了黄老学是以道家思想为核心，然后将儒家、阴阳家、法家等其他诸子思想融会为一的思想理论体系。黄老学的这一思想特点，为现实社会政治的改革、为法的精神的滋育提供了有利条件。这就是稷下黄老学的主要内容。

以邹衍为代表的阴阳五行学说在《管子》里面也有很深厚的文献学基础。比如前面提到的玄宫、玄宫图，都是古代月令的基本形式。通过这些内容我们会发现，它在古代思想世界里面发挥着非常基础的作用。长沙子弹库发现的楚帛书中有一种讲的也是这个，内容与月令知识特别是和《管子》的玄宫、玄宫图有重要关系。邹衍思想非常重要的一部分就是讲阴阳五行的理论，现在来看，这些内容本质上是阴阳五行和黄老学的结合。阴阳家跟黄老学的界限很难分得特别清楚。即便后世的董仲舒，他所讲的阴阳五行里面也吸收了很多黄老学的内容。所以说战国中期稷下学术乃是以黄老学为核心。而黄老学的意义非常深远，它对秦汉国家意识形态的确立产生了不可磨灭的影响。

四、稷下学宫的思想遗产与历史意义

我们知道齐国从立国之初就形成了一些和鲁国不一样的政治、文化传统。这套传统经过齐桓公和管仲变法以及稷下学术的思想创造，最终形成了中国不可忽视的历史文化遗产。这套遗产既包括政治制度层面的内容，也包括思想文化的创新发展，它和鲁文化的传统相映成趣、相得益彰、相辅相成。

司马迁在《史记》里曾记载，说太公在齐国推行政策的方式是"因其俗，简其礼"，这一点是非常重要的。每个地域都有自己的文化传统，如果要对这套系统强行改造的话，改革的成本会非常高，太公"因其俗，简其礼"的改革则有效避免了这一点。黄老学中非常重要的一点是强调"因循"，这一点在《管子》四篇中也有重点讨论，姜太公的"因其俗，简其礼"在本质上也是强调因循，这种情况不是偶然的。他的改革方式强调因时制宜、因地制宜、因民性之固然，这最终形成了齐国比较开放、灵活的政治、文化传统，不然也不会有后面齐桓公管仲的变法运动。齐国土地贫瘠，不太适合农业生产，它在地理位置上靠近海洋，有鱼盐之利，更适合发展工商业，这一点也推动了齐国开放、灵活文化传统的形成，因之与鲁国文化形成了鲜明的对比。

　　周公的儿子伯禽到达鲁国之后是"变其俗，革其礼"，他是在"移风易俗"，将鲁国当地的陈规陋习予以彻底改革，使之符合周礼的规范。可以说鲁国的改革理念与齐国是相反的。很多学者在著作里都提到齐鲁两国政治很不一样，认为齐国非常灵活，所以发展得比较快；鲁国的政策则偏于保守，有利于周文化的保存，晋国韩宣子出使到了鲁国，才知道"周礼尽在鲁矣"，它的缺点就是过于保守、封闭，因之国力每况愈下。

　　实事求是地讲，齐鲁两国的文化传统都非常重要。任何一个时代都有变法、改革的需求，也有维护社会稳定的需求。鲁国文化虽然保守，但是强调了对原则、传统的坚持，对于传统政治文化的保护和延续，具有积极意义，这可谓是鲁国文化的意义所在。齐国强调因时制宜、因地制宜、与时俱进的文化传统，为国家政治注入了强大的活力，为社会的发展进步保留了巨大的提升空间。所以说齐鲁两国文化传统虽然不同，但它们是中国传统文化不可或缺、相辅相成的两极。今天我们既能坚守传统，又能灵活开放地吸纳新的事物，这显然是和中国两大文化传统分不开的。

　　我们知道世界各文明古国的传统都源远流长，文明古国延续到近现代仍然保持巨大活力非常不容易。如果没有保守与开放两大文化传统留下的宝贵思想资源和历史遗产，我们国家就很难保持继续前进的动力，当代的改革开放更是难以想象。近代以来为了救亡图存，我们不惜大幅度地改革政治、改造社会、改变思想，借鉴西方优秀文化和制度，使得我们这个文明古国仍然能够保持着强大活力。从这一点来看，齐鲁文化所留下来的历史遗产显然对当代中国意义重大。

　　过去我们比较多地强调了鲁国对周礼文化的保存，但对周礼的改革变化给予的关注不够。如果没有太公立国、管仲变法所留下来的改革精神，周礼的更张就很难出现，甚至也不会有秦汉王朝大一统国家的确立。以礼乐为代表的周文化在漫长的历史发展过程中，其实在不知不觉地发生改变。我们知道，量变最终会导致质变，周文化长期以来在细枝末节方面的变化最终会导致其结构上的改变，这就需要变法运动的推动。

管仲变法从政治层面讲就是当时周天子形同虚设，需要由新的霸主来代替周天子号令诸侯，重新把诸侯国家团结起来抵抗外侮，这在本质上是对周礼的破坏，所以儒家知识分子特别是孟子就"羞言于五霸"，认为五霸是"三王之罪人也"。但客观上谁也不能否认管仲变法具有非常正面的重要价值，即便是孔子，他一方面认为管仲破坏了周礼，但另一方面又认为没有管仲我们就会被夷狄所征服。

从政治上看，管仲变法提出了一个新的制度，这个制度将"九合诸侯，一匡天下"。管仲的"霸道"思想实际上是对"王道"的改变，霸道的核心就是"尊王攘夷"，这在制度和思想层面形成了一些不同的脉络，开出了一条新的道路。霸道受到了很多批评，儒家指责霸道会导致"诸侯力政"，他们还是强调国与国之间应该"以德服人"，而不是"以力服人"。各方的批评也推动着霸道思想的不断发展，最终形成了全新的"帝王之道"。帝王之道就是黄老学的重要创造。黄老学认为"帝"是比"王"阶次更高、时代更久远且更加符合时代精神的象征，这是霸道最后发展成为帝王之道的根本原因。管仲变法推动了霸道思想的产生，而大家对霸道的反思，又推动了帝王之道的产生，这其中存在着非常明显的发展脉络。

从《管子》可以看到管仲学派的讨论主要是讲礼和法的关系，

也讲法和霸道的关系，但核心还是讲法。在战国中期以后的稷下先生的思考中，他们更多讨论的不是霸道，而是帝王之道，而帝王之道就是黄老政治哲学的新思维，它是在王道和霸道之外开辟出的第三条路。我们可以将帝王之道简称为"帝道"。帝道的出现为先秦的思想世界打开了一扇新窗，在黄老学理论中，帝道比王道和霸道更根本，更加适合时势的需要。从管仲变法到田氏代齐，齐国一直为自己的政治合法性寻求基础性的理论支持，结合这种诉求就可以理解稷下黄老学发展出的帝道思想的重要意义。

汉代大儒董仲舒也讲王道，他的王道实际上已经融合了帝道的思想，换句话说，董仲舒的王道思想里面有不少黄老学的帝道内容。因为帝道并不反对霸道，而是在霸道基础上的创新发展，所以董仲舒对霸道并不是简单的抛弃，而是有继承的扬弃。董仲舒还讲天道，通过阴阳五行讲自然法的理论。这些和帝道都有着密切联系。董仲舒以降，中国古代王朝的政治理论基本上就是"皇""帝""王""霸"模式。所谓皇道，实际上是个虚设，真正发挥作用的是帝道、王道和霸道。在中国从王道走向霸道，再从霸道走向帝道的递进过程中，稷下学术发挥了不容抹杀的重要作用。

秦汉以后的礼法之争背后也有黄老思想的影响。法家思想本来就非常重视道家，如《韩非子》里面就有《解老》《喻老》，另外在《二柄》《扬权》中的内容本质上讲的就是黄老学。黄老学的发展与稷下学术之间的联系非常紧密。稷下学术中的道家、儒家、法家、阴阳家等诸子百家之间是一种对立和互补的关系，这一点对中国古代思想的形成发展非常重要。如果中国思想世界里只有儒家，那儒家的思想就不会发展得那么深刻。如果只有法家，只有道家，都是不可想象的。正是有了诸子百家，特别是有了儒家和道家两条主线，才有了齐文化和鲁文化之间的互动，才使得中国古代思想世界的空间拓展越来越广，才有了中国古代思想本身的多元化特色。

今天，我们面临着同样的时代课题：既要坚持传统文化不坠于地，又要坚持吸纳新的优秀文化要素为己所用，这是我们当前需要解决的紧迫任务。我前面所讲的这些内容，希望能够为大家在这方面的思考提供一点参考。

第九讲　中国思想文化中的常与非常 *

一、"挖脑洞"：古代哲人如何思考？

我们要讨论的第一个问题是古代人是如何思考的。这些思考其实就相当于挖了一些脑洞，这些脑洞有时候和我们相隔了几千年的时空差距，在这么长的时空跨度下，人们往往不太能准确理解这些脑洞。思想史研究者就是企图越过这个鸿沟探讨古代人怎样挖脑洞，看他们是怎样从与我们常识观念不一样的层次上思考问题以及思考哪些问题，这些问题对于我们理解外部的自然世界和我们内心的精神境界具有哪些意义，这是我们应该继续思考的方向。

至于"挖脑洞"这个词，看起来像打比方。我们从刘慈欣的《三体》开始讲起，在《三体》第二部《黑暗森林》当中有一个很重

＊　本文整理自 2022 年 5 月 15 日《纽约聊斋》第 45 期（总第 71 期）讲座。

要我也特别喜欢的细节：在君士坦丁堡陷落的前夜，守城的统帅找了一个女魔法师，这个女魔法师可以把攻城的统帅的脑子直接挖出来。君士坦丁堡的统帅一开始并不相信，女魔法师说：这可以通过实验来证明，只要找一个人，我可以把他的脑子从脑袋里面直接拿出来取走。他们就真做了这么一个实验，结果一个人虽然看起来毫发无损，但突然就倒在地上死了，打开他脑袋一看，里面的脑子没了。《三体》中对这一现象给出的答案是，这个所谓的魔法师之所以具有直接从别人的脑袋取走脑子的能力，是因为一个高维的碎片砸中了她，她在进入这一高维的碎片之后看我们低维度的东西有着不同的视野，再看我们平常生活的空间就会觉得非常狭窄、受不了。

刘慈欣的科幻小说可以说代表了中国科幻小说的最高水平，他写的这种科幻被称为硬科幻，也就是说在科学的意义上这是可能发生的一种情况。我们怎么看这个问题？如果反过来看，我们三维的生物在看二维的生物时，知道它们在一个绝对平滑的二维的面上，如果一个二维的生物碰到另一个二维的生物想要躲起来，它只要躲在一个二维的物体后面就可以了，只要挡住那个二维生物的视线就可以不被发现，但是从我们三维生物的角度来看，不管它躲在哪里都无可逃逸，始终在我们的视野之内。如果说二维生物也有脑子的话，另一个二维生物想要把它的脑子取出来是很难的，但是对于三维生物来讲则易如反掌，并且在脑子被挖掉之后这个二维生物都不知道是怎么回事，因为对于二维生物而言，这是一种不可理解的现象。这和刘慈欣笔下的魔法师故事是一样的，背后有很严谨的逻辑。这个故事看起来仅仅是科幻小说，但是其中提出来的问题是很耐人寻味的，也就是我们怎么才能思考、认识和把握那些高维的现象。如果说自然的现象、物理和化学所研究的物质运动和变化的规律是一个层次的话，那么一些精神活动、灵感或者顿悟以及超越的人生境界这些内在精神的体验性活动则是更高维度的，问题在于我们应该怎样才能认识和把握这种更高维度的现象。

物理学家庞加莱在思考高维度现象时举了例子：有一个高速运动的高维粒子，它的轨迹是一种很复杂的高维轨迹，可能比我们三维空间要高得多，应该如何来思考这些高维现象呢？庞加莱想了一个办法：针对高速运动的高维粒子，可以在它运动的空间中设置几个截面，然后通过历时性的记录可以得到粒子在通过这些截面时所留下的孔洞。这也就是一种通过二维的、低维度的东西来思考高维度的设计，进而能够把握高维度的现象的规律，我们的思考实际上也是要通过这种方法。我们知道无论是自然界还是思想世界都有一种高维度、高层次的东西，也有这些现象的一些规律，我们如何把握和呈现它是我们今天要讨论的一个特别重要的问题。

所以我这里说的"挖脑洞"不仅仅是打比方，实际上是要探讨怎样才能理解和把握更高层次、更高维度的东西。因为我是做思想史特别是中国哲学和中国哲学史研究的，所以希望能在我们平常的研究中找到一些端倪和大家分享，这也是一种新的尝试。

二、常与非常：永恒与流变

下面言归正传，谈一谈"常与非常"的问题。很多历史经验、历史事件之中，在非常时机下要用非常之决断，或者说非常之人要做非常之事，这种例子在中国古代的历史文化中俯拾皆是。我当时在分析和研究这些材料的时候正好处于疫情期间，疫情是一种非常状态，但是现在疫情也常态化了，非常之中也有了常，这种交错的辩证的思考也能给我们一些启发。疫情期间中美关于疫情管控的政策和措施差异相当大，这种差异跟文化、政治和制度的不同有千丝万缕的联系，这个问题我们这里不过多展开，但是这作为一种问题意识、一种现实的针对性，在当时我写一篇文章的时候给了我很大的触动。

从思想史的角度讲，可以说常与非常部分地体现了永恒与流变之间的关系。我们知道，思想史和哲学史中经常会讨论到永恒与流变。世界万物都是流变的，但是在流变之中还有一种不变的规律，庄子的思想就很典型，化与不化是相互的，有一种相互含涉的关系。但是，我们这样并不是说要讲变和不变，常与非常不能完全等同于变和不变，实际上永恒和流变，或者说常与非常包含了我们过去所讨论的变与不变的问题。

我认为对于我们今天的人文社会科学乃至自然科学而言，这个问题非常重要。我们在思考恒常和流变的问题时，总会采用我们每个人置身于其中的思考方式或者思考传统，这样就会不由自主或者说习焉不察地沿着一种思考方法去界定我们所研究、体察的对象，这是很正常的，但是我们哲学家需要从中抽身出来思考更广阔的东西。

这也就是如何看待常与非常的问题。"常"好像就是恒常的、正常的一些事情，但是世界上哪有什么正常的事情？哪有什么正常的人？我们知道并没有一个标准化的人，或者说我们每个人都不能成为标准。我们每一个具体的人都是一个人格的标准，从这点来说每个人都有一点点不正常，有一点点异常。也就是说，我们如果和那种抽象的标准化的人格相比较，每个人都会有一些不能吻合的缝隙。从更广的角度看这个问题的时候，我们就知道非常、反常、异常、不正常、无常，其实也是我们生活的一部分，也是宇宙大化的一个根本特征。过去之所以会把很多问题都看成是不正常的、非常的、无常的，是因为我们所依据的思考的工具，或者说思考的进路和方法干扰了我们，比如说所谓的必然性就会排除掉一些偶然性，并且我们会认为偶然性被排除掉后，我们所得到的就是个必然的永恒的东西，这样一种思维实际上是很有害的，事实上这种所谓的非常、异常和反常出现的量一点不比所谓的正常少。

（一）介面与间性

我在研究中国古代哲学家的各种思考时就发现，他们能够比较正面地看待这些非常的问题，他们的思考非常广阔，这促使我们不得不重新思考非常与正常之间的关系。接下来我们会用常与非常之间的间性来讨论这个问题，这看起来是一种辩证的思维，实际上在另外一种层面上来说是很正常的。

我们这里用的"介面"这个词，指的是从低维的现象和思维开始思考在碰到一些高层次高维度的现象时会发生什么，也就是在这两个面交错的边界上会发生什么。就像我们刚才从《三体》开始讨论这个问题，如果有一个无限的、延展的、绝对平滑的二维的世界，我们三维世界发生的任何事情投射到这个二维世界之后，对于二维世界的生物来说都是茫然不知所从的，它们根本无法理解这是怎么回事，就像魔法师能够从一个更高维的空间中把我们三维世界的人的脑子直接取出来，或者我们在三维的空间里滴一滴墨水到二维的世界，处于低维层次的生物对此都无法理解。也就是说，低维层次生物不理解的那些异常的、反常的或者无常的现象在高维世界其实是很常见的。当一个高维的世界和我们的世界发生交错的时候发生的一些事情，可能就是我们平常所认为的所谓的奇迹或者不可思议的现象。

我们接下来就沿着这样的一个介面，通过间性这种思考方法进一步讨论这个问题。

道教研究专家李丰楙先生写了一本书专门讨论常与非常（《神化与变异：一个"常与非常"的文化思维》），他研究早期道教的传奇或者说道教文学，这看起来是文学，实际上我们做宗教学研究都会认为这里面讨论的其实是比我们日常经验更加复杂的宗教学经验的问题。我的一个朋友安德明教授研究地方灾异的现象和记录，属于民俗学，他也认为地方的一些祭祀的活动实际上是一种天人之际的非常对话。黄易居教授也从文学上讨论过常与非常的问题。也就是说这个问题涉猎非常广泛，展开讨论的空间非常大，我们在此要进入思想史来讨论这个问题。

（二）老子：知（智）与明（觉）

如果说要把思维划分层次的话，在老子这里是很清楚的。我们都知道涤除玄鉴、吾以观复，这都是一种不同的鉴、观。在老子哲学中，我们把关于认识或者说知识的能力划分成两个层次。一个层次是以知的方式来认识，这种方式基本是和西方自古希腊以来的哲学中一个很特殊的核心部分很相近，也就是知识的理念（epistemology），epistemology 重点就是研究"知"，其中包括感性的认识和理性的认识。"道"的层次不能用"知"来把握，如果用"知"把握就要诉诸名言、诉诸感觉。但是"道"是视之不见、听之不闻、搏之不得的，无从用感觉来把握；也不可能通过心知——所谓的心知就是运用概念语言去把握，因为"道可道，非常道"，"道恒无名"，对"道"的一切言说都不能指向"道"本身，而且有可能会背离它，越想把它讲清楚越是处于一种混沌之中。但是如果一直沿着这个逻辑往下推，"道"就变成了一种神秘主义的东西，不可以把握，要是有一个人宣称自己得了"道"，这个人的生命一旦终结的话，难道"道"也就不存在了吗？如果说"道"是不可以转述的，或者说其他人也不能得到同样的"道"的话，这个"道"就没有意义。

我们现在的研究者思考这个问题时会发现，老子早就预设了一个答案，他把知识或者说人的智慧划分成两个非常清楚的层次，一个是"知"，一个是"明"。"明"就是"知常曰明""袭明"，庄子还讲"莫若以明"，"以明"其实是对主客两分、主客对立的认识模式的打破，是超越这种模式的层次。知识是对于一般现象的秩序、规律进行把握，但是在我们周围的自然世界和心灵世界之中，还有不可理解、不可思议的部分，这是需要用"明"来进行把握的。老子对"知"和"明"的区分很有意义，针对着不同的层次，这种层次感是我们今天要特别强调的。

（三）《周易》中的"神"和"几"

《周易》这本书的重要性毋庸多言，我们在这里关注《周易》中出现的"神"和"几"这两个耐人寻味的词。周敦颐在《通书》中反复讲"神"和"几"，而且把"诚"也放到其中，这是很有创造性的思考。《周易》讲"阴阳不测之谓神"，就是说很多东西是我们不能估计的。但《周易》不就是为了"测"吗？占卜的这种思考对于古人来讲是一种必然性的思维，世界上任何可见的文化，不管多么原始，都有占卜文化的这种方面。我们研究这种占卜文化就会发现它已经隐含了一个前提，即鬼神知道一切事情，过去将来可以一网打尽，人所不能知道的东西它都了解，都可以给人一个答案，只不过需要拿出诚意，拿出一些祭献的东西。不论是奥林匹斯山上的那些神庙里的先知，还是印度教神庙里的那些先知，还是非洲广袤土地上的一些巫师，以及中国的一些巫婆、神汉，差不多都是在占卜，占卜则需要用一个测得准的东西来给人们答案。

但是《易传》思考问题非常复杂，它讲阴阳之不测，阴阳两种势力的消长互动的规律更加复杂，这种复杂要以"神"明之，要用"神"来表述这样一种高层次的、高维度的更加复杂的规律。

"神也者，妙万物而为言也"，就是说万事万物总会有一些异常的、超出正常状态之外或者说超出我们日常观念之外的情况，通常是我们的常识很难理解的。我们都知道天上会下雨，但是有的时候天上会下鱼，现在我们知道用自然的规律来解释，但是古人不同，一些类似日食、月食这种特殊的变化对于古人来说都是不可理解的，所以古人要用"神"来表示。

"几"也是这样的一个问题，"知几"的"几"是几微的意思，这是我们传统的解释，这个字的原型（幾）上面有好几个小的部分都是"幺"的意思，这个字本身就包含了不容易把握的意思。牟宗三先生讲《周易》的时候有一点我觉得讲得非常好，就是他紧紧抓住"知几其神乎"，说"几"是超规律的规律，非常复杂，这个讲法作为哲学家的洞见可以给我们很多的启发。也就是说《周易》中讲的"神"和"几"都涉及更高维度、高层次的思考。

（四）《庄子》中的"机"

庄子更加有意思一点。《庄子》书中反复讲到"机"，这个"机"和"几"的关系是比较密切的。

> 种有几，得水则为𦊆，得水土之际则为蛙蠙之衣，生于陵屯则为陵舄，陵舄得郁栖则为乌足，乌足之根为蛴螬，其叶为胡蝶。胡蝶胥也化而为虫，生于灶下，其状若脱，其名为鸲掇。鸲掇千日为鸟，其名为乾馀骨。乾馀骨之沫为斯弥，斯弥为食醯。颐辂生乎食醯，黄軦生乎九猷，瞀芮生乎腐蠸。羊奚比乎不笋，久竹生青宁；青宁生程，程生马，马生人，人又反入于机。万物皆出于机，皆入于机。（《庄子·至乐》）

《至乐》篇末讲了各种各样的奇妙的、不可思议的变化，一直到末尾说"万物皆出于机，皆入于机"。对于这段话，从胡适先生写《中国哲学史大纲》上卷以来，都是把它当作进化论来讲的，我们现在觉得这种讲法可能有一些不足。

"几"和"机"是有联系的，或者直接将它们看成是一个概念也没有太大的问题，《庄子》文本思考的复杂性在于这里面其实讲了两个层面的"机"。《庄子》中有一个故事：子贡路过楚地的时候，看见有个人在井旁不停地汲水，子贡就问他：汲水费这么大劲，为什么不用机械啊？汲水的人就说："有机械者必有机事，有机事者必有机心。"（《天地》）有"机心"之后"常心"就被压制住了，因而"纯白不备"。这里讲的机械、机事、机心、机巧都是负面的，掩盖了真正意义上的"常心"。《庄子》里面讲的"常心"和老子讲的

"无心"一脉相承，实际上讲的是不动心。心也有两个层次，我们刚刚讲的庄子所说的"莫若以明"就是从常心发出的，"宇泰定者，发乎天光"（《庚桑楚》），心进入泰定的状态后就心生光明，这个"光明"就是真正的更高级的智慧。所以说，机巧层面上的"机"是负面的。

另外我们也会发现，《庄子》中也用一些其他的概念或者词汇来描述一种不可捉摸的规律，比如天机、德机、气机等，类似的表述在《庄子》中有不少。我们首先要将其与前面所说的"机"划定界限，这属于两个不同的层次。如何来思考这两个不同的层次是我们要关注的问题。

那种超出了一般意义上的规律的规律究竟是什么？我们在探究这个问题的时候，首先需要回到我们的常识。比如说希罗多德写《历史》，他其实是要探求历史的规律，历史学科也是逻各斯的一种。自然科学所探求的也是规律，在早期讨论追寻这样的一种规律和秩序时，基本上是把它聚焦为因果的规律，认为因果的规律是我们人类科学知识的核心。有一次我从北大的计算机学院门口路过，门口贴了一张海报，说有一位顶尖专家来作报告，我定睛一瞧发现这个报告就是讲因果律，我对这就很好奇，仔细一看，发现他说对计算机来讲，因果律就代表了辉煌的过去和无限光明的将来。对于计算机领域的专家来讲，与逻辑化思考特别匹配的因果律是他们思考的核心，但是要是从哲学，特别是从中国哲学的角度来讲，我们就只能"呵呵"了，因为中国哲学的思考往往会在因果规律之外投入一些注意力，而这些往往是很有洞见的。

天其运乎？地其处乎？日月其争于所乎？孰主张是？孰维纲是？孰居无事推而行是？意者其有机缄而不得已邪？意者其

运转而不能自止邪？云者为雨乎？雨者为云乎？孰隆施是？孰
居无事淫乐而劝是？风起北方，一西一东，有上彷徨，孰嘘吸
是？孰居无事而披拂是？敢问何故？（《庄子·天运》）

《庄子·天运》开头提了很多问题，包括天其运乎、地其处乎
等，这些都是讲自然是有秩序的、有节奏的，是有规律的，但是这
个规律是怎么回事？这一大段话抛出了很多问题，结语是"敢问何
故？"，这个"故"就是原因，这时候我们就会知道《庄子》中讲的
"故"和《墨辩》六篇讲的"故"其实是一个意思，讲的是原因和结
果之间的必然联系。但是我们仔细推敲，《天运》篇这段话主要的意
思好像不是这样，不是说这些东西都可以归结为一个"故"，他问了
"敢问何故？"，在这画了一个问号，就是在问是不是这里面会有一个
规律，或者说在提这个问题的时候暗示了向反方向进行思考的可能
性。这很值得深入研究。

结合《庄子》中天机、德机、气机的讨论，我们会发现这是一
个很高维度的提示，《庄子》讲的所谓"机"有另外一个层次，这一
层次不限于因果的规律，这一点非常重要。在讨论因果规律的时候，
我们会发现从老子开始讲的自然概念及其理论与因果规律是有部分
吻合的，另外一部分则有较大的反差。

（五）气的观念：一故神两故化

我们讨论这个问题，还是要从中国古代的"气"的概念及其理
论来讨论。我们会发现道家哲学讲的自然有一种"神机化体"的意
义。"神机化体"是一种特殊的机制，不能用因果规律来把它捕捉
住、固定住。这个意义不仅仅在艺术史里面是屡见不鲜的，在哲学

史里面也会有。

中国古代"气"的概念及其理论有一些特质。首先是"气"永远具有质料性，一切现实的东西都是由"气"构成的，这一点永远不会改。所以说从张载、王夫之到张岱年先生，都是讲"气"的，讲所谓的唯物主义就是因为"气"具有质料性。我们也会发现，古代讲"气"的概念和理论是很丰富也很复杂的。孟子讲浩然之气，这个"气"就有一点点特殊了，跟一般意义上的"气"不一样。《管子》四篇里面讲"精气"就与在这之前的"六气"意义不太一样。庄子还会讲"一气"，"通天下之一气耳"，"一气"也是对"气"的概念进行的处理。"神机化体"实际上是对于我们身处于其中的宇宙过程的一个体察，张载就讲"一故神两故化"，其实他就是讲的那样一种"气机"。这种"气机"是什么的具体结论我们还需要研究，比具体结论更加重要的，其实是基于"气"的概念提出了一套更复杂的理论模式，以这种东西来理解宇宙和生命这两个方面的各种各样神妙不测的现象。

三、自然与因果

我们下面把问题聚焦到自然和因果这两个方面。古希腊哲学也讲 physis，它的意思和中国老子以来所讲的"自然"有一点点类似，就是要通过"自然"本身的原因来思考现象，突破了宗教意识的窠臼。这在思想史上起到了革命性作用。但是我们会发现从苏格拉底以来，"自然"概念逐渐边缘化，或者说被掏空了。以目的还是以

"自然"来思考问题是柏拉图和亚里士多德他们思考问题的一个焦点。要光从"自然"角度讲，那就不能讲目的，苏格拉底和柏拉图就做了一个选择，用目的压制了早期的"自然"。

在中国哲学里面，"自然"概念从它第一次出现在老子哲学当中，就一直传承有序，一直没有被放弃，这个线索是比较清楚的。特别是在六朝以来，在所谓佛道论衡的视角下，佛教和道教进行激烈辩论的议题之一其实就是自然。这个辩论的深度令人惊异，可以说佛教的质疑与批评是很有力的，很多道教徒也就败下阵来。从历史的、思想史的记录来看，我们会发现的确是这样。如果说屡战屡败的话，道家——包含道教，就会放弃自然的概念。但是事实上道家在唐宋以后还没有放弃，它还在继续发展。这种自然有一部分内容跟因果的思想是相匹配的，但是还有一部分内容跟因果规律是不匹配的。那一部分内容是什么？就是那种自主性，不需要另外一个力量，用我们现代科学的语汇来讲，就是自组织的那样一种运动原则，这种原则跟因果规律是不太一样的。

佛教讲的因果和古希腊以来的西方哲学讲的逻辑及因果是一脉相承的，这个表述可能不太准确，但是毕竟都是通过语言来思考问题，它们是一类。坚持自然的概念及其理论则是另外一类，自然不需要解释，不管发生任何事情，你理解不理解，都可以归到自然。因果就不同，因果必须是可理解的，我只能理解我能理解的。从自然观念出发进行思考，你不能理解的东西也是真实的，只不过是你没有在另外一个层次看这个问题而已，这有很大的区别和不同。这之间的张力我觉得是一个重要的问题，特别是在从历史的进程和哲学思想的整体局面来看，我们可能会发现它已经趋向一个新的拐点。

四、混沌与秩序

我们接下来讨论混沌与秩序的问题。这个问题本来是内在于我们中国哲学的，其实在西方的思想史里面这个问题也存在，西方人讲的宇宙 cosmos 跟 chaos 是有一定的关系的，从 chaos 发展出来 cosmos 这种我们可理解的有秩序的宇宙，这一点在中国的思想史料里面也能找到一些端倪。在这个基础上我们想围绕思考问题的方法谈一点点浅见。

牛顿力学，也就是以经典力学为代表的那个思想体系，其实已经预设了宇宙就是一个非常精密的钟表，嘀嘀嗒嗒地在走，一切都是有序的，万物都是和谐的，这种和谐的状态是必然的，排斥任何偶然性。如果说出现某种偶然性，那就是对必然性的扰动或偏离，或者说是一些意外出现的现象。但是到了量子力学，或者到了现在这种复杂性科学——物理学，快速的化学反应，或者说计算机的图形学，还有各种各样的学科，一起发展成了一个综合的学科，他们考虑这个问题就和牛顿不一样了，没有必然性、偶然性的这样一种分野，因为这种分野基本上毫无意义。你说是偶然性，你说是混沌，你说是不可理解的事情，它其中也有规律。有一门学科就是基于研究 chaos 这种现象的，其中有一种说法是在混沌性因子里面有一些常数，也就是费根鲍姆常数。

我对这些前沿的科学不是特别的了解，但是大概判断一下就知道，它是在偶然的情况下打破了经典力学的窠臼。经典力学是过去的那套从古希腊以来讲逻辑、知识的理论、必然性和决定论的思路在科学上的一种形态，是物理学的形式。它是一个标本，现在这个标本基本上要放在物理学发展历史的博物馆里面。现在的物理科学也好，或者说复杂性科学也好，或者量子力学的最新进展也好，跟牛顿时代的经典力学已经有很大的区别。

再看一看我们哲学研究的情况，现在大行其道的是一种分析哲学，我对这一点是特别不理解。现在欧美主流的哲学界，如果不是搞分析哲学的基本上找不到什么工作的机会，这是很可怕的。分析哲学当然有其建树，我们也知道分析哲学的早期来源是为了澄清一些我们哲学上理论语言的不足，要澄清问题，把它分析得更加清楚。但是这些东西偏离了我们哲学思考最重要的一个使命。我对欧洲哲学中解释学的一蹶不振和分析哲学大行其道感到非常迷惑，这些东西只是把我们的经验变得非常狭窄，能说清楚的、能理解的之外的东西你都可以视而不见吗？或者说对它们保持沉默，就像维特根斯坦在《逻辑哲学论》中最后一条所讲的那样？可以说分析哲学所面对的对象或使用的方法是比较低层次的，更复杂的、更高层次的哲学，我们称之为精神（精—神）哲学，"精"跟"神"中间我们可以把它加一个小横杠，或者说加一个斜杠，反正它是基于古代的"精"跟"神"交互运动的复杂的脉络下所形成的一套哲学思考。这些哲学思考我认为比分析哲学里面天天讨论的那些问题更加具有直击人心的力量，更加贴合人的精神经验的属性。

在精神哲学的高度来审视我们今天讲的这个问题，会看到精神哲学有气的层面，也有"精""神"交互作用的层面，其实"精""气""神"三者在中国哲学的思考里面是交互为用的，在今天我觉得还要继续讲精神哲学。我们不是在一般意义上来界定这个词，这个地方应该加一个批注，"精神哲学"是取自徐梵澄先生所讲的精神哲学，徐先生《陆王学述》的副标题就说它是一种精神哲学。前面讲的《老子》《庄子》和《周易》里面关于"明""神""几"还有其他的一些概念，都是高层次的精神体验落在我们低层次的语词概念上的一些呈现，是我们用低层次的语言表达超出语言的部分的东西所形成的一些线索，我们把这些线索放在精神哲学的高度来讨论问题，就会发现一些进一步思考的线索。

今天讨论的这个问题可能比较玄妙，比较难以把握，但是如所周知，无论是自然的宇宙，还是我们人类的心灵，都有不同层次的区别。站在不同层次上思考，或者说使用不同的理论语言来思考不同层次的问题，实际上是我们哲学研究，特别是我们中国哲学研究所承载的。我们要讨论的这些问题具有很广阔的意义，现在的各个学科沿着不同的路径追求真理，都会改变我们之前的一些想法，在我们中国哲学研究的专业领域中，很多东西也都被改变了。我们要透过古代的一些征兆和端倪，来更加深入地体会古人是怎么进行高层次、高维度的思考的，要把那些精神境界、精神状态、复杂的精神经验传达出来，对它的价值作一个有力的阐扬。我们今天也是在追随先哲的脚步做这些工作，在世界思想史，或者说整个世界历史的发展大势面前，中国哲学的这种研究会给我们将来提供一些帮助。一切都将彻底地改变。我们希望从今天开始，在将来能够用这样的一种心态来看待所有的变化。

第三篇

道家哲学精神

第十讲 《史记·老子列传》新解读 *

一、引言

今天我讲的是《史记·老子列传》的新解读。首先解释一下这个题目。《史记》里面的《老子列传》是关于老子生平最早、最准确也最可靠的史料；但是司马迁写作《老子列传》依据了哪些或怎样的史料，目前看还不十分清楚，很难估计。我想强调的是，《史记·老子列传》里隐藏了一些看不见的信息，需要通过释读和分析挖掘出来。

"老子"——无论是这个人还是这本书，不用多说，都是中国哲学的开端之一，也可能是最重要的一个起点。就是说，老子是中国思想史、哲学史上第一个哲人，第一个伟大的哲学家；《老子》则是

---

* 本文整理自 2022 年 6 月 25 日山东大学易学与中国古代哲学研究中心、中国周易学会、中国政法大学人文学院主办人文化成系列学术讲座第四季第三十二讲。

中国思想史、哲学史上第一部哲学著作，是不朽的思想经典。围绕着"老子"（人和书）的讨论是非常复杂的，今天我们要讲的内容就是对《老子列传》这个最重要、最关键的史料进行一次重新研究。

所谓新解读当然是有所指——具有一定针对性的。近代以来，有的学者特别是那些受日本汉学影响比较深的学者，对《史记》记载的准确性、可靠性不以为然甚至视而不见，热衷于否定《史记》的记载，旨在论证"老子"（人和书）之不可靠，比较晚出——"晚"到什么时候呢？晚到战国中晚期，比庄子还要晚。应该说这是很荒谬的，非常奇葩。

学术讨论当然是自由的。但我今天要做的这样一个新解读，实际上是要回到我们比较朴实的、传统的一种解释轨道上去，同时我们也希望发展出来一些新的方法，因为传统的对古代史料经典的解读方法有其局限性，我们一会还会讨论其所相关的一些具体问题，这些局限性要求我们在方法上推陈出新，但我们讲到方法也必须要强调科学性，不能说新的就是好。

下面言归正传，进入今天议题的讨论。

《老子列传》在《史记·列传》里面排在第三，其篇目的全名叫《老子韩非列传》。《列传》里面排第一的，当然是《伯夷叔齐列传》，第二则是《管晏列传》，第三就是《老子列传》。我们知道一个很可笑的情况，就是在唐代编《史记》的时候，要把《老子列传》列为第一，这当然也不科学对吧？因为唐代的皇帝姓李，老子是他们所追认的祖先，所以说一定要抬高老子的地位，这个当然是很滑稽的。你想抬高老子的地位，怎么不把老子抬到《本纪》里面去？我举这个例子想说明的就是，围绕着《史记》有很多复杂的情况，我们今天就来看一看这些复杂的情况，在这样的一个脉络里面来读《老子列传》。

那么我们从哪里开始讲呢？我想了一个办法，还是从《老子列传》与《孔子世家》的比较切入问题。我们知道"世家"当然比"列传"的地位要高。我们看到，《孔子世家》的写法实际上是很详密的，去掉标点符号有7000多字，而《老子列传》只有2000字出头，并且《老子列传》还不是只讲老子一个人，里面还有申不害、韩非、庄子等，其中韩非的篇幅可能更长一点。如果把这部分内容减去，会发现《老子列传》中讲老子的部分只有450多字，这450多字的"老子传"和《孔子世家》7300多字相比，显然篇幅差得很远。当然你可以说一个是"世家"，一个是"列传"，因为他们等级不同。

更重要的是，《老子列传》《孔子世家》的篇幅详略程度完全不同。《孔子世家》记载了不少历史细节，其中的许多内容与《论语》的记录相互呼应。也就是说，《孔子世家》基本上是司马迁按照《论语》或者其他的史料写作的。此外另一篇《仲尼弟子列传》也有5000多字，如果把《孔子世家》和《仲尼弟子列传》相加，字数总计1万开外，篇幅相当长。也就是说，在司马迁的脑子里面，他肯定是更加重视孔子以来的儒家了，对吧？这样来看，司马迁与他父亲司马谈的偏好是很不一样的。这个问题以前的一些学人已经考虑过，钱锺书先生当年就讲，司马谈司马迁父子他们"异尚"，就是说他们推崇的东西不一样，一个推崇道家，一个推崇儒家。这也许能提供一部分解释、讲清楚一部分原因。实际上，儒家学派的历史资料远比道家史料丰富，司马迁的写作多少反映了这一点：他对《论语》记载的那些历史掌故十分熟悉，《仲尼弟子列传》末尾，司马迁谈到，他主要是取用了一些《论语》里面的材料。

现在的问题是，《老子列传》里面记载的这些关于老子生平的故事，其历史材料来源于哪里呢？我们知道其实打上书名号的《老子》，也就是《道德经》这一本书里面，是没有什么历史内容的，时间、地点、人物都没有，也并未记载古史或者之前那样一些历史的事件，这是《老子》的一个特点。那关于老子的情况是从哪来的呢？这是一个谜，我们一会还要讨论。但是无论如何，请大家注意，我们刚才说了司马迁写《孔子世家》和《仲尼弟子列传》的篇幅相当长，其详细程度远远超过《老子列传》，这种情况可能是由于他思想上的偏好吗？客观来看，我想一部分原因是如此，但我觉得更重要的原因还是关于老子的史料过于匮乏，也就是说司马迁所能看到的关于老子的史料，应该说不是很多。

另外一个值得注意的细节是：历史上关于老子生平的信息好似一团迷雾，云里来雾里去，最起码可以说在司马迁那个时代是如此。把《老子列传》和《孔子世家》进行这样一个对比，我认为是非常有意义的，也就是说儒家所记录下来的思想史料还是比较完备的，但从老子以来的道家的线索实际上不是特别清楚。这两个学派在学术史料方面的不均衡、不对称，是造成《老子列传》和《孔子世家》详略不同，或者说写作风格迥异的一个很重要的原因。

司马迁《老子列传》里还包含了"庄子传"，或者说庄子的史料附录于《老子列传》。从思想传承角度看，这样做没有什么问题，学术史上总是老庄并称嘛。庄子的史料也很少，以至于司马迁用了一些《庄子》书里面的关于庄子的那些传说当史料。那司马迁脑子有问题吗？司马迁脑子没有问题。司马迁很清楚，《庄子》里记载的那些东西不能直接拿来当史料，但是他没有办法，他拿来作为那种带上引号的"史料"，是为了说明庄子的个性特征和精神气质，而不是作为史家所追求的写出真相的那种史料。这一点我们一定要区别开。所以说《老子列传》的整个风格跟《孔子世家》不太一样，我相信作为史家的司马迁，他肯定会意识到这一点，所以说他的写作呈现出不同的调性，留下了不少余味。

二、"史官"与"著书"

我们下面就进入具体的讨论，看一看根据这些特点对《老子列传》的信息能作出怎样的解读。

《老子列传》一开头介绍了老子的籍贯、姓氏、官职等要点："老子者，楚苦县厉乡曲仁里人也，姓李氏，名耳，字聃，周守藏室之史也。"这是大家都很熟悉的一段话。老子的姓氏、名字讨论起来比较复杂，由于史料阙略，很难讲出个子丑寅卯来；有的文献还记载老子字伯阳什么的，都是很晚以后的说法，实际上没有什么根据。尽管讨论老子的姓氏籍贯比较棘手，比较复杂，却是一个重要问题，其中隐含了主要的人文动机。首先说老子是楚人，他籍贯属于楚，实际上我们知道老子的故里，在鹿邑、涡阳、亳州这个三角区之内，当时它们都属于一个文化区域。说老子是楚人，与春秋战国年间疆域的变动有关，但从文化区域里面很难说他是楚国人。所以说近代以来的很多研究说老子是楚人，或者说道家学说起源于楚地，我个人觉得没有明确的证据。请大家一定要注意，诸子百家时代思想流派具有地域性，比如说出自邹鲁的儒家，以及与儒家具有深刻关系的墨家，都源出一个文化区域，他们的发源地相距不远。再比如说三晋地区，也就是赵、魏、韩涌现了不少法家人物，但是齐国也有法家，其他地方也有法家，怎么看待这些问题呢？地域文化这样的特点，在讨论早期的思想史上是一个条件，但是根据我们现在的研究来看，地域这样一种充满文化色彩的背景当然跟思想有一定的关系，但是它已经发生了变化，特别是到了老子和孔子的时代，可以说这样一种地域性的特点已经不太明显了。

其实很容易理解，比如说我们来到了北京、上海、广州、深圳等大都市，会发现方言或者说地方文化，其实并不占据特别主流的位置，说普通话大家也都能听得懂。所以我们知道，当文化发展到一定水平后，地方的文化实际上并不起过大的作用，我们说进入哲学时代，比如说进入诸子百家争鸣这个时代，如果非得要把每一种文化都跟其背后的地域文化找到对应关系，我觉得其实并不是特别有根据。

所以说对于老子是楚人这个说法，我们要打上一个问号，因为楚的疆域是变动的，其他的没有太多的疑问。"周守藏室之史"就是说老子是一位史官，这非常重要，有人说他是柱下史，如汉代的一些书名记载，但不管他是哪一种史，他反正是一位史官。请大家注意，史官是非常重要的。这一段因为不是重点，我们就只是简要地讲一下。关于老子的籍贯我们不会有太多的疑问，基本上是鹿邑、涡阳、亳州一带。但老子毕竟只能出生在一个地方，而不能同时出生在其他几个地方，老子究竟出生在哪一个地方，这样的问题让历史学家、考古学家继续讨论，我相信短期内也不会有太多的结果。但我们知道这些讨论其实会引发一些更复杂的问题，就是为什么这几个地方都有关于老子的故里、籍贯的相关记载和传说，它一定是有道理的。

人文的历史跟实际发生的那种所谓历史真相的历史是有区别的，我们现在研究的东西不是说要搞清楚哪个是最真实的，而是说我们要知道这些现象背后所贯穿的是哪一种人文动机，这样的话我们的研究才能开阔起来。

关于老子的年代，讨论起来比较困难，但是基本上我们可以确定老子是孔子的同时代人，比孔子年长一些，有人说是年长三十岁，有人说年长十几岁二十几岁，这些考证并不能马上达成一个共识，但可以确定老子和孔子都是春秋末年战国初期的人，也就是说其思想是在春秋战国之交活跃的思想。我们强调这一点，其实和一些学术界很强的声音有关，这些声音认为实际上找不到太多根据证明老子是很早就出现的。不管是老子也好，莎士比亚也好，还是任何一个人也好，过了很多年之后，再强调他在历史上存在过的证明，是很困难的，实际上总会很快找到很多矛盾点，说明他不可能存在于历史记录的时空中。我们经常碰到这个问题，一会也还是会回到这样一个问题。我们现在把重心聚焦于"史"这样一个字眼上，"史"首先说明老子是一个史官，这一点非常重要。

根据王国维先生的考证，"史""吏""士"三个字，实际上在古代是相互关涉的。我们仔细瞧一瞧，这三个字的确有部分字形是有关系的。在《孔子世家》里面，曾经提到孔子曾做过季氏即季桓子的家臣，他做祭祀的"史"，实际上就是"吏"，也就是在他们家做官的意思。这几个字当然是有联系的，但我们所说的重点不是这个，而是说史官是作为王官之一出现的，这一点非常重要，是我们在解读《老子列传》的时候要特别关注的一个问题。

那么古代的史官实际上是做什么的呢？史官经历了一个演变的过程，其职能也经历了历史性的演变。在西周时期，太史寮是重要的官僚机构，史官是早期官制中最重要的职官之一。史官主持王朝的重要仪典，并在其中发挥着至关重要的作用。后来史官的功能与地位经过长期演变，有每况愈下的趋势。但无论如何，史官是早期知识阶层的主要组成部分，周王室的图书还有各种档案都是归史官执掌，由此形成了王官之学的基本规模。我们现在说王官之学有各种各样的，但实际上比较重要的，还是祝宗卜史这样一个系统，史官当然是其中最重要的一支。

那么我们为什么说处于春秋末年或者战国初期这样一条历史分界线上的王官之学，其瓦解与崩坏具有重要的思想史意义呢？因为王官之学具有封闭性和垄断性，呈现出一种知识垄断的形态，一般的老百姓接触不到这样的知识，图书也不开放给老百姓。孔夫子为了看一眼古代典籍四处访求，恨不得使出吃奶的力气。我们现在的图书馆一般都是开放的、为读者服务的，但当时古代的图书馆可不是这样，其所收藏的是官方的一些档案，因为档案一般是不给老百姓看的，老百姓也就不可能获取这样一些知识。按照周礼的规定，当时能学习这些知识的实际上都是贵族子弟，老百姓根本不可能有受教育的机会。这样的一种王官之学到了春秋年间不断地崩坏，这是一个大的趋势，而且不可逆转，其结果就是出现了体制外的"士"的阶层。老子本身是史官，也就是最重要的王官之一，王官失守对他的影响是很致命的，非常致命。老子的离去，本身就是一个象征：王官之学已日薄西山、行将就木。

了解这样一个背景之后，接下来的讨论也就比较容易了。王官之学的崩坏和诸子百家的兴起实际上是一而二、二而一的，我们应当把这两个方面作为一个统一的问题来看待。也就是说，诸子百家争鸣的这样一个状态和王官之学那种高度统一的、垄断的知识体系的崩坏，实际上是相表里的。老子他身为史官，出现在这样一个时代的边缘，是具有重要的、标志性的意义的。

三、孔子问礼于老子

接下来我们按照《列传》的脉络来讲，涉及孔子问礼于老子这样一个史实。这个史实在近代以来的历史学研究里面受到的质疑最早还是来自东瀛，也就是日本的学界。日本汉学十分发达，造诣深厚，成果丰富。然而，明治以来的汉学研究旨趣却发生了一个较大变化，就是由仰慕、崇尚中国文化转向贬低、鄙夷中国文明，对中国文化不太礼貌了。具体表现就是，某些居心叵测的人认为中国文化的很多东西都是传说的、伪造的、夸大其词的，这种论调含有很强的贬低中国文化的动机，他们大谈特谈尧舜抹杀论，热衷鼓吹"老子晚出"——比孔子甚至于比庄子还要晚，这样的声音十分聒噪而且不绝于耳。那么在民国年间，也就是近现代，有很多学者受到这样的一种风气污染影响，也在质疑"孔子问礼于老子"的这样一个文化史意义颠扑不破的史实，因而诉诸所谓的"细密考证"来论证这一点。在我看来，这是不太能接受的，比"疑古过甚"还过分，因为他们的种种理由和所谓"论证"是不充分的、不可靠的。请大家看一下《古史辨》第四册，该册记载了很多关于老子的考证，倘若我们用比较客观的、科学的态度来看待这个问题，这些关于老子的考证在现在看来是没有太多道理的。我最近对古史辨时期的研究文献做了比较彻底的推敲（几乎是逐条逐条地辨证），认为那些研究无论如何也不不足以否定太史公记载的"孔子问礼于老子"这样一个事实。

首先，司马迁笔下出现的"孔子问礼于老子"，显然是有根据的。这样的记载在《庄子》里也是有的，在儒家的一些著作里面，比如说《大戴礼记》里面也是有的。那么在《史记》里面，比如《孔子世家》中，司马迁特别提到了孔子特别钦佩、推许的几个人物，第一个就是老聃，接下来有齐国的晏婴、卫国的蘧伯玉、楚国的老莱子，还有郑国的子产等。这一批人对老子的推许之词也是备见于儒家的各种史料，汉代画像砖上经常会发现"孔子问礼于老子"的图像，表明了"孔子问礼于老子"已经深入人心，为世人所接受和认同。所以，我们说不管"孔子问礼于老子"这样一个事件是不是历史真相，但古人将其认定为历史事件则是确凿无疑——这本就是一个不可质疑的事实。"孔子问礼于老子"很重要，可以称得上是中国古代思想文化史上的一个伟大事件。这不仅仅是两个历史人物、两位哲人之间的邂逅，更是中国思想史上两个最重要学派——儒家和道家——之间的一次思想交锋、一次切磋交流。康（有为）、章（太炎）是近代学术巨匠，关注近现代学术史、思想史的人都很好奇他们两个见过面没有，事实却是康、章二人从来没有见过面。这是不是有点不可思议！我们能想象得到吗？很难想象。然而我们知道，在两千五六百年之前，孔子和老子见面了，而且他们的相遇和交流被司马迁这样的历史学家，或者说早期知识分子群体认定为一个事实。历史的真相究竟是什么，我们有待更多的发现。但古代学者认定孔子问礼于老子为事实的事实本身是毋庸置疑的。这本身具有重要意义。

孔子是向老子请教问题，既然是请教，就说明老子肯定是有所擅长的学问。孔子所问的内容或者主题就是聚焦于礼，这也是很耐人寻味的。从孔子的角度讲，向老子请教礼的问题表明了：第一，"礼"是孔夫子最优先考虑的问题，从思想史的角度看，其实所讲的就是礼乐文明的历史命运是什么，对吧？第二，老子一定擅长于"礼"，否则的话，"问礼于老子"就变得十分无厘头、相当荒谬。但是请大家注意一下，《史记》里面不仅记载了孔子和老子相会，还记录了老子的一些言行，《老子列传》记录说老子批评孔子，说孔子说的这些事情"其人与骨皆已朽也，独其言在耳"，我们理解这段话可以用《庄子》里面的一些内容来相参证，可以知道这段话是在批评孔子所讲的六经、礼乐文明、圣人的言教，其实都对当时的时代没有什么现实意义了。然后孔子就有个感叹叫"犹龙"，说今天见到老子好像见到了龙一样，神龙见首不见尾，这当然是对老子的夸赞。在这些讨论里面，他没怎么讲所谓礼乐文明的价值、细节。另一个例子是《孔子世家》里说"孔子适周"，就是他到了周王朝，老子是周王朝的史官，他问礼于老子。有没有这么回事，作为历史史实不要紧，但是提出来"孔子问礼于老子"这样一个思想史的事件，这本身就具有特别重要的意义。

接下来就是老子告诫孔子的一段话，他说"吾闻富贵者送人以财，仁人者送人以言"，意思是我不是那种大富大贵的人，我就借用仁人之名来送你几句话。这几句话好像也没有讲什么"礼"，那么孔子问礼于老子意义何在呢？《礼记》也记载了"孔子问礼于老子"，甚至提到了一些细节，其中说孔子曾听过一些老子的言谈，那这是从哪儿听的呢，大概率还是他们见面时候听到的。孔子从老子那里听闻的内容也被记录下来了，有那么一两条史料。我们来看一下，说"老聃助葬于巷党"，讲了一些礼的细节，这个可以说是当年孔子和老子讨论礼乐的细节的一个佐证，但这个佐证不是特别的强。我们再看一下，还有几条。我们大概知道，像儒家传承的书里面，也讲了孔子和老子讨论礼的一些细节，现在我们反过来看看流传于今的《老子》关于礼的讨论。经检讨，我们不难发现今本《老子》讨论礼比较少，像《老子》第三十一章、三十八章和六十二章的这些内容基本上就是所有的案例：

> 夫兵者，不祥之器，物或恶之，故有道者不处。君子居则贵左，用兵则贵右。兵者不祥之器，非君子之器，不得已而用之，恬淡为上。胜而不美，而美之者，是乐杀人。夫乐杀人者，则不可得志于天下矣。吉事尚左，凶事尚右。偏将军居左，上将军居右。言以丧礼处之。杀人之众，以悲哀泣之，战胜以丧礼处之。（第三十一章）

> 上德不德，是以有德；下德不失德，是以无德。上德无为而无以为；下德为之而有以为。上仁为之而无以为；上义为之而有以为。上礼为之而莫之应，则攘臂而扔之。故失道而后德，失德而后仁，失仁而后义，失义而后礼。夫礼者，忠信之薄，而乱之首。前识者，道之华，而愚之始。是以大丈夫处其厚不居其薄；处其实，不居其华。故去彼取此。（第三十八章）

> 道者万物之奥。善人之宝，不善人之所保。美言可以市，尊行可以加人。人之不善，何弃之有？故立天子，置三公，虽有拱璧以先驷马，不如坐进此道。古之所以贵此道者何？不曰：以求得，有罪以免耶？故为天下贵。（第六十二章）

以上内容在《老子》整部书里并不特别重要，除了第三十八章马马虎虎算得上比较重要之外。我们知道第三十八章讲的是道德、仁义和礼（法）之间的关系，揭示了它们属于价值上三个不同的等级、三个阶次。这表明，老子并不是特别重视礼。我们可以根据《礼记》里面的记载认为老子是礼的专家，当时的史官可能掌握了许多礼仪的知识甚至书本，这是一个合理的推测。但从思想的大的方面来看，老子是不怎么太关注礼的，就是说如果我们把视点集中在礼或者礼乐文明的这些字眼上来看，好像老子很少谈论礼，当他谈论礼乐文明时也是以一种批判的口吻、反思的论调谈论它。

这样的话就，"孔子问礼于老子"这个思想文化史上的大事件之真正价值、深刻意涵是什么呢，难道他对这个问题的理解错了吗？这个问题需要我们认真考虑一下。我们在这里要和大家讨论一个问题，就是说《道德经》里面讲礼——特别是正面谈论礼——的地方并不多，但是他讲"名"的地方是非常多的。那么名和礼有什么关系呢？我们知道，在《老子》，甚至在《孔子》中，有时候讲名就是在讲礼，只是换了一个马甲而已，这一点我想是非常清楚的。我们知道"古者名位不同，礼亦异数"。礼是诉诸名来确定的，或者说礼通过名的建构而确立，这一点毫无疑问、毋庸置疑。这就给出了思想史上一条很重要的线索：凡是谈到名的时候，一定跟政治社会机制具有这样或那样的关系，礼也是如此。我们甚至于可以讲，名就是礼的一种抽象的表达。试举两个例子更深入、具体地讨论一下。

在《论语》里面就讲"必也正名乎"，"正名"是孔子讲的非常重要的一件事，这个"正名"的"名"其实就是周礼。那么在《老子》的书里面出现了这么多"名"，这个"名"又和"无名"有关系，"朴散则为器"之后还要"化而欲作，吾将镇之以无名之朴"，还有"圣人用之，则为官长"等，其实讲的都是政治，也讲"礼"字，只不过是换了一种说法而已，这种说法是抽象的说法。我们说进入哲学时代以后，还有经历过这样一个提升和淬炼的过程，这个我们先讲一讲。

所以我们回答这样的一个问题，说"孔子问礼于老子"，老子难道是一个精通礼的专家吗？他当然是一个礼的专家，他是通过名来进一步解释礼。我们知道，老子讲名的一个重要特点是通过"无名"讨论名（即"有名"）。"无名"的意思很广阔，不仅是说道的真理是超越于语言表达的，而且还讲一切的名物制度都有局限性，都有待于从无名的高度来击破。后面这一条就显示出了很深刻的政治哲学的意味，这在我看来是特别重要的一点，就是说老子通过无名的理论来审视名。这样的一种哲学思考及方法也传递到了孔子的思想当中，这是需要接下来进一步研究的问题，今天就不展开讨论了。由此可知，孔子问礼于老子，他探讨的中心就是礼乐文明何去何从，我们也知道孔子是属于以比较保守主义的态度回应礼崩乐坏的趋势。而老子则认为任何一种礼乐文明都是名，只要是名就有各种各样的局限性，就都有待于在"无名"的层面来把握，所以老子更加灵活，就是认为礼乐文明可能发展到了当时的状况，看到了礼乐文明日薄西山的前景，这就激发他更进一步地反思。

站在中国哲学的开端，从哲学突破角度审视和讨论这个问题是非常有意义的。就是说，站在中国哲学开端的两个最重要的哲学家——老子和孔子，他们其实进行哲学思考的很重要的一个问题意识，就是关注历史文化的命运，礼乐文明到底何去何从？值得追寻的持久价值究竟在哪里？人的生命价值和生活方向究竟向哪个地方开展？等等。那么，老子是如何讨论哲学问题的呢？

　　我们接下来要说一下重点。老子过函谷关的时候，尹喜固执地"强为我著书"，于是乎老子"乃著书上下篇"。请注意这里出现的"著书"是很特别的一个词，我们在早期文献里面，提到"著书"两个字的时候，基本上都是指诸子百家的事业，司马迁第一次使用了这样一个词——"著书"。诸子百家留下的那些言论、笔墨，且能成为一家之言的，才能称之为"著书"。"著书"是一个很高尚的事业，我们从秦汉以来的各种各样的早期文献中看到，你得能成一家之言，才能给你写一本书。所以"著书"的意思就是写一本书，那么写一本书有什么奇怪的呢？对于诸子百家来讲，如果你没有"著书"的话，那成为诸子百家是有点勉为其难、还不够格的，还没有达到那样一个高度。在老子那个时代，这个"著书"的意义就更非同小可，因为那个时候老子及其同时代人，谁在"著书"？没有人，也不允许著书；或者说"著书"是不被允许的。那么当时的史官在干嘛？请大家注意，史官从来不"著书"，史官的最重要的职责在于"作册"。现在我们已经基本上搞清楚了，无论是早期文献还是青铜器的那种材料，都反复地证明史官的一个最重要的职能是"作册"。"作册"是什么意思呢？就是编纂一些仪式性地收藏于官府的文档文件。这些东西都不是我们后世所说的那些书，二者在性质上是有很大区别的。也就是说我们在这个地方会看到，在孔子跟老子的时代之前，没有私人著述的机会，也就是说《列传》这个地方出现的老子"著书"的事情，是历史上第一次出现"著书"，是真正意义上私家著作得以出现的一个起点。之前的那些书，比如说《诗》《书》《礼》《乐》《易》《春秋》那不是书吗？它们对后世来讲是书，但并不是个人、私人所著的那个书，而是官方的文档、文献，史官执掌这些档案文书，老百姓也看不到。所以我们知道孔子是到处看书了，去读

《春秋》、读《易》，去了洛阳，去了各个地方，去访问了解这些普及的情况，孔子好学是这样的一个情况。

我们知道，从有了"著书"开始，诸子百家语才有了以书本的形式呈现出来的载体。所以说诸子百家的思想都依赖于所著的书，也就是说在第一次出现"著书"之前，诸子百家等于无源之水、无本之木，是不可能出现的。所以这个区别是很大的，就是说你是写一些官方的文件，还是写一本哲学的书，抒发自己对历史文化命运的那种关切。我们对现实当中的这些事情的一些价值上的剖判，不可能让你自由地抒发你的思想。自由的思想和自由的知识分子的身份是有关系的，王官之学的失守使知识分子变成了自由流动的知识分子。所以说老子才可以"见周之衰"，他可以"乃遂去"，可以离开，在之前是不允许离开的，这是很大的一个差别，是一个分水岭。所以我们要知道尹喜讲"强为我著书"，它具有重要的意义，这是我们要理解的非常重要的一点。

四、道德之意

接下来我们继续按照《老子列传》的本身脉络来走，"老子修道德，其学以自隐无名为务。居周久之，见周之衰，乃遂去"。我们先看一下"道德"二字。请大家注意，"老子修道德，其学以自隐无名为务"。我们首先要讨论一下，在《史记》里面出现过两次将"道德"作为一种学派的现象，第一个是在《太史公自序》里面引了司马谈的《论六家要旨》，它里面讲了阴阳、儒、墨、法、名、道德这六家，讲六家中"道德"出现了，我们熟悉的都是讲道家，这个地方难道是有一个"道德家"吗？那么第二个将"道德"作为一种学派出现的地方是《孟子荀卿列传》，有"荀子推儒墨道德之行事兴坏"，说荀子告老还乡之后干的一些事情，其中就出现了道德，这里的道德也是一个学派。出现在这个地方的学派其实就是我们后来所说的道家，比如说道家在《史记》里面是称道德家的，这个"道家"可以说是"道德家"的简称，省略了"德"字。

我最近看到一个学者的文章，批驳辛德勇老师读《史记》的一个问题，批评他的一个看法："道德"中的"德"字是衍文，应该去掉，并讲了一些歪理。我们知道这个批评是正确的，但可惜的是，批评的理据是不够的，考据是不能解决这些问题的，结果只能是竹篮打水一场空。同时我们知道，要解决这些问题，需要知道在思想史上老子所开创的学问，其核心在哪里。那么根据《列传》的记录，其核心就在于这个"道德"。所以说"老子修道德"其实就是标明了老子开创了道（德）家，比如说道家这样的一脉。这一点是非常重要的，接下来我们还会进一步分析这个问题。

后面一句说老子"居周久之，见周之衰，乃遂去"。老子"居周久之，见周之衰"，问题是老子怎么见到周王朝的衰落呢？这种较长时段的历史趋势似乎不太容易看出来。我们今天提一个问题：美国衰落了没有？这个问题我们从大概二三十年前就开始提，你都很难琢磨、很难思考这样的问题，因为我们看到的、准确地说能看到的都很有限。老子既然"见周之衰"，应该主要是指他知道周王朝的历史命运已经不可逆转地被改变了，再也回不到以前西周时代的辉煌了，只能江河日下，而不能挽狂澜于既倒。那么周王朝的覆灭，就只是个时间长短的问题。我们也这样看，美国霸权的倒台也只是个时间长短的问题，如果我们也这样看，就和老子当年的洞察差不多了。实际上，西周以来的礼乐文明是人类有史以来最伟大、最辉煌的文化体系，然而老子洞见到它的腐朽和衰弱，因为它里面很多矛盾无法解决。比如说宗法、封建的想法很好很巧妙，应该国祚永昌、万世不易。但现实那是啪啪打脸：分封土地以建诸侯是宗法封建制度的核心，然而分封的子弟反而会要周天子的命，这个矛盾是完全不能解决的，靠讲仁义根本无济于事。所以说我们知道老子"见周之衰"就是看到了周王朝的历史命运一定会沉入黑暗，他坚信这是宿命，无法改变，于是离开了王室，我们前面讲的王官之学崩坏的现状，它们是相关的。对老子来说，今天发不出工资来了，明天可能也有不公平的待遇什么的，他能"乃遂去"吗？不太可能，鸡毛蒜皮的事情他肯定不会在意的，那么他看到的问题肯定是很严重。他的离开意味深长，这意味着周王室和礼乐文明已经没有太多力挽狂澜的可能性了。那么这是一个大概的情况，我们接下来还会讨论他究竟是什么意思。

接下来一段话里面还有一个要点是说"其学以自隐无名为务"。我们以前的思想史研究会根据这样的一些记录，把老子哲学定义为隐士哲学。比如我们熟悉的冯友兰先生就这么讲，这个说法影响是很大的，很多人都遵循冯先生的看法。对此我们提不出太多辩驳的理由，但是把老子思想归结为隐士哲学，一种出世的、和现实保持一定距离的思想，以我们现在对道家哲学思想的会通和把握来讲，是特别难以接受的成见。

在这里出现了一个词叫"无名"，这跟老子哲学里面那个概念"无名"其实没啥关系，此处只是说"隐藏声名"而已，也就是说不在乎名声，这只是关于"无名"的一个最表象的解释。如果我们研究道家哲学的话，会对这个词有一种特别的敏感，就是"无名"的"无"有很强的动词意味，它就是对"名"的一种辩证的否定，因为"名"是束缚我的，你给我一个"名"，称我为烈士，那么哪着火哪发洪水，我就一定要去"循"这个"名"，就是按照这个"名"的要求来做。在我们现当代思想中，存在主义就是反对这一点的，你给我一个"名"（比如说盗贼），我就成其为"名"（盗贼），即用"名"所造成的荒谬感来击溃"名"。我们知道司马迁在这里说的"无名"，其实讲的不是老子哲学，或者说不完全是这样的情况。这一点我们很快掠过，以便有更多的时间讨论下一个问题。

　　我们再看一看，接下来司马迁说，"于是老子乃著书上下篇，言道德之意五千余言而去"，这个问题我们最近经常讨论，我来简要地跟大家说一下结论，就不展开讨论了。"老子著书上下篇"指的就是"德"跟"道"这两篇文献，历史上称道、德两篇，这是没有问题的。《老子》这部书本身有道、德两篇，后来我们知道它另外有一个称呼就叫《道德经》，这也是没有问题的。那么《道德经》这本书，或者说道、德两篇，它核心的意义、核心的思想宗旨是什么？那就是"道德之意"。这个地方的"道""德"请大家注意，跟我们今天讲的道德是不一样的，我们要把它理解为"道"的概念和"德"的概念。"道"的概念及其理论加"德"的概念及其理论，这两个加起来，它的那种思想意味就是指道家哲学这样一套东西。这个理解当然是准确的，我们现在做了一些研究了，认为比如说我们讲老子，这部书的中心思想是自然无为。我们考证了一下，把"自然无为"说成是老子这本书宗旨的说法，是魏晋时期的事情。魏晋时期的人这样理解《老子》的思想宗旨，有其道理也有其根据，但不见得都准确、恰切。进一步的分析表明，"自然""无为"实际上都是"道德之意"里面固有的思想内容，它们包含于"道德之意"，但不能反过来讲。实际上，用"道德之意"来讲整个《老子》的核心宗旨更准确一点。也就是说司马迁的记录、概括是准确的。司马谈以"道德家"来概括老子以来的道家，本身也是有道理的。那么司马迁用"道德之意"来说道、德两篇这样一种思想的宗旨也是有道理的。

说《老子》篇幅"五千余言"，也是对的。我们知道现在各种各样《老子》的文本，我们已经掌握很多了，篇幅从五千三四百字到五千六七百字，《老子》各早期版本基本上就是在这样一个区间变化、损益。可以推想，司马迁曾经看到过较早的《老子》文本，他的说法是非常严谨、可靠的。

五、"出关""入秦"与"莫知所终"的路线图与思想史隐喻

老子离开洛阳，也就是周王朝的大本营之后，徘徊西去，"至关"，这个"关"我们现在都认为是函谷关。函谷关是属于从潼关到洛阳之间的一个要塞，古代称桃林塞，有的人解释这个关是一个散关，那么在司马迁《史记》里面没写，但根据其他一些史料，我们知道大概率是过函谷关。函谷关守关的令尹喜就把他留下，说你将要归隐了——这个"隐"我们知道它，在我们早期的思想史料里面也会经常碰到这个词，就是声名不显、把名迹抹去的意思。"子将隐矣，强为我著书"——你都要归隐了，看在我的面子上，你把你的思想以著书的形式记录下来吧。在司马迁的《史记》里面，我们没

有看到后世流传甚广的一些说法，像"紫气东来"这个典故，说尹喜在关上见有紫气从东来，知道将有圣人过关，然后就下楼等，果然看到老子晃晃悠悠地骑着一头青牛过来了，他说这个就是圣人。这些内容我们知道都是些传奇，没有出现在《列传》里，而是出现在一些别的书里，最典型的就是在《列仙传》这种神仙传里，还有《抱朴子》等书中，把一些细节加入老子过函谷关这样一个事情里。如果把这些东西和司马迁写的《老子列传》来对读，我们会发现司马迁的笔法是很严谨的，他尽量把一些属于传奇的东西，从历史的叙事中剔除。

　　我们说老子写下了五千余言的《老子》或《道德经》，然后就离开了，西出函谷关进入了秦地，接下来就"莫知其所终"了。现在，人们根据其他各种各样的史料，知道老子进入秦地之后，可能在关中平原徘徊，然后呢，一直沿着周原向上走，最后抵达了陇右，崆峒、洮西这一带都有他的传说上的行迹。这些行迹是不是历史的真实，我们现在回答不了，但是从他这条西行的路线来看，是否有一些更深一层的意味，我觉得需要稍微讨论一下。这样的一个行迹，实际上是一个周文化发展的反向。周人的先祖是从岐山、周原这一带下来的，到达了所谓的秦地关中，然后出了潼关到洛阳，开辟了这样的一个王朝，奠定了一个新的文明。也就是说西周也好，东周也好，都可以看作是周文化发展、演进的一个脉络。那么老子走的这条路线请大家注意，正好是一个相反的路径！他出了函谷关，沿着周原这一条线上去，一直到了陇右，这正好是周人发展方向的逆反方向。老子出关以后的行迹是不是历史真实，这个要交给历史学家和考古学家去进一步探讨和论证。但我们从思想史角度讲，是不是可以提一个问题，即它是不是体现了老子用这样一条路线来表达他返本归根的旨趣，也就是说，他的思想是不是要反思周人的文化，是不是对周文化的彻底弃绝？那么向一个相反的方向前进，我们知道在《老子》里面就有一种"执古之道，以御今之有"的象征意义，他讲这个的时候这条线是不是一个"反者道之动"的象征？所以说老子徘徊而去的这样一种行迹，是不是表明了他逆流而上的这样一种由当下周王朝所在的洛阳，上溯到周原这样一种返本归根的意味，是不是启发了这样的一点，我想这在我们思想史的语境下可以进一步讨论。

至此，关于老子的这样一种所谓的历史就结束了，接下来他用"莫知其所终"为这段历史画上了句号。顺便提一句，司马迁的这个"莫知其所终"开创了某种历史叙事，后来的道家者流，乃至于神仙、隐士传统，经常讲"莫知其所终"。这个不是偶然的现象，如果我们愿意查考和对比的话，我们会在《庄子》里面发现很多类似"莫知其所终"的话语，这种话语主要指的是"道"，因为"道无终始，物有死生"。这里面是否是司马迁化用了《庄子》的意思，用"莫知其所终"来讲老子无始无终无穷之门的那样一种状态，这是一个有待于解决的问题。

我们知道后来的这些道家末流，特别是黄老学的末流和道教徒，他都会讲老子出了关之后，西行至于流沙，然后在那个地方化胡，后来就演变成了《老子化胡经》这样一些东西，说佛西来，那佛是从哪来的呢，是老子给他开启的道路，但这些东西在我们今天讨论的问题之外。

接下来他还说了一些问题，说老子是太史儋也好，或者是老莱子也好，司马迁讲这些用了一些"盖"，就是或然、也说不定、或许如此的意思，讲老子这样的几个人物，时间跨度可能两三百岁等。

其实去年还是前年，有一次开会有一个老师跑到我面前，说老子活了三百多岁这是真的，我说咋就是真的，我们不知道有什么根据。这些东西其实表明，围绕着老子的史料在司马迁那个时代已经比较复杂了。有一种说法是老子就是老莱子，是楚人。现在我们从各个方向看，比如说《列传》里面讲，老莱子著书十五篇，跟老子著书的篇目不合；在《孔子世家》里面，老莱子和老聃是两个人，准确说是更有可能是两个人。在《大戴礼记》里面记载了这样的一段话，说孔子推崇了几个人，如晏婴、柳下惠、伯夷、叔齐、蘧伯玉、介子推等，还有一个就是老莱子。那么老莱子是怎样的人呢，"德恭而行信，终日言，不在尤之内，在尤之外，贫而乐也"，这样的特点与整个司马迁《老子列传》所讲的内容，或者和《老子》这本书里面所传达出来的一些思想其实不是特别吻合。所以说老子跟老莱子，我现在个人认为是还需要进一步研究的，个人认为还是需要把他们当做两个人，其中老莱子偏向于儒家的特点因素还是比较多的。

到了最后快结束的这一小段，讲的是老子的谱系："老子之子名宗，宗为魏将，封于段干。"现在段干是一个姓氏了。段干是一个地名，就是说老子的后裔曾被封在段干，于是以邑为氏。早期史料中"段干什么什么""段干这个、段干那个"还是屡见不鲜的。《庄子》里面就有田子方、段干木两个人经常出现，在秦汉以来各种道家的书，包括《战国策》里面记载的姓段干的几个人，都有可能是老子的后裔。比较重要的是田子方、段干木和子夏，他们三个都是在魏文侯那里服务。这三位应该都是思想史上值得留意的人物。后来段干作为氏，从史料上看就很少了。

老子的谱系非常简略。如果我们把老子的谱系和孔子的后裔进行比较，孔子一直传到现在，七十几代都是有的，衍圣公还活着，反观老子之流裔，谱系比较简单，线索比较模糊，人丁不旺。秦汉年间孔子的后裔活跃得很，《陈涉世家》讲陈胜吴广起义，里面就有孔子后裔加入义军，还有一个很重要的问题是孔子通过他的学生——七十子及其后学形成了这样一种传承的系谱。另外孔子的家学也是很重要的一脉，我们一定要注意孔子家学的这一脉传承未绝、长期绵延，跟老子完全形成了强烈的反差。这样的反差在当时的历史里是一个事实，这个事实跟之前我们所讲的《史记》中对孔子的记述非常详密，对老子的记述却非常简略且有一些含混不清的地方，或许有一定的关系。

六、儒道分歧和老氏后裔

后面我们就讲一下"世之学老子者则绌儒学，儒学亦绌老子"，道不同不相为谋，德不同也不相为谋，"道""德"两个字在儒家和道家有不同的理解。我们把它总结为几个问题来很快地概述一下。在社会政治层面的那种结构性的变动，孔子称之为礼崩乐坏，这种变动引起思想上的一种尖锐的分歧。各种各样的思想的激烈争论，庄子称之为"道德不一"，这就是说大家对中间这核心的两个概念——道与德，理解都不一样。作为典型，我们分析儒家跟道家，可以说儒家跟道家在道德与仁义的关系上，理解完全不一样。那么儒家做的工作是什么呢？在道德跟仁义之间画上一个等号，他讲的道德其实就是讲的是仁义之道，"仁"跟"义"都是德目里面最核心的东西。但是道家要相对复杂一点，道家讲的道德是不同于仁义的。

《老子》第十八、十九两章的主要内容就是反对仁义。说"大道废，有仁义"，说"绝圣弃智"，其实就是要绝仁弃义，其实讲的就是否定仁义。否定仁义的理由在哪里？因为在老子看来，仁义妨害了道德。道德不同于仁义道德，大于仁义道德，可以包括仁义，但是不能反过来讲，这个差别我们讲到这里实际上就比较清楚了。历史上有很多人，比如扬雄说"老子之言道德，吾有取焉耳"，就是说老子讲"道德之意"，我还是很同意的，我要向他学习。但"及捶提仁义，绝灭礼学，吾无取焉耳"，对于这种绝弃仁义、礼学的做法，扬雄是要批评的。但实际上根据前面的分析来看，这多少是一种误解。老子批评仁义其实是想讲仁义背后有一个更高阶次的道德，一个不能以仁义阻挡的道德。那么关于"绝灭礼学"我们刚才讲了，孔子都问礼于老子，问的是啥呢？这个含义我们做了一些思想史上的分析，礼是具体的，具体的礼只是先王之计，但不是先王的"所以计"，所以礼乐是先王卓越治理留下的遗产。但是先王为什么制礼作乐而不制别的？那个时候为什么制这样的礼乐，而不是另外的一些礼乐？这些礼乐是不是还要随时损益，其中的道理在哪里？这要通过"名"跟"无名"的关系来讨论。

好了，我们总结一下《老子列传》的主要内容。

《老子列传》首先讲了思想文化史上的两个特别重大的事件：一个是孔子问礼于老子，一个是老子过函谷关留下来千古不朽的经典《道德经》。第一个事件我们知道它是可以向各个方向进行解读的，我今天只是给大家提供一些目标靶子，大家也可以朝我射箭，提问题我们一起讨论，可以多元化。第二个事件是说老子写下了《老子》这本书，这是我们中国哲学的一个开端。这个开端就他的史官身份来讲，他是有一些不一样的。史官写的都是一些官方的文档，写的都是一些报告、诰命，记录仪式或者说主持仪式等，或者说都是一些典章制度相关的东西，或者说氏族的系谱之类，或者写一些历史地理，也是题中应有之义。但是我们会看到《老子》这本书里没有这些内容，甚至于它连一点点历史的痕迹都没有，跟历史书完全不相类，它完全是一部新的著作，完全是个崭新的东西。你可以说老子不务正业，对吧？

请大家注意，我们知道孔子跟老子在这个时代，在开创了哲学时代的这条线上，他们的"不务正业"其实是一种新的开拓，开拓了一种新的学问的方向，开拓了一种新的文体。我们知道老子是写下了第一部私家的著作《老子》（或《道德经》），孔子开始了第一次私人的讲学，他的言教也被编集为《论语》。《老子》《论语》都是最早的私家著述。以前的老师都是官府的，类似教育部的官员，属于体制内。现在的一些老师比如像新东方、学而思的教师，他们和体制内的教师完全不一样。所以说老子和孔子这两个伟大的哲人非常了不起，举足轻重，对不对？他们的著作、他们的思考，从表面看来和他们的职业有很大反差，从某种意义上说他们都有点儿"不务正业"。儒门弟子喜欢说孔修《春秋》，然后"乱臣贼子惧"。孔子当过什么官儿？他在鲁国做过司空、司寇，那么编列工程预算、管一管公检法就是他应该做的事情，删《诗》《书》、修《春秋》属于"多管闲事"。说了半天，编修《春秋》是不是应该交给老子这种史官来做？但老子他没有写，他写的是《老子》这样的哲学著作。我们知道这样的时代是一个剧烈变化的大时代，是一个礼崩乐坏、古之道术为天下裂的时代，这个时代的车轮滚滚向前，不可逆转，通过修修补补是不可能回到过去的。那么这样的一个大的时代奠定了哲学突破的基础。

我们分析了老子和孔子这两个最早的哲学家，他们都看到了这样一种时代的深刻变动和思想的那种深切关系，他们也希望透过这种纷乱的现实的黑幕，能看到历史文化的一种开展的方向。哲学就是在这样的一种大的事件里面推陈出新，突破出来，成为进一步的、新的时代的一个基础。

最后一点，我们今天讲司马迁《老子列传》，我以前也不太讲这些特别历史的、特别文献学的问题。为什么我们现在有感于历史虚无主义的甚嚣尘上呢？我们刚才讲了对老子的年代、籍贯和著作的一种强烈的质疑，这使得我们古代文化面临着一种根本性的威胁。如果没有古代文化的那样一种高度的话，我们返本开新能开出怎样的新都要打上一个问号。所以说我们想在这个地方对历史虚无主义进行一个义正词严的批判。有很多居心叵测的日本汉学家，他们就讲老子是比较晚出的，司马迁记录的《老子列传》是不可靠的，跟其他史料矛盾的地方非常多，我们的一些历史学家，像是顾（颉刚）先生、钱（穆）先生他们被这些日本人忽悠瘸了，带到沟里面去了，也跟着他们这么讲。我们现在要回到我们史家的正宗——司马迁所记录的《老子列传》里面，我们知道这是一个出发点。

有人问，历史的真相到底是什么？这个真相是我们今天讲的重点，就是说兰克主义史学上的那样的一种真相，跟我们今天讨论的人文历史的多元化、复杂性下的那样的一种真实，是两个层次的概念。我们现在要做的就是通过我们哲学史、思想史的这种讨论，给那种完全沉溺于文献典章制度的刻板的历史学，提供新的养料，构成一种新的启发。因为沉溺于那种史料里面的历史学，是没有发展前途的、找不到方向的，容易沦为历史虚无主义本身及其帮凶。

第十一讲　自由、秩序与价值*

一、道家的批判精神与理想主义

　　为什么将本次讲座定名为"自由、秩序与价值"？因为这些概念在我国古代的书里没有直接出现，要通过哲学研究才能把这些问题提炼出来。

　　道家有非常强的批判意识，这就和儒家以及其他各家不太一样。我们从哲学上分析，这种彻底的批判意识只能出现在非常深刻的哲学思考的状态之下。我们个体无一不是在一个社会政治语境下生存，但是道家主张，不管生活在哪个时代，都有被异化、被压制、被迫害、被凌辱的可能性。老庄从哲学的高度不问这个时代，因为时代困局无所不在，他（们）提升到哲学的高度讨论这些问题，要批判

＊　本文整理自 2019 年 11 月 9 日北大博雅讲坛第 221 期"自由、秩序与价值——道家政治哲学发微"论坛暨《道家政治哲学发微》新书发布会演讲。

对人性的异化和扭曲，因此说老庄具有很强的批判力。

同时，老庄要讲理想的问题。我们在每个时代都有实现不了的理想，只要是现实的时代都不是理想的，而是残缺不全的：政治制度都是不完善的，社会上不公平的现象非常多。道家就要讲他的理想，将理想投射到遥远的未来，指引我们生活还有希望。

道家哲学看起来说得很抽象，但主要是基于我们生命存在的意识，或者基于生活非常广阔的、丰富的经验，所以"道"不会跟人疏离。儒家经常说，怎么能知道"道"是什么，你看看圣人尧舜就知道了；道家也一样，道家讲的"道"有时候不愿意抽象讲，尽管它是抽象主义的产物，而是让我看看真人，就是实现了自己的本性，使自己本性完全得到了释放，这样的话对我们就很有帮助，我们说道家讲批判、讲理想都是有的。

二、研究范式的转换

我们常在一般意义上理解思想史，比如《道德经》篇幅很短，早晨起来一边吃早饭一边浏览就可以读完，但是这不能等同于研究。古代的典籍之所以成为经典，它是可以诠释的，在不断诠释的过程当中才能称之为经典。它有每个时代的特点，这就是它的语境。

这本小书（《道家政治哲学发微》）是如何来探讨道家思想的？我主要是发掘文本的语境。我们现在与传统意义上的研究相比有了更强大的"武库"，有了更强大的工具，这个工具使得我们可以更好地理解问题，更科学地分析问题。

我所理解的政治哲学，跟坊间或者社会上流行的政治哲学是不太一样的。政治哲学首先是一种哲学，或者说对政治性的问题有一种哲学的反思。我们现在探讨的政治哲学，不见得非要按照西方的一些理论设定好的范围和方式方法来讨论问题。我们完全可能沿着自己的路，可以讨论我们自己的问题，重新激活自己思考的传统来开阔视野。我们对现实的关怀越深切，其实越需要我们在历史的深处做更多的挖掘，向历史的深处回溯，找到那样的资源，使得我们的思想变成活的。

三、"玄德""帝道"：道家政治哲学的几个例子

道家政治哲学，它为什么称之为政治哲学，我们有很严格的界定，道家的政治哲学也许是真正意义上的政治哲学，我们这样讲是有一定道理的。道家是用一种抽象哲学的语言来讲政治问题，我们给大家举几个例子，也是在书里各个章节里面散布的，基本上是我们这本书里一些主要的思路。

比如说老子讲"玄德"，我们基本上不知道他讲什么。"生而不有，为而不恃，长而不宰，是谓玄德"，我们从零开始研究，就想"玄德"有这种说法，其他地方还有这些说法，就可以把老子开始讲的"玄德"几条材料梳理罗列出来，然后堆砌在那个地方，琢磨着通过这个是不是能够定义"玄德"。我的结论是，哲学不能这样研究。

举个例子，"玄德"看起来不太好理解，我就想能不能和其他概

念联系起来。比如我发现，"玄德"要通过儒家的"明德"来理解。"明德"是西周初年以来儒家思想传统里一直绵延不绝的，就是通过"明德"来讲政治、讲人性。我们通过这样的方式和方法，建立起来联系，才发现"玄德"是针对"明德"讲的，它当然也有政治意义。"生而不有，为而不恃，长而不宰"，我们再回过头来审视这个命题，会发现它完全是一种非常深刻的政治命题，道家从来没有认为国家是某一个人的，"玄德"就是讲这个意义。

再举一个例子，我们知道道家的黄老学派研究起来非常难，它的边界也不太清晰，比如阴阳家和黄老学之间有什么联系和区别、黄老学的性质、它的理论宗旨以及历史的价值等问题都困扰了我们很久。

我想给大家介绍一点点经验。黄老学的中心是讲帝王之道的，这个概念是非常难把握的，所以我们需要找到一些联系——这个联系关键在于黄老学讲的帝王之道恰恰有针对性。黄老学在发轫时，面对一些在思想世界或者在当时社会流行很久的思考传统，它有对话关系。这个对话关系我做了分析，黄老学首先考虑的问题是王道和霸道，王道和霸道是当时政治道路的两个选择，你不走这条路，就得走那条路，否则就会亡国。战国中期以来黄老学讲的帝王之道，主要是为了超过王道和霸道，或者在王道和霸道之外开拓出一条新的政治道路。这是一个重要的发现，通过这个我们才知道，黄老学不管是哪个学派，每部书具体内容讲的都不一样，但是这条线却是一以贯之的。

这两个例子，是想让大家了解，"道"也好，"德"也好，都是在道家哲学里非常基础的关键词，道家讲的这些内容是抽象的，而用哲学的方法讨论问题，通过"道"和"德"的概念重新确立了我们对政治的问题，对伦理学的问题进行思考，这个张力和力度都是空前的。

四、道家政治哲学

我们从"德"开始讲也是很有意义的。我们知道"玄德"有政治意义，但是拥有"玄德"那样的本性或属性才能称得上老子所认为的圣人或者最高统治者，理想性的政治要通过"玄德"来表述，"德"这个问题要和人性的概念建立起联系。古代的思想世界里，如果有什么恒常不变的东西，那就是他们对人性的思考始终是一以贯之的。这是我们所说的讨论理论、讨论政治哲学、讨论法哲学的基础。

道家哲学里面是用哲学的语言，像"道德""性命"来讨论这些问题的。人处在政治的关系当中，处在伦理关系当中，在政治、社会、生活当中人肯定每天都和他人发生这样那样的冲突，在这种冲突成为常态的情况下，我们怎么从另外一个方向思考，来解脱这样的矛盾呢？如果这些问题解决了，道家就认为进入了一种不需要用"名"来表达的状态，或者你已经到了一种物我合一的层次，或者自我和他者达成一种和谐的关系，这样的一种层次和状态，这就是他所讲的境界。用我们今天的哲学语言讲，自由就在这一刻到来了。

《庄子》里面的"相濡以沫，不如相忘于江湖"就是这样的状态。这就是道家用理论语言讲从混沌到秩序的区别，混沌是处于那种自由的、无差别的、物我合一的，或者超过了一般意义上伦理哲学的智慧，但是我们在以往无处不在的囚笼里面，实际上就是等而下之的问题，这个问题是非常深刻的。

道家政治哲学明确回答了这个问题，秩序虽然重要，但是混沌比秩序更重要。混沌的意义就在于它是秩序或者规范更原初的来源，大家都生活在社会生活中，都要讲是非，不讲小是小非，要讲大是大非，反正要讲是非。道家的思考不限于这个层面，而是在更高的层面，这个层面我们称之为"道高物外"，超脱了一般意义上的是非、对错、善恶的分别，是一个混沌的、无分别的、超然的层次。那样的层次是不折不扣的哲学思考才能催生出来的，只有哲学思考才能沉浸于其中，只有哲学思考才能把这个问题揭示出来。

这就是我们反复讨论真正意义上的政治哲学。如何治理天下，那是法家，或者一部分黄老学讨论的问题，道家的政治哲学层面是讲人性的实现，"究天人之际"，在天人的关系里，我们在高远宏阔的视野下，来审视人的生命价值、生活的意义，或者在政治意义上讲，它也不是针对国家，国家兴亡虽然重要，老百姓生活好坏，虽然也是它关注的，但是它更关注天下。天下很抽象，天下在我们现实政治共同体上还有一个更复杂的结构，在这个结构下继续讨论问题，才能出现"天下"的概念，由此我们就会对道家政治哲学有一些了解。

五、现实关切与守正创新

近年来，中国理论界、思想界或者整个中国社会思潮都在讲政治哲学。然而，请问什么是政治哲学？好像就有点儿没那么清楚，有点儿含糊、模棱两可了。在我看来，道家聚焦于政治问题的思考恰能给我们以深刻启发。

古代的典籍之所以成为经典，因为它可以被诠释，在不断诠释中被称为经典。古代经典被记录下来，不断地被研究，在每个时代有不同的特点，这就是它的语境。政治哲学首先是一种哲学，或者说对政治性的问题有一种哲学的反思，不在这个层次上讨论问题那就不能称之为政治哲学，名实就不能相符。什么是真正意义上的政治哲学，虽不是书中重点讨论的问题，但却是这本书的副产品。道家著作中当然也讨论一些"主术""君道""君守"之类的治国、驭民之术，特别是黄老学和法家热衷于讨论君人南面之术，但这些具体的治术并不见得就是道家政治关切的主要方面，道家政治哲学聚焦的问题乃是无为、浑沌、帝王之道、执一、内圣外王等更抽象、更根本的理论问题。为什么道家（包括老庄与黄老）不那么关注治国、驭下、耕战、富国、强兵等问题呢？因为它们属于形而下的政治学、政治思想范畴。

中国近代以来积贫积弱，中国想图强，想摆脱这样的局面，就需要从各个方面改变。研究西学的学者，认为西方的东西是改变中国所需要的；当然我们需要借鉴，但如果仅仅为了改变中国而借助于他山之石，中国何去何从？我们应从中国的历史深处，把政治哲学这样一种形态的理论阐发出来，这是有一定意义的。通过研究，我们有底气说中国古代的思想家，曾经有一些很复杂的、深刻的东西，这些东西对于我们这个时代，或者对于任何一个时代都有启示意义，这样能让我们真正具有理论自信。

第十二讲　道家的自然概念[*]

我今天下午给大家报告的题目是"道家的自然概念"。我研究道家哲学已经好久了，这也是很重要的一个问题。但是坦率地讲，我在若干年之前，好像没有什么能力来研究它，因为这个问题有点儿难，有点儿棘手。最近几年，也许是我之前做的工作奠定了一些基础，更重要的是一些师友，特别是王中江教授，特别热衷于讨论这个问题，我就被大家推着，也研究"自然"，陆续写了几个稿子。

所以今天我跟大家汇报的基础，一个是我写了一篇《道家的自然概念》，这个稿子已经发表于《哲学动态》；另外还有一篇发表在我们陕西的《人文杂志》，主要是比较道家的自然和古希腊时期的Physis。Physis一般翻译成"自然"，但是我们知道，翻译总难免有点儿错位，有点儿差池，是不得已而为之的。我们通过研究，要探讨其中的异同，这项工作对于认识中国哲学的全局有重要意义。在发表的稿子以外，还有一些未成文的稿子，我也想与大家分享。我

＊　本文整理自 2020 年 1 月 10 日西北大学玄奘研究院"善导讲堂"第十四讲。

们通过研究"自然",发现中国古代哲学里面有一种非常强大的传统:好像有一种"自然"法则,人伦秩序必须要和"自然"法则达成一致;如果没法达成一致的话,就会出这样那样的问题。这在很多方面都会体现,包括我们艺术创作的传统、思想理论的体系等。我们今天就围绕这个问题("自然"概念)来展开讨论。

一、道家的自然概念

"自然"概念涉及的问题非常广泛。我们从道家哲学开始讨论,比较方便一点。为什么这么说?"自然"这个词——我们先别说它是概念了,概念需要我们通过讨论来确认——第一次出现,是在《老子》。在《老子》之前,没有见过。以我们现在对思想史料的穷尽性蒐讨来看,"自然"一词首次出现在《老子》,这一点是非常重要的。

我们首先稍微了解一下《老子》。我们认为,《老子》代表了中国哲学的开端。我们北大创立了中国近代意义上的第一个哲学系,于1912年辛亥革命胜利之后,就有了哲学门。当时第一代讲授中国哲学史的老师,如陈汉章先生,从三皇五帝开始讲。现在我们都诟病他,怎么能从三皇五帝开始讲呢?历史上有没有黄帝、伏羲说不清楚,只能说是传说,不能当作历史来看。胡适先生回到北大后,说我们要从科学的角度讲,就要截断众流,从老子和孔子开始讲。胡适先生很聪明,他能感受到,思想史发展到了老子、孔子,无论是在思想力度上,还是在思想形态上,都发生了很大的变化,所以说老子与孔子是分界点。但是,胡适先生没有给出确切的论证。我们知道，胡适先生背后有一个参照系，即西方哲学，而老子、孔子以来的思想，比较接近于西方哲学。

我们现在对胡适先生当年的判断，做了进一步推进，认为《老子》是哲学突破的产物。哲学不是一开始就有的，而是在文化思想发展到了一定程度，思想的张力碰撞、淬炼到了一定程度，才会出现。所以说周公那个时代，肯定没有哲学；只有到了老子和孔子的时代，才有可能产生哲学。从前哲学时期迈入哲学时期的这条分界线，我们叫作"哲学突破"。《老子》的哲学突破，集中体现在"道"和"德"两个概念。《老子》又称《道德经》，之所以称为《道德经》，是因为由两个部分组成，一部分是《道经》，一部分是《德经》，这两个部分阐述了两个主题，一个是"道"，一个是"德"。司马迁讲，老子过函谷关的时候，"著书上下篇，言道德之意五千余言"，然后就出了函谷关，不知所终了。《老子》的旨趣、主题就是"道德之意"。需要注意，这里的"道德"与我们今天讲的"道德"不一样，"道"与"德"是两个概念。

在老子之前，"道"已经开始使用了。"道"的意思是什么呢？有道路的意思，也有言说的意思，比如"道可道"的第二个"道"就是言说，还有方法、准则、真理的意思，孔子讲"朝闻道"，这个"道"就是真理、准则。"道"有这么多意思，那么，老子所说的"道"是哪一种意思？有人说是路，西方人会把"道"翻译成 way，"道"是人走的路；有人说是言说、准则的意思，很多翻译家把"道"翻译成 logos（逻各斯）。因为 logos 兼有原则、理性、言说的意思。翻译成 logos 当然比翻译成 way 要好一点，但是仍然不够。"道"的这几种意思，在《道德经》里都有。但是从老子开始，为"道"赋予了一个新的含义，这个新的含义非常重要，构成了分界线，这个含义就是"无"。

老子通过"无"来讲"道"，这是之前完全没有的。我们对史料做了穷尽性分析，发现亘古未有。而且老子讲的"无"，跟当时日常语义中的"无"，意思不太一样。在老子生活的时代及其之前，大家说的"无"，是缺失、没有的意思。从甲骨文的字形看，"无"表示缺失，缺胳膊少腿；或者说看不见，没有出现在特定的空间和时间里面。比如说，我们进到一个屋子，说没有人，张三不在这里。就是说，张三没有出现在这个空间里面，但并不代表张三不存在。讲存在，不限于特定时空，这才是在哲学意义上的。但是我们会发现老子讲"无"，和以上说法都不一样。老子讲"无"，是对于总体的"有"的一种否定或反对，与"有"结合在一起。讲"无"必须要通过"有"来讲，这既是哲学思考的方向，也是老子哲学的一把钥匙。这样，我们就会知道老子讲"无"是非常特殊的，是一个重要的哲学突破。所谓的"有"，字形很有意思，上面的一横一撇，是一个手的形状，下面的月就是一块肉，"有"就相当于人提了一块肉，回家可以炒一个京酱肉丝。"有"指的是可以捕捉到的，可以拿在手里面的。"无"当然不是"有"了，所以《老子》书里经常出现"无有"，"无有"就是"无"。"无有"不是废话吗，直接说"无"不就行了？其实这个连接表明了"无"是"有"的反面，是对"有"进行否定以后的结果。所以说，《老子》讲"无"不是一般语义上的，它有否定的意义，而且一定和"有"结合在一起讲，不能分开，"有""无"的结构在老子哲学创立伊始就已经固定下来了。

我们进一步分析一下"无"的价值。我们说，"无"是"有"的反面，是它的否定形式。我们能看到的东西都是"有"，天地万物，林林总总，都称为"有"，但是我们唯独看不到"无"。在经验世界里面，"无"没有对应物。那么，"无"的出现，就很耐人寻味。就像我们数字里面的 0 一样，在最初的计数方法里面没有 0，0 的出现是很晚的。0 也不是自然数，你在自然界里面发现不了 0。0 是怎样出现的？在计数系统化之后，有了进位制，才慢慢发现要有一个 0，所以 0 的出现具有必然性。在数学的发展史中，从一般算术到函数、到数论，就会自然地要求 0 的出现。思想史的道理是一样的，思想要进行体系化，要进行更高层次的淬炼的时候，就需要有"无"的概念的出现。所以说，"无"是我们看不见的，但是每个"有"的背后，都有"无"在起作用。从这一点来看，《老子》称之为哲学突破，是当仁不让的，古希腊哲学可能都没有这样一种深度。

"德"也非常重要。在前哲学时期，老子之前约四五百年，我们的文化思想已经有了非常深厚的积累，我们一般称为前哲学时期思想史。如果大家对我写的《德礼之间》有点了解，就很清楚，这段时期叫"德的时代"。"德"是前哲学时期唯一的主题，没有第二个问题能跟它相提并论。所有的问题都聚焦于"德"来讲，讲政治、讲伦理、讲宗教、讲氏族，都是如此。我们会发现，《老子》里面也在讲"德"，但是问题的关键在于，老子讲"德"非常独特，与西周以来讲的"德"不同。老子讲"德"，是通过"玄德"来讲，而"玄德"亘古未有。之前讲的"德"叫"明德"，跟"玄德"形成一个强烈的对比。什么是"玄德"？比如老子讲"生而不有，为而不恃，长而不宰"，这些观念在之前史料中没有任何头绪，是开创性的。

简单总结，《道德经》的主旨可以概括为"道德之意"，"道""德"这两个概念体现了哲学突破，标志着中国哲学的开端。这是我们对《老子》一书性质与意义的分析。

我们也知道，道家哲学在魏晋以后，被概括成"自然无为"。一直到了近现代，学者们也认为道家哲学的主旨是"自然无为"。但是经过刚才的梳理，我们会知道，"自然无为"不太确切，要从"道德之意"开始讲。"自然无为"在道家哲学里面是不是概括性的意义？的确如此，只不过我们进一步分析会发现，"自然"和"无为"其实都是从属于"道"和"德"这两个概念之下的问题。

下面我们讨论，"自然"的第一次出现，也是在《老子》书中。"自然"的意思是什么？可以说是自己而然、本来如此的状态，如其所是的样子。进一步分析，就会发现，它是将自身作为自身的目的、将自身作为自己的原因。这几层意思都有，跟我们今天讲的大自然有点差别。"自然"的观念也非常重要，刘笑敢先生说，老子开始的道家哲学，最重要的概念就是"自然"。我们不轻易接受这种观点，但是"自然"这个概念的确很重要，我们要怎么来估计它？

通过什么方式来分析"自然"，是一个值得我们考虑的问题。在《道德经》里面，你要是查找几处"自然"，其实找不出来几处，四五处而已。再加上一些旁涉的，比如"自生""自化""自朴"，诸如此类，好像跟"自"有点关系，实际上没有什么太大的关系，你找不出来太多史料。你说"道法自然"，怎么来研究？河上公注写成"道性自然"，是什么意思？是从物开始讲，还是从道开始讲？这都是问题，讨论起来比较复杂。

我们今天不走寻常路，其实是走一条更寻常的路。就是说，我们要从传统上"自然"和"无为"的关系上探讨它。而且我们稍微把它改变一下，就从"自然"和"无"的角度来看。这个"无"，既包括无为，又包括无物、无名、无欲等。在《老子》中"无"不是特别抽象，而是很具体的，无形、无名就是其最基本的内涵，接下来的无物、无为、无欲之类，这些都可以视为"无"的各种各样的表现。"自然"必须和"无"结合起来，是什么意思呢？它们正好是对偶的概念。我们知道，我们无论研究数学也好，研究哲学也好，一旦两个东西是成对出现的，我们就不能只摁住一个讲，抛开另外一个，一定要把它们结合起来。《老子》作为哲学著作，体现了一种非常强的意识，就是一定要从两者之间的关系来讨论。

二、自然的意义

我们先讲一讲"自然"的意义。首先，"自然"不是一开始就有的，"自然"概念的出现，在哲学中具有非凡的意义，我们称之为"自然的发现"。我们很愿意和古希腊哲学做一个比较。前苏格拉底时期的哲学家，都被称之为自然哲学家，他们的著作也被称为"论自然"，他们的核心概念就是"自然"。所以在古希腊哲学中，"自然"概念之前也没有，在进入哲学思考的大门的时候才开始出现。那么它的意义在哪里？有了"自然"的概念，面对宇宙万物的运行规律，我们可以从它自身找到原因，而不需要从别的地方找原因，比如说上帝的旨意，或者神在背后推动。有了"自然"观念，就不需要神了，而是从事物本身发掘原因。所以说"自然"概念很重要，在《老子》书中基本上看不到什么造物主、鬼神对我们施加影响，这些东西都荡涤一空。而在《老子》之前的各种各样的史料中，鬼神屡见不鲜，一到《老子》好像瞬间蒸发了，原因在哪里？那就是"自然"的发现。

其次，一个很有意思的现象，从《道德经》开始，道家思想里面没有废物的观念，道家哲人从来不认为某个东西是废物、垃圾，而认为所有的存在都有自己的合理性，这也是跟自然观念有关。既然所有东西都有自己的合理性，那么它就不是废物；人们所说"有用""无用"是从人的角度下的判断，从事物本身来看，无所谓"有用""无用"。《庄子·逍遥游》提到一个大葫芦，惠施说它没有用，因为它不能用来盛水。但是庄子就反驳说：不能用来盛水，难道就没有别的用处吗？我把葫芦拴在腰上，跳到河里，就可以把我送到河对岸去，这不是无用之大用吗？看起来庄子像是诡辩，其实他讲的是，任何一个东西，你认为它没有用，但是从另外一个角度讲，它是有用的，不是废物。比如有棵树长歪了，做不了家具，没有用，但这是从人的视角来分析的，对于树来讲，为什么一定要为人所用呢？这和树本身的目的与价值是两回事。《庄子》里有一个故事：一棵树长得根本不成材，正好没有人去砍伐它，自己长得挺茂盛，终其天年。大家注意，废物、垃圾都是文明社会里面产生的，城市里面才能产生垃圾，自然过程里面没有垃圾。你说那些鸟屎、牛粪是垃圾，但它们也是肥料。所以说有用没用，资源还是垃圾，是以人类社会为中心的角度来判断的；从自然角度看，没有废物，所有东西都有存在的合理性，都有它的价值。

最后，"自然"有很强的实存意义。道家讲"无"，和佛教里面讲的虚无，不太一样。道家讲"无"是跟"有"构成反对，道家致力于反思和批判现实社会，但是从来不否认现实世界的真实存在。儒家也是一样，从来不怀疑世界的实在性。这个跟佛教不一样，佛教认为世间万物是缘起，本质上是空的。这种想法刚来到中国时，大家非常陌生，六家七宗对"空"的解说五花八门。道家、儒家从来没有这种虚无主义，也不认为世间万物是虚幻的，也就避免了陷入怀疑论和虚无主义当中。《庄子·天道》里面讲："天德而出宁，日月照而四时行，若昼夜之有经，云行而雨施矣。"这段话如果我没有提示出自《庄子》，大家是不是觉得出现在儒家经典里面照样合适？一讲天道，都是有规律的，日月运行，四季循环，真实不虚，从来不需要质疑。到了程颐、朱熹、阳明，讲不要强生事，非要把脑子里面的东西放到自然世界里，会倒腾出很多没有必要的东西。总结一下，这些观念都是围绕着自然展开的，都是自然的意义。

三、自然与无

（一）自然与无物

自然和物有着千丝万缕的联系。我们可以这样讲，从老子开始，道家系统里面讲自然，都讲的是物。包括"道法自然"，首先是要讲物。有些人还不服气，我建议大家参考一下王中江教授写的《道与事物的自然：老子"道法自然"实义考论》这篇文章。这篇文章澄清了一个很重要的问题：讲自然的时候，首先讲的是物。光讲物还不足以显示出道家哲学的深刻性，必须要结合无来讲，称为"无物"。我们把物跟无物结合起来讲，这才是我们要讨论的要点。物就是有，无物就是无，怎么能结合起来？

我们先给大家要分析一下"自然"的概念。"自然"当然是"自"和"然"两个字结合起来的。我们知道，"然"这个字眼，讲的是状态，为什么强调它是状态？就是因为它不是实体。大家注意，状态与实体是两码事。比如说"恍惚"是状态，用"恍惚"来诠释"道"的话，那么"道"就不是实体。以往的哲学研究，容易把

"道"当作本体，而本体中总有实体的影子。亚里士多德讲 physis 就很明显带有实体的意味，但是我们讲的"自然"并非如此。"自"这个字，从字形看跟鼻子有关，表明了一种反身的关系，返回自身，而不是别的东西。任何一个物的自然，都是通过返回到物本身来进行思考，这种反身性是很重要的。我们研究早期哲学发现，一旦具有了反身的关系，一定是落在反思的层次里，是在第二阶的思考中才有可能出现的。那么反身的概念有什么意思呢？它实际上是很抽象的，没有实指性，讲的其实是一种关系。

接下来，我们通过思想史线索的梳理，帮助大家理解，我们在谈论物的自然的时候，到底在说些什么。我们知道，最初步的对于物的思考，是通过物的形色。我们在所有的思想系统里面，都发现这个端倪。物都是有形有色的，这两个性质可以被提取出来，作为我们认识物的切入点。古代哲学经常用"形"来代替"物"。同时，有了形色，我们也就可以对物进行简单的分类。这是第一步，通过形色来思考物的规律。

第二步是非常重要的一步，我们研究的还不够，就是直接通过抽象的"性"。形色刻画得再惟妙惟肖，也只不过是一些具体的、外在的描摹而已。总有一些看不见、摸不着的属性存在于事物之内，于是启用抽象的"性"的概念，鸡有鸡的性，马有马的性，牛有牛的性，通过抽象的性质来把握各种各样的物类特点。早期的"性"有很强的类属特点，可以对万物进行更抽象的分类。比如说汉字中的植物，乔木都有木字旁，草本都有草字头。通过这些类、性来认识物，这是早期思想史的又一个阶段。

按照这个进程，再进一步看，自然其实是一种很特殊的性，其特殊性就在于它的反身性。牛有牛的自然，马有马的自然，牛马之性不同，但是它们的自然是一样的。我们探寻"性"的时候，要看成各种各样的物性，物性可以分成各种各样的类别，但是它们有一种共同的性质叫自然。"自然"被视为一种最普遍、最抽象的物的性质。这时，我们看到了这样一条线索：思考物，从具体的形色，到比较抽象的物性，再到具有反身性质的自然，完成了几个跳跃。古代史料不会直接告诉你这些跳跃，但是我们经过分析，我们会发现一定是这样的，而且绝对不会倒过来。思想史、哲学史的逻辑，投射到历史中，是永远不可能倒置的。

综合以上几点可知，自然的概念讲的是物，进一步说，它是对物的概念的辩护。也就是我们刚才强调的，在中国哲学里面，从来不否认天地万物的存在，从来不怀疑我们看得见、摸得着的所有东西的实在性。如果我们探寻这个信念背后有什么理论根据的话，不是别的，就是自然的概念。自然概念是对天地万物实在性的最强有力的辩护。

刚才我们提到，自然具有抽象的性质，在这种抽象的性质里面，我们其实已经看不到物了。自然指的不是任何一个实体，也不是形色等属性，比一般的物性更加抽象，这就是一种特殊的"无"。自然是看不见摸不着的，它是"无"的一种。同时，它也是"有"，因为它讲的是实在的物，我们也可以说，自然概念是最坚不可摧的"有"，是"有"的最高形式。而"有"与"无"，正如我们之前提到，必须联系起来一起讨论。通过"自然"概念，我们会看到，最高形式的"有"会和"无"结合在一起。如果说"有"是一种物的抽象表达，"无"往往被用来诠释"道"，那么"道""物"的关系就呈现为"有""无"的关系，进一步讲，就是自然和无物之间的关系。

（二）自然与无名

接下来讲第二个问题，自然和无名的关系。自然，我们说自己而然，或者如其所是，事物的本然，或者说自己作为自己的原因，这几个意思都有。但是自然还有一个非常重要的特性，我们参照《老子》里面讲的素朴来看。素和朴是什么意思？素是布的原样，不需要人在上面绣一朵花，或者染上一些其他颜色，那就不叫素了。朴是树本身的样子，要是把树锯下来，做成桌子，那就叫器了，"朴散则为器"。我们会看到，素朴是很理想的概念，因为我们在人文世界看到的实际上都是器。我们西北大学的院子里面的每一棵树，都被修整过，都不是朴。

非但如此，当你在谈论素朴的时候，素朴就已经不是素朴了。比如说，你看到那有棵树，树进入了我们思想的世界，我们用名相附加于它，然后对它进行思考和言说，这时树已经不是树本身了。这种意义上的素朴或者自然，是排斥名的。名言思想中的存在，与原本自在的存在之间有个裂隙，不能完全吻合。通过名来言说和思考的，都已经不是自然了。

所以说素、朴、自然，作为一种名，本身是不得已而为之，仅仅具有标记作用。像道一样，《老子》讲，道本来不可名，只不过强为之名，要不然无法传达。"强为之名"是说，对它进行一个标记，仅此而已，是名的最弱形式。如果没有这个标记，我们不能思考它。但是这样一个标记，与命名的规律不同，命名隐含了一套逻辑的、思想的结构，名必须被安置在这个结构里面，但是道不会出现在其中任何一个位置。自然也是这样，所以说自然和无名息息相关。这是我们要说的第二个问题，实际上这个问题的脉络可能会更加复杂，我们把它简化了一下。

（三）自然与无为

第三个问题更加重要，就是自然和无为的关系。自然和无为有什么样的关系？如果我们从人性论，以及其他各种各样更广阔的角度来谈论自然，会看到一些复杂的脉络。

我们先讨论老庄时期的道家哲学关于人性的思考。之前中国哲学研究的前辈已经明确了，道家是通过自然来讲论人性，自然人性论是道家人性论的显著特征。但还是留下来很多疑问，如果说按照自然的概念来讲人性，那么什么是自然呢？我们知道，《老子》里面讲的素朴、婴儿，都是从自然的角度讲物性或者人性的。在《庄子》里面也讲，牛马四足，吃草饮水，说这就是马的真性。这些都是从自然的角度讲的。但是问题在于，如果说道家讲人性或者说更普遍的物性，仅仅从自然角度讲，是不是已经把它穷尽了？如果没有穷尽，会有什么后果？

我们举个例子，郭象讲"独化"，实际上是自然的极端表达。"独化"的意思是，任何物都是一种"化"，而且这个"化"是单独的，所谓"自生""自化"，不需要别的东西来作为它的原因，处在因果链条之外。郭象讲"独化"是自然概念的极端化。我们为什么说它是极端化呢？不妨从郭象和支遁的讨论分析一下。郭象以"适性"解释"逍遥"，实现自然的性分，就是逍遥。虽然说性分有大有小，鲲鹏很大，斥鷃很小；圣人很高明，我们平常人挺愚昧，这都没有关系，我们性分都一样。只要你能自适其性，"逍遥一也"。不管是鲲鹏还是斥鷃，不管是圣人还是王八蛋，都达到了同样的逍遥境界。郭象"独化"的理论，虽然有点偏激，但是讲的前后没有什么矛盾。但支遁说，这样解释"逍遥"不对。因为如果这样的话，那些不可救药的坏人，像桀纣那样，如果让他自适其性，别人倒霉了，他倒是逍遥了，我们不逍遥了。怎么办呢？

这时，我们要分析中间的矛盾。支遁看得非常明白，他说，"逍遥"讲的是至人之心。但是支遁发现了问题，如果完全按照自然来讲，人总有各种情欲，要吃香的、喝辣的，想在社会生活中占点便宜，这是普遍的。人们都认为多了就是好的，不像道家说少了才是好的，或者没有才是好的，大家都想多吃多占。这些在社会生活中很正常，同时也是与生俱来的，不能被排除在自然概念之外。但是如果让这种情欲没有任何节制、自由发挥，那就麻烦了。所以支遁讲至人之心，至人之心里面其实是一种无欲。这时，我们就会发现自然与无欲之间有一个很大的张力，这个张力是我们进一步思考这个问题的出发点。从自然概念的这样一套思想逻辑往下讲，不能排除欲，反而会论证一切欲都是合理的。思想史上这种翻来覆去的翻烙饼的例子太多了，我们在此就不旁设那么多的线索。如果任由欲泛滥的话，那么道家哲学就不叫道家哲学，就变成杨朱的哲学。杨朱的哲学才把欲发挥到了极端。我们的前辈冯友兰先生经常讲，杨朱是道家的先驱。我们经过研究之后，认为冯先生说得不准确，根本是两码事。杨朱讲，欲必须要实现，看见好吃的、好看的，统统拿回家去，把它占有了；而且马上要享受，因为我们活不了几天，快活只是一瞬间。杨朱讲的跟道家根本没有关系。所以我们知道，冯先生当年只是看到表面的相似，说杨朱和道家都"重生"，但是没看到"重生"也有取舍之不同。

回到我们刚才讨论的，单从"自然"这条线，不能排除也不能节制欲。如果让欲毫无限制地发挥，那么任何一个社会，任何一个共同体，都不可能凝聚起来，大家肯定都互为寇仇。关键在于什么地方？从《老子》开始强调无欲，"朴散则为器"，接下来讲"化而欲作"，在社会生活当中，欲会涌现，需要"镇之以无名之朴"，就是用无欲来节制它，形成一个关系。这个关系可以说是欲和无欲的关系，也可以看成是自然和无为的关系，也就是有和无的关系。欲跟无欲之间有这样的关系，从这个关系及其平衡性的角度，来分析问题，是道家哲学的正解，其他都是偏失。郭象就按下无欲不表，光讲独化，也就是光讲自然，是一种极端。从老子开始讲的自然与无欲，虽然表述不清晰，但是我们用理论分析的方法，使它变得清楚一点。欲本身有局部的合理性，或者说从自然角度讲，有它的合理性；但欲的泛滥，就破坏了我们人与人之间的联系，因此需要通过无欲来节制。道家哲学善于在这样一种张力中思考问题。

我们想给大家补充一点，"无欲"在道家哲学里面，不见得是消灭所有欲望。很多人望文生义，好像"无欲"是把"欲"都去掉了，自然的东西被阉割了，不是这个意思。我们之前说，"无"的意思不是说把什么东西都弄没有了，而是一种哲学上的否定。"无欲"是说欲不具备最高的价值，可能只具备局部的价值。换一句话讲，"无欲"观念的中心意思，是我们要从贪欲横流的状态下解脱出来，人不要被欲控制，而是要反过来控制它，这才是"无欲"真正的意义。所以说，它不是要否定一切自然意义上的欲，而是要在另外一个层次上，与自然意义上的欲形成一种辩证关系。我们宁愿把这一部分讲得稍微复杂一点，也不能把道家哲学的精髓庸俗化。我们就按如其所是地讲，就是这样一个关系。

我们通过从无物、无名、无为（或者无欲）这三个方面，阐述"自然"与"无"的关系，才能逐渐看到道家讲自然概念及其理论，是非常系统而深刻的。

四、自然与 Physis

下面，我们通过与西方哲学的比较会通，进一步讨论一下，中国哲学中自然概念的意义。

我们知道，在古希腊时期，自然哲学家讨论的自然，就是物理。Physis 也是物理学的词源，我们翻译成自然，我觉得是很有意义的。在苏格拉底之前的哲学家，像泰勒斯，甚至于更早一点，像荷马史诗中的 physis，意思其实就是物。荷马的诗篇里面讲，一个神从地上拔下了一棵草，给别人看，说你看，这就是草的自然。就算是神，也改变不了这个自然。这是一种很强的表达，本身就是如此。我想在座的师友不少是研究佛学的，佛学里面的真如、如性，为什么不翻译成自然？"真如"翻译成"本无"，没有翻译成"自然"。这一定是有原因的，留给大家来思考。

回到与古希腊哲学的比较。前苏格拉底时期的哲学家认为，出于"自然"和出于目的，两者是一种对峙的关系。"自然"本身没有目的，"自然"观念里面不包含目的。甚至于在中国早期哲学讨论"自然"的时候，连因果关系都去掉。所以，"自然"与目的之间存在矛盾。在前苏格拉底时期，哲学家们讨论 Physis 的时候，与道家哲学讨论的"自然"，基本上如出一辙。但是我们会发现，接下来情况就变得复杂了。苏格拉底、柏拉图和亚里士多德，被称为古希腊哲学三圣，他们围绕"自然"与目的有了一些新的思考，他们认为，光讲"自然"，不能使我们的生活变得越来越好，找不到什么方向。因此，要讲目的。我们会发现，在这个时期，目的成了第一性的概念，而"自然"下降了一个档次。什么能指引我们前进的方向？能具体地体现为目的因？那就是上帝了。所以说从苏格拉底开始，古希腊哲学不可逆转地要进行神学化，就是因为他们要探寻目的，找到那样一个方向。这样一来，"自然"观念就被掏空了，变成第二性的了。西方哲学的整个趋势都是如此，像新柏拉图主义，到中世纪，一直到后来，都是这样的。到了近现代，西方世界里面开始有各种各样的反动，反对这些神学观念，要重新回到"自然"那样一种东西，但是历史命运已然改变了。在前苏格拉底时期，自然观念绝对是中心；经过所谓"古希腊哲学的黄金时期"的这一操作，自然下降了，变成了被动的、对象化的东西。那么什么是主动的，或者说第一因的东西呢？就是上帝。上帝是作为目的、作为原因，特别是终极原因而设的。所以说西方人讲自然法非常滑稽，说摩西从山上扛下来几块石板，上面写的叫自然法，这和我们道家哲学讲的"自然"，根本不是一回事儿。

目的取代"自然"所造成的后果，不仅使得西方哲学必然地要和神学合流，趋向于神学，另外也带来一个很严重的后果。我们知道，近代科学的兴起，跟它是一套东西。自然观念的深邃意义被掏空之后，就出现了我们今天讲的"大自然"，这个大自然指的是我们外部世界，是有待于我们攫取、征服、改造的对象。我们把地表撕开，挖出里面的石油煤炭，为城市运转提供能量。这样，就把自然看作有用的资源，是对象化的、被动的东西。

以西方文化的发展态势，反过来衡量中国传统的话，我们会发现中国哲学的自然传统从来没有失落，一直顽强地保持。自然有生生不息的力量，而且十分广阔。由于自然的过程，我们和外部世界，就会联系成一个整体。我们现在进入了城市生活之后，实际上城市生活是反自然的，公园里面造的都是假山，不是真山真水。城市里面长大的这些人，一直在城市里面待的人，他对自然是什么根本不知道，隔膜得很。身处这样一个现代社会，我们是不是需要思考，道家哲学中酝酿和发展的自然概念，有其独特的精神、不可替代的价值？世界本身的那个样子就是价值，而不是有待我们征服的对象，也不需要我们通过言说、分析把它呈现出来。而且，在自然过程中，我们每一个人和宇宙万物都能融为一体。

"自然"理论的细节，我们就不讨论了。大家有兴趣的话，在我刚开始提到两篇文章里面，有对这些问题的分析。我觉得通过"自然"概念，可以了解到我们中国哲学、中国文化走向一条路，而西方哲学、西方文化走向另外一条路。对于道家以外的自然传统，我们没有特别地阐述，实际上有很多。比如儒家《论语》讲"子在川上曰，逝者如斯夫"。这句话意味很多，但是首先有一点，讲的是自然是不可改变的，你只有赞叹它，没有别的讨论的余地。儒家的经典解释学中，也经常讲"鸢飞鱼跃"，越讲越面目全非了，和本义没有什么关系了。"鸢飞鱼跃"讲的核心是什么？其实讲的就是大自然的生机活力，这些东西我们不能质疑，它本身是真实的存在，我们无论如何都得承认它、接受它，然后想办法和它达成和谐的关系。再举一个例子，讲四时推移运转，比如说儒家经典里面《月令》有，《管子》里面也有，阴阳家里面也有，《吕氏春秋》里面也有，它本身是合理的，是天道的一种呈现方式。这个规律毋庸置疑，我们只能承认。这些自然观念为中国思想打上了深刻的烙印。我们不会狂妄到认为思想的东西才是真实的，与现实相比，思想永远等而下之；面对自然，言说不如沉默。我们这样来讨论，就给我们发掘和阐扬中国思想传统里面的"自然"，开辟更大的空间。

第十三讲　梦与化：庄子关于无限流变与永恒生命的思想*

［按语］庄子的梦既具消遣性也有深刻性，"梦"的主题与"化"的概念交织在一起，而"梦"与"化"都是庄子哲学思考的焦点之一。郑开教授从《庄子》文本及庄子个人的复杂性、《庄子》文本中所记载的"梦"切入，以"髑髅梦""梦中梦""蝴蝶梦""孟氏梦"等对《庄子》中"梦"的内涵、意义与价值作了精微的诠释。在对"化"的阐释上，郑开教授从"流变之化与永恒之不化"与"物化：审美之意味与永恒生命"两方面进行了深度论述。郑开教授指出，"物化"思想的根本意涵在于强调物与物之间的和谐与统一，在"物化"的精神与实践智慧中实现自我生命的永恒性。

---

　*　本文根据 2022 年 8 月 13 日贵阳孔学堂传统文化公益讲座录音整理。

　　道家哲学的宗旨没有别的，就叫道德之意，用"道德"这两个字就可以概括。我们对它的认识已经比较准确了。过去我们都以为儒家是讲道德的，但殊不知在历史上第一次道德联用，而且把道德作为自己思想核心的，就是《老子》。我们都知道，《老子》这本书就是《道德经》，它就是讲道德之意。整个道家思想，无论是老庄哲学还是范围特别广阔的黄老之学，用一句话来概括，就是道德之意，和儒家讲的仁义之意正好形成了对照。

　　我们知道，在历史发展的过程中，儒道两家经历了长期的对话跟切磋。儒家学者从三国中期以后就致力于在道德跟仁义之间画上等号，而且这个工作一直延续到今天。今天一讲道德好像是讲仁义道德，忘了其本源其实是从道家开始讲。所以说今天我们来到道德讲堂的总堂，我们要正本清源地讲。我觉得很有意义。

　　道家思想里面非常重要的一个哲人，就是庄子。庄子很有趣，当然，他也非常难理解。说他难理解，主要是因为他思想深邃，但他的文字又具有消遣性。他嬉笑怒骂无所不能，你不知道他说的哪一句话是正面的阐述，哪句话是打击、诋毁。历史上有很多读书人就喜欢读《庄子》，他们在很多文献里面留下了阅读心得，大家有时候觉得非常会心的一点就是读《庄子》读得很畅快，也很开脑洞，但读完之后一琢磨他讲了些啥，自己领会了些啥，就不太清楚，一头雾水。这基本上不是个案，大部分读《庄子》的人经验差不多都是这样的。

　　《庄子》是人世间的奇书，说它是奇书，我们又觉得有点意犹未尽，觉得还不足以概括它的独特性。我就想是不是可以把它看作宇宙间的奇书？我们也开一个脑洞，说它是宇宙间一个极其特殊的思想。为什么这样想呢？我们设想有一个外星人光临地球，它的智能可能比我们要高。你要是给它《论语》《孟子》这样的书，它一看里面那些忠孝仁义、慎终追远，我相信它没啥兴趣。因为我们知道，如果外星人来了，它穿越浩瀚广袤的宇宙抵达我们小小的星球，它看你的一些历史文献，肯定会觉得这些东西有另外的视野、另外的背景，这些观念所依据的传统宗法社会，它不了解，也不愿意了解。但你要是让它看《庄子》，《庄子》讲的这种虚空和妙悟之间的关系，讲濠梁之变里面的东西，一条游鱼的内在感受到底是什么，那就不一样了。它会在宇宙的视野里面看问题，我相信它一定会有这个兴趣。就是说从宇宙变迁、规律的神奇方面来看，道家哲学特别是庄子的一些思考，更具有宇宙意识。

一、梦的问题

今天我讲的"梦"与"化"也是在这样一个意识之下来讨论的问题。我简单地说一下，为什么要讨论《庄子》里面"梦"的问题。首先，我们知道《庄子》讲了不少的梦，这有一点点特殊，就是说从古代到近现代的哲学著作里面，儒家哲学讲梦的不是太多，像孔子梦见周公，有一个特殊的寓意：这是比喻性的，还是想说明啥问题？但我们发现《庄子》里面讲梦讲得很多，我估计最初《庄子》这本书里讲梦的地方会更多，因为《庄子》这本书在历史上经过一些改编、修订。最重要的一次改编发生在郭象的手里。郭象基本上把当时比较流行的 52 篇《庄子》的旧本改编成了今天流传的版本，我们今天所看到的《庄子》都是郭象的 33 篇本。那么 33 篇本跟 52

篇本的区别是什么，郭象在《庄子》的序言里说去掉了一些重复的东西。这合不合理我们现在没法对照，不能评论，但我们发现除了去掉重复的之外，郭象还把一些像《占梦书》《山海经》之类的内容去掉了。把类似于《山海经》的部分去掉，我觉得肯定是不合理的。因为我们发现《庄子》里讲的东西跟古代的神话素材有关，它有深刻的意义，比如"藐姑射之山有神人居焉"等，都跟《山海经》有点关系，我们一对照就会发现《庄子》讲的跟《山海经》之间有很大关联。它是把《山海经》作为一个素材，进一步添枝加叶，放上各种佐料，再炮制生发出一些新的意义和元素。所以郭象把类似《山海经》的东西去掉，我觉得是不合理的。但是他把一部分类似《占梦书》的内容——什么叫《占梦书》？就像周公解梦那样，你梦见一条蛇，起来之后找一个人，对这类梦进行解读。又比如像弗洛伊德这样一些经典文学家，你问他梦见蛇意味着啥，他会根据你早年的经历，跟你讲得天花乱坠的。这些东西都是郭象去掉的部分。

《占梦书》的内容，我们也可以通过《列子》这本书了解一个大概，因为历史上《庄子》跟《列子》这两本书有很密切的关系。《列子》里其实有一部分是《占梦书》的残余，说觉有八征，梦有六候，你梦见什么，就会对应着某种命运的暗示。但我们发现《庄子》里面没有讲这些内容，是不是郭象把它去掉了，还需要研究，但大概率是郭象觉得类似《占梦书》的一些内容不太顺眼，就去掉了。即便如此，我们仍然发现《庄子》里面讲梦的内容非常多，而且《庄子》讲梦跟我们文学家、诗人讲的梦还不太一样，我们发现他讲的是哲学意义上的，他把他要追问的真实世界通过梦呈现出来。

什么叫真实？我们看到山河大地，就传统的中国思想来讲，山河大地是稳固不变的。如果说我们认为它是虚幻的，那么你的脑子就有问题，这是传统的说法。但是换成佛教来讲，佛教的看法跟我们正好相反，认为山河大地是空的，就是有各种各样的缘起，我们之所以看着它是实的，是因为我们都有一个执念。如果我们讨论我们是不是真实的，世界是不是真实的，什么时候算是获得了那种真正的真实感，这就是一个典型的哲学问题。

近代哲学也在讨论这个问题，法国哲学家笛卡儿就专门讲了一个梦，讲梦为啥会这样。其实他就是以这个梦是不是真实的进行了思考。我们都知道，做梦的状态跟清醒的状态好像是两个世界两个不同的东西。你要是发生了错觉，我们是不是要提醒你一下？你是不是在做梦？就不应该醒一醒？但把梦作为一种普遍的意识和精神现象来看待的话，会发现我们都会做梦。谁不会做梦？我们几乎天天都会做梦，只不过是醒来之后记不得梦的内容了。这是很普遍的情况，不仅人会做梦，狗也会做梦，马也会做梦。比如一只狗趴着睡觉突然起来"汪汪"吠两下。为啥呢？它被噩梦惊醒。这种情况也会有的。

我们要讨论梦的时候，就会发现梦有很多神奇的地方。我们每天都在做梦。如果认为梦仅仅是一般的潜意识下的活动，起来之后忘了，我们会发现，你今天做的梦，过了几天之后还会接着做，像电视连续剧一样，一集一集地做，这种情况也有。做梦的时候也会进入另外一个梦境，很奇怪。

请大家注意一下这种现象，像这种潜意识活动或者说精神现象，既普遍又不可回避。我们凭什么说它是虚幻的？我们今天确立了一个想法，定下一个原则，说梦是虚幻的，以后不要相信梦里面的一切东西，为什么你能保证接下来就永远不做梦？没有那种可能性。首先我们要看到，梦作为一种精神现象不可回避，同时要进一步认识人的本质是什么。我们说人的本质可能是意识，那么意识的活动包括下意识的活动都是人的本质的一部分，你要是认识不到这一点，我想你对人性的了解，对人心灵不可测度的性质，不可能有一个更深刻的理解。

我们换一个话题来讲，比如现在人工智能很厉害，柯洁下围棋也下不过人工智能。我们调侃一下，说柯洁输了之后会哭，阿尔法狗赢了棋之后不会笑，为啥？就是这样的一个区别。我们进一步讲，阿尔法狗也好，或者说其他更高级的人工智能也好，能做梦吗？机器人能照顾机器人，但机器人不能做梦，人工智能不能获得王阳明讲的"良知"。请大家注意，这是一个问题，因为良知是属于人的一个本质，做梦也是人的意识活动的本质。这个本质我们现在还没有特别的了解，我们对它了解得太少。但我们发现古代的哲学家非常聪明，他用梦来说明一些问题。

在文学家笔下，他进入梦会构建一些艺术的表象，或者说世界，这些东西我们都是比较熟悉的了。《红楼梦》《爱丽丝漫游奇境》这些都是在梦中发生的故事，都是很难进入的，特别是爱丽丝这个故事，就是相当于进入另外一个世界。其实，文学所创造的世界，跟我们这个现实世界是不同的，虽然有联系，但并不是同一个世界。无论是诗人还是哲学家，他要讲有一个不同于现实世界、红尘滚滚的世界的另外一个世界的话，他用啥东西来表达？梦，它就是一个很好的素材。我们分析庄子讲的哲学的梦。为什么我们一定要从哲学的角度、思想世界的角度来分析《庄子》里面讲的梦？就是因为"梦"跟"化"是一体的，这两个主题非常重要。

二、化的问题

下面我给大家简单介绍一下《庄子》中的"化"这个特别重要的概念。

化，指的是变化。在庄子的时代，化的意思就是看起来不明显的变化。大人虎变①，翻了脸，或者说面目马上不一样了，本来是个正人君子，但突然变成了岳不群。像这种情况，表面上看起来没有变，但实际上无时无地都在变，这叫化。《庄子》里面讲的化为什么重要？我从哲学上来讲，首先我们考虑的自我本身和我们所身处其中的世界，都是由物组成的，满眼都是物，桌椅板凳、山河大地、日月星辰都可以理解为各种各样的物。

早期的思想是这样的，我们今天的想法也差不多，但古代的哲学家很早就发现所谓的物都是变的，天下没有不变的东西，哪个东西不变？也就是说凡是物，凡是有形的东西，都有一个变化的过程。既然说所有的物、大千世界里面林林总总的物，都是变的，用变来说它就好了，有什么不可以？完全可以。所以我们发现《庄子》里面讲的化，其实是物的代名词。所谓的万物，郭象解释《庄子》的时候说这就是万化之物，讲的就是世界上各种各样的物和生命变化的过程，涵盖一切物。万物指的是各种各样的品类，不同的品物；这个化，其实和它是等价的，就是这样一个情况。

化还有一个特点，就是变。物是有始有终的，有开始有结束，

---

① 大人虎变，比喻身居高位的人行动变化莫测。出自《周易·革》："大人虎变，未占有孚。"

沧海会变成桑田，桑田会变成沧海，泰山再高总有一天会沉到海底，喜马拉雅山再高——它原来是不是在海底下的？只要时间够长，就会变成沧海桑田。神奇会化为腐朽，腐朽会化为神奇。为什么？没有不变的东西。你看，凡事都是有始有终的。那么到了终，事物难道湮灭了吗？永远不存在了吗？不是这样的，事物的终点——每一个现实事物的终点不会湮灭。大千世界里面的任何一粒微尘，小到哪怕是原子、基本粒子，你都不能把它消灭。怎么会被消灭？你试试把它消灭给我看，消灭不了！为啥呢？就在于它是变的，它进一步地变，到了有始有终的终之后，它又进入一个新的阶段，这就叫作终者有始。

化是一个片段一个片段的，片段跟片段是连在一起的。我们讲了一个宇宙的过程，讲了我们人类历史的进程，包括人的生命本身，都经历着这样的过程。那么这些跟梦是啥关系？

上面简要概述了一下，下面给大家讲几个例子，通过《庄子》里面几个著名的梦的例子，来积累一点点经验，以便进一步讨论庄子关于化的思想。

三、髑髅梦

第一个梦叫"髑髅梦"。髑髅就是骷髅的意思，人死了以后光剩下一具枯骨，也就是髑髅。《庄子》里面有这样一个故事，说庄子到楚国去旅行——是不是去到了楚国，我们不清楚，但是我们知道，战国年间，楚国的地盘离庄子的故里应该不是特别远，但我们没有特别多的史料来佐证。我们就把它当成一个故事看，说庄子之楚，在道旁看见一个空髑髅，髐然有形——形状大概还能看得出来，他就拿马锤敲它，因为他感到比较奇怪。古代除非发生很大的饥荒和战乱，才能在路边看到尸体，一般情况下，大家都会把它掩埋的，不是说古人以入土为安，而是说把死人扔在那个地方是对死者不尊重，对生者没有好处，因为可能会发生疫病。所以说有一个髑髅在道旁他觉得很奇怪，于是庄子就询问：您老人家是因为贪生失理落到这个下场的吗？或者说有亡国之事、斧钺之诛，落到这个下场的吗？或者说你有不善之行，愧遗父母妻子之丑，做了很多对不起家里人的事以致落到这个下场？他说着说着就累了，说完以后就靠着髑髅睡着了。

半夜时分髑髅出现在庄子的梦里面，它说：白天你说的那些话好像一个辩士。这是说庄子属于那种特别聪明、能言善辩的人。辩士在先秦时期主要是指特别擅长于辨别名位之事的人，后来称之为名家。髑髅说：你讲的听起来好像头头是道，但你说的那些东西都是生人之累——活着的人的负担，死了以后没有这些，什么君臣上下，什么父母子孙，都没有了，要不要我跟你讲一讲死的好处是什么，我作为一个死者，死了以后我高兴快活的是些什么。庄子说愿闻其详。

"死，无君于上，无臣于下"。我们知道，古代的社会关系或者政治关系里最重要的一点是君臣关系，今天也是一样的，我们都有领导，不管你是多大的领导，总有人领导你。一般人都是有领导的，都是处在这个关系中。我们知道，有一些人在君臣关系里面如鱼得水，但对于很多人来讲很有压迫感，不适应这种关系。领导的意志跟你的想法相反，就比较痛苦。但死了以后就没有这样的问题，"也无四时之事，从然以天地为春秋，虽南面王乐，不能过也"，就是说人生能得到实现的最高体现，差不多就是南面王乐，即使这样也没有我快乐，因此死了以后的快乐比让我当君王还要多。

庄子不信，说：我找阎王爷司命，请阎王爷来恢复你人的形体，把你骨肉肌肤重新安上去，然后让你返回到你的社会关系当中。人死了以后没有知觉。有知觉没知觉，这是很重要的，有很多人怕死，就是怕自己没有知觉。现在让你有知觉，咋样？干不干？髑髅皱着眉头讲，几乎就哭了，说"吾安能弃南面王乐而复为人间之劳乎"——我怎么能反着重新去感受人间的疾苦呢？

这是我今天讲的第一个梦。这个梦里面讲了一个生死问题，我们传统的观念里都会说"好死不如赖活"，反正活着总比死了强，这是常识观念。但在《庄子》里面我们发现他提出了一个相反的问题，即有的人活着生不如死，活着更痛苦。梵高就说，对于他自己来讲活着比死去更加艰难。很多人是不是像梵高一样的处境？但梵高说：但是我仍然选择生活。他是有他的理由的。很多人可能不是像梵高那样判断的，梵高是要从事不朽的事，他要创作艺术作品，但对于普通人来讲那就不一定了。所以这个时候我们发现《庄子》在这里面提了一个问题，即生跟死是两个世界，凭什么说死了以后那个世界是万劫不复的，是不值得过的？能不能反过来想一想？每个人都有自己的判断，但他能提出这个问题，是不是也让我们抖了一抖，让我们正确地或者正面地看待他提出的这个问题。

他在这个故事里还有一条线是讲梦跟觉的关系。醒觉跟梦寐是两个不同的状态，庄子在这个故事里巧妙地把这两个元素放在一起来处理，我们就有理由进一步推敲庄子要通过生与死来讲梦跟觉，他讲到我们生活或者生命的状态和另外一个状态中间的转化。梦醒了，那是觉，劳动了一天，回去又继续做梦，继续睡一觉。在梦寐当中，我们会继续做天马行空的梦。那么问题在于，他把生死的问题嵌套在这里，跟它相提并论，我们说这隐含了一个意思，就是说我们平常人认为生就是生，死就是进入另外一个世界了，生跟死之间可能是阴阳两隔，永远没有任何的关系了。为什么没有关系？我们发现他把生和死、梦跟觉当作两种不同的生命阶段，或者说不同的状态。

说到这里，难道是我们对《庄子》里的这个故事解释得有点过度了吗？或者说完全是按照我们现代人的理解，附加了很多我们自己的东西在庄子身上。当然，这个问题我们是有考虑的。为什么会得出这样一个结论？下面我们继续讨论几个梦。

四、梦中梦

第二个梦是"梦中梦"。梦中的梦，其实我们平常做梦的过程当中也有这样的经验，我不知道大家有没有这样一种清晰的记忆，反正就我个人的经验来说梦中梦其实是屡见不鲜的。

我们看一下这个故事里面讲的是啥。有个叫骊姬的，是骊戎之女，骊戎被晋献公打败，于是骊戎求和，将骊姬与其妹少姬献给晋献公。一开始她要嫁到晋国的时候，感叹自己不幸的命运，哭得很厉害，但是到了晋国的王宫之后，跟晋侯在一起生活，吃香的喝辣的，就不再悔恨来到晋国。接下来庄子说：既然是这样，你没嫁的时候哭，嫁过去之后高兴还来不及，"予恶乎知夫死者不悔其始之蕲生乎"？就是说我们都不愿意死，拼命地想着活下来，但是死了以后的境况比活着还要好的时候，为啥要死乞白赖地活下去，那不是很可笑吗？他讲这是对这种价值观的背叛，价值观是不一样的。

　　接下来又开始讲这个梦。"梦饮酒者，旦而哭泣"，梦里面就应该哭泣，起来之后啥也没了，好吃好喝的都不见了；"梦哭泣者，旦而田猎"，梦里面遇上不高兴的事情，但早上一起来他高兴了，然后到田野里撒欢打猎去了。接下来他就讲了一个梦，这个"方其梦也，不知其梦也"，说的是一个真理。为什么是真理？就是说他在梦里面也打不过梦的逻辑，你在梦里面能知道梦的逻辑吗？我们在梦里面觉得怎么这么奇怪，死去的亲人又跟我们说话什么的，或者有一些莫名其妙的事情发生，你那个时候怀疑或者说质疑，但你会打破什么？要打破的时候，梦都醒了。小孩子就总是这样，梦见到处找厕所找不着，等到他醒了，不是尿床了，就是没有穿衣服，只有醒了才能打破梦。你在梦里面不知道，梦中又暂停了，就是梦里面还有一个梦。"觉而后知其梦"，就是说梦里面还会继续地做梦，还会一层一层地做下去。于是他就"且有大觉，而后知此其大梦也"。这是啥意思呢？就是说梦里面有梦，第二个梦里面还有梦，这就相当于可以有无限的嵌套行为。这个梦总有醒的时候，醒了之后，你觉得这是"觉"了，但殊不知你所谓的"觉"也有可能是梦里面醒的。《庄子》讲的就是这个道理，你以为现在是"梦"，但一掐大腿，疼了，是"觉"。但从另外一个意义上来讲，也是一个"梦"，要经过一个更大的"觉"。

　　在这里，我们发现《庄子》讲了这么一个观点：梦里面有梦，觉之后还有觉，梦可以在梦的深处不断地梦，觉也可以觉后再进一步地觉，你也可以向梦中觉的两边不断地推展。这样一个东西是一个思想的游戏吗？不是。我们的生活其实就是这样的，如果说梦是我们的生活状态，觉是另外一个状态，它们互相转化，无穷无尽。这又回到我们刚才讲的"梦中梦"和"觉后觉"这样一种想法，以及"化"的"有始有终"这些变化。这种情况需要万世之后遇到一个大圣，就是最聪明的人才能解开——普通人不行，普通人要不就是一直在梦里，或者虽然是在醒里面，但还没有觉，后面还有一个更大的境界。如果跟前面的联系起来，发现他讲的是一套东西。我就不过度解释了。

五、蝴蝶梦

第三个梦，我们讨论一下著名的"庄周梦蝶"寓言，即"蝴蝶梦"。我们先看一看他是怎么讲的。"昔者庄周梦为胡蝶"，在梦中他不知其梦，他"栩栩然胡蝶也"，就像一只真的蝴蝶一样，跟一般的蝴蝶没什么两样，"自喻适志与"。此时他"不知周"了——不知道自己是谁。在这个时候他突然醒了，醒了以后想自己还是不是庄周，一掐大腿还在疼，而且还有个印子，"则蘧蘧然周也"，还是庄周。接下来他说，我刚才在梦中化为蝴蝶了，"梦为胡蝶"，梦境中的庄周是蝴蝶，那么现在的庄周是什么？根据上一个梦中梦的问题，现在的庄周有可能是蝴蝶的梦。庄周可以梦为蝴蝶，蝴蝶也可以梦为庄周。也就是说我们，包括庄子本人，所身处的世界也可能是一个有点像"盗梦空间"的地方。到底哪个是真实，这是一个很哲学的问题。你别以为梦里面就不是真实，现在我们认为的真实世界说不定也是虚幻的——佛教是不是就认为我们生活的自我世界是虚幻的？

接下来他说，"周与胡蝶，则必有分"——"我"与蝴蝶肯定是有区别的。"我"是长一个脑袋两只胳膊的人，而蝴蝶是有翅膀的，物种不一样，形态、重量也不同，各方面都不一样，肯定有区别，但为什么能在梦境当中互相转化？如果说我们要思考什么叫真实感的话，"为什么"是重要的问题。

接下来说"此之谓物化"。这个地方的物化是讲物之间的相互转化，即任何东西都可以转化成其他的。但我们发现这句话跟前面那句话好像没有直接的关系，像是有一个跳跃。凡是出现这种情况的时候，大家一定要注意，如果我们读一点点古代的文学、史料，特别是一些哲学文本的时候，会发现这种文义有跳跃的地方，一定是有道理的。这个道理我们要讨论，但今天没有时间去分析。我们今天来理解蝴蝶梦，有一个方法，而不是说像其他人一样，把这个故事给大家讲一讲就结束了。这个梦的含义究竟是什么，如何真正把握它的真谛，它思想的深刻性究竟体现在什么地方？一个方法是根据我们前面的分析，把它们联系起来；另外一个方法是要注意上下文之间的关系。

庄周梦蝶这个故事出现的文本语境，是在《齐物论》的最后一段。我们知道，《齐物论》一开始讲"吾丧我"，就是说"我"把"自己"丧失掉了，前面的"吾"作为真正的"我"，"我"把自己那样一种偶然的属性、次要的东西都给去掉。每一个人都会对真正的我做一个价值判断，哪些是重要的，哪些是次要的。比如我们可能有各种各样的头衔，各种各样的社会角色，但我们知道这里面有轻有重。比如我说我有多少钱多少套房子，这个对我来讲重要吗？对于有的人来讲，他精神的追求比你的财富能力、老婆漂亮不漂亮更加重要，那些东西都是它的属性，但那些属性可以当作"我"的成分。

　　我们每一个人都要像《齐物论》一样，做出一个价值判断，你要真正实现的追寻的是哪一个"我"？《齐物论》论证的就是这样的问题。《齐物论》论证这个问题一直到快要结束的时候，讲了一个"罔两问景"的故事。"景"就是影子，"罔两"就是影子的影子。罔两问影子说：影子跟着人走，人站起来了，影子也站起来，人坐下来，影子也坐下来，你怎么没有自己独立的"特操"，你能不能自己独立于人的行为自己走？然后影子就说了一套。这些东西我就不解释了。不管他说得怎样复杂，其实就讲了一个"吾待"的道理，就是说我们每一个人都是自由的，自由是人的一种本性。用庄子的话来讲，这个自由就是去掉"吾待"的东西，我们要依据某种东西来说明真我的价值的话，那都不叫什么价值。你说我爹是谁？他很有钱，跟你有关系吗？没关系。你有待于用这个东西来说明你的地位跟价值，那是无意义的。所以就人的自由状态来讲，人不依靠任何东西，人自立于天地之间，自身独特的价值就凸显了出来。《齐物论》通篇的主题讲的就是这样一个事情。从"吾丧我"开始到罔两问景，《齐物论》没有在这个地方结束，后面加了一个庄子的结论，这样做肯定有深刻的意义。那么这个意义是什么呢？如果说从"吾丧我"到"吾待"，讲的是个人的自由，强调个人自由，我们就按照这个逻辑强调它的话，我们要钻牛角尖，就强调人是自由的，自由是不可以剥夺的，人不依赖于其他的东西，每个人是一个个体，跟其他人没有关系。我们不需要钱，不需要其他人的帮助，这种情况是不是更加麻烦？每个人都跟其他人没有任何联系了，就像郭象对《庄子》的解释，每个人都成一个"独化"了，独化跟其他的"化"

没有因果联系，他自身也不承认，就变成了一个自我满足、自我封闭的个体，这肯定跟我们现实的人生经验背道而驰，而且没有价值。每一个个体都是被孤立起来的，有价值吗？就是说要强调用物化来平衡它，要强调每一个个体跟其他的个体都有一种相互转化、相互联系的关系，是不是更加重要、更加不可或缺。在这个时候，我们就发现庄周梦蝶的故事出现在这个地方，它从"吾丧我"到"吾待"形成了很好的平衡。

第三种有一个很好的平衡感。同时我们也发现，"吾丧我"这个故事点出了梦和化之间的关系。如果一开始给大家这么讲梦和化，大家可能半信半疑，那么讲到这里，我们发现它的确就这么讲，不是说我故意这么讲。

六、孟氏梦

第四个梦，可能大家不太熟悉——"孟氏梦"。《庄子》里有一个颜回和仲尼的故事，话说孟孙才特别善于办丧事，但是他老母亲死了之后，他"哭泣无涕"，没有眼泪，好像没有什么悲伤的样子，服丧期间好像也没有古人所称的哀悔伤心。颜回说这不是名不副实吗？他以善于办丧事闻名，在我国称第一。颜回觉得很奇怪，就去问仲尼，仲尼说："孟孙氏不知所以生，不知所以死，不知就先，不知就后；若化为物，以待其所不知之化已乎！"我给大家解释一下，这个化还有一个意思，《老子》里面讲"我无为而民自化"，那个"自化"就是老百姓自己料理自己生活的意思。

接下来他又讲了一大套关于化的意思，又讲了梦跟觉的关系，我就不一一讲解了。在这里，我们明白最重要的一个点就可以了。在这里你会发现他把梦、觉、化和更进一步的化等联系起来，我们通过这样一种梳理和分析，把它的情况简单介绍了一下，并且把梦和化这两个问题联系在一起来讨论。下面我就概括性地讲一讲化的几个问题。

七、流变之化与永恒之不化

我们知道，"化"是一个无穷无尽的东西，万事万物都处在化当中，包括我们个体的生命，也属于化的范畴。每一个化都是一个片段一个片段的，然后通过化把一个个片段联系在一起。万事万物，指的是无限的多。品物流行的"品"，三个小口，指的是多的意思。这些东西在不停地流转，是无穷无尽的。庄子没有直接讲无穷，但我们为什么说它是无穷呢？应该说庄子是人类历史上，包括古希腊哲学史、中国哲学史和印度哲学史上，比较早的明确讲无穷的。在历史上，我们还没有完全掌握这个观念的起源，但我们知道庄子是比较明确地讲了，这是一个很重要的问题。我们知道，讨论无穷是非常困难的，现代数学讲无穷集合是非常难的。康托尔研究无穷集合，人类历史上很少有康托尔这么聪明的人，但他最后神经失常，我觉得他应该是用脑过度。

中国古代的哲学家庄子思考无穷有一个很巧妙的方法。这个巧妙的方法是什么呢？他说万物"始卒若环"，从开始到结束就像一个环一样，也就是说一个个体的存在，有一个开始，结束的时候转化成另外一个新阶段，这些东西都是无穷无尽的变化。无穷无尽的变化一定是循环的，也就是说它还会回到它本身。这里面有两个要点：第一个，古代人非常的聪明，他们用循环往复来讲无穷，而不是一直往下写。这个无限就可以把一切存在都概括到它的过程中，无穷无尽，而且无穷无尽里面包含了循环的问题。我举一个无穷的例子，大家都知道 π，圆周率 3.1415926，往下数的话是数不尽的，但要无限的数字才行，因为它足够长。我们发现，每个人的身份证号码都在这个数字里边，都会出现在 3.1459265……里面，如果哪个数块代表你的话，那么我们都会在这个无穷无尽的过程中串联在一起。我们还发现你不仅仅出现一次，而是会无限度的重复，只要这个数块足够长，这些数字都会出来。这是啥意思呢？如果这个数块代表的是一个存在的话，那这个存在会不断地回到它自己。无限的观念非常重要。

这个化的规律是什么呢？化是一个局部的化，一个化的片段跟宇宙大化是联系在一起的。我们每一个个体，就是大千世界的一粒微尘，很渺小，沧海一粟，但不要妄自菲薄，因为我们和宇宙大化是一体的。我是一个永恒的存在，虽然我的身体会消灭，形态会变化，会变成另外一个东西，但我还是会回到我自己。这样的一个宇宙大化，我相信它是我们身处其间的浩瀚宇宙的根本规律。

请大家注意，地球上所有的生命形态，抽象地看就是一种碳的存在形式，地球上如果没有植物、没有碳的大分子，你是长不成长不高的。植物长成了，然后才有食草动物，之后才有食肉动物，吃了它们才有我们人类。恐龙繁殖得多了，或者说森林茂密地覆盖了地球，地壳运动把它压在地底之后，就变成了今天的煤炭。那些恐龙之类的动物就变成了石油天然气，都是碳的形式。抽象地看是不是这样一个规律？所以说这不是古代哲学家想入非非，它有一定的科学性，明白吗？这样的话我们知道这个化是始卒若环的，用古人的话来讲就是无穷无尽的变化，而且无穷无尽的变化里面，每一个个体都会反复地出现、持续地出现，也就是说每一个个体都具有永恒的价值，每一个生命也具有永恒的意义。

庄子讲永恒生命的时候，他从一个特别高的视野来讨论这个问题。生活当中我们都会很迷茫，我相信每一个人都会经历人生的几个阶段，都会遇到很多困惑，就是我们到底为啥活着？最后我们是不是就化成一缕青烟了？如果说每一个人的终点都是这样的话，我们活着的价值就值得怀疑。可能每个人都怀疑过，但是哲学家要给大家一个答案的话，就是讲生命不朽的价值观念。哲学给我们提供了两个重要的答案，一个是儒家与礼乐文明，它是通过礼仪，通过纪律来规范我们。每个人肉体上都要崩坏，都要经历死亡，这是没有办法的事情，对吧？但是在祭礼中我们是不是要复活他，复活逝去的亲人和祖先，在那一瞬间我们又重新生活在一起，所以说祭很重要。不是说每天跟我们在一起，但有几个瞬间是跟我们在一起的，那就说明他也是不死的。中国传统文化里面一直讲，一定要"子孙以祭祀不绝"，它是一个很重要的价值观。如果没有子孙了，香火就断绝了。什么叫香火？就是有人祭祀。我们就是以祭祀使得死去的人并没有真正死去。

在道家哲学里面，像庄子讲无穷无尽的这个化，是一个循环往复的转化，但里面也有一个永恒生命的意义。所以庄子是真正能看透生死问题的人。王阳明曾经讲——我非常喜欢阳明，阳明非常坦诚——我对功名利禄早就看清了，但是唯有生死之念难以释怀，这是很真实的一个问题。但我们发现像庄子对化的这样一个诠释，就是寄托。在生死问题上的通透解读，是吧？陶渊明写的那些诗，"死去何所道，托体同山阿"，这些跟庄子讲的是一个道理。这个化是无穷无尽，但是在这个化当中也有不化存在。化跟不化是个辩证的东西。这样看起来我们就发现《庄子》里面，能够给我们带来哲学的思考，给了我们解决人生问题的答案，也可以说它是一个思想的实验，思想实验无处不有。我们一开始提到的刘易斯·卡罗尔写的《爱丽丝漫游奇境》那个故事，其实刘易斯本身是数学家，他给小孩看这样一个童话故事的时候，其实还有一些更深刻的意义。镜中的世界跟我们实际的世界正好是对称的，对吧？对称的思想好像是文学的比喻，但对于数学家、物理学家来讲，它是很基本的东西，他设想与我们可以观察的宇宙相对应，有一个相反的世界，就像镜子一样，这完全有自身的道理。庄子关于梦与化的这个问题，也有这样的寓意。

八、物化：审美之意味与永恒生命

最后我简单地说一下庄子的物化。在"蝴蝶梦"里面主要指的是无物，也就是说一个主体。比如庄周是个 subject，蝴蝶是个客体，object，反过来也是一样；从蝴蝶的角度看，蝴蝶是个主体，庄周是个客体。对于我们今天的人来讲，或者从西方哲学的角度来看，这个主体跟客体是截然分开的，完全不一样，但是我们会发现中国哲学对主体跟客体、"我"和蝴蝶，其实没有严格意义上的区别。这样一种物我之间的关系，表面上看起来比较含糊，但实际上它是一种复杂的联系手段，这种情况无所不在，比比皆是。中国古代的艺术作品里面，就体现了这样一个思想。

我们发现，创作者作为主体要进入一种化境的话，作品与创作者之间会存在一种奇特的关系，因为艺术家自己经常会讲：这个不是我创作的，我不知道是啥力量推动的，它只是通过我的手抛掷出来而已。你想，这不奇怪吗？如果我们对艺术的真理理解得稍微深入一点的话，这一点都不奇怪。怎么不奇怪？有个故事说怀素有一天喝醉了酒，不省人事，就在那地方拿毛笔写了几个字，写完之后就睡着了。他第二天醒过来一看，问谁写的。别人对他说：不是你昨天写的吗？他说：我昨天写字了？我只知道我昨天喝酒了，你们骗我，不是我写的，我写不了这么好的字，告诉我到底是谁写的。那是啥意思？就是说无论是画家，还是书法家，讲究一个心跟手之间的关系——心手的相应，笔墨的相符。这个时候我们发现，庄子讲物化的一系列概念，非常的深，他讲这样一种实践和实践的对象之间，打破了主客的对立，融为一体。所以说艺术作品之所以有生命力，是因为创作者把自己的生命投入进去了，欣赏者也要把他的生命投入其中，才能产生所谓的艺术的意境。

我们一定要知道，庄子是中国艺术精神的真正奠基者，这不是我说的，是我们的前辈学者徐复观先生专门写的一本书说的，叫《中国艺术精神》。这本书里面讲庄子和禅宗，奠定了中国艺术真理的理论基础，我是很同意的。不是说我研究庄子研究禅宗我偏爱它，不是这样，我们发现中国之所以能称为一个艺术的国度，跟庄子的哲学贡献有很多关系。

艺术的国度永远不可以战胜。这个也不是我说的，是日本汉学家内藤湖南说的。内藤湖南是研究中国历史的，他写了一本书很有特点，叫《中国绘画史》。在这本书的后记里面他讲：我是东洋人，我理解中国宋元以来的这样一种受道家思想影响特别深的水墨山水的抽象韵味，我现在基本上领略了它的妙处。我觉得他是非常了不起的——但是他说，"西方人基本理解不了"，他要通过日本的艺术作品理解中国，但是也不太容易。他说，这种艺术创造的活动，是世界上独有的。它怎么能够毁灭呢？除非地球不存在。

好，我们看一看《庄子》里面怎么讲物化。它是通过一些小故事来讲的。有个故事说，一个工匠叫工倕，"工倕旋而盖规矩"，工倕用手旋转而技艺超过用圆规和矩尺画出来的。这个时候他想"指与物化，而不以心稽"，因为他的手跟他要做的那个东西本身融为一体，不分彼此，这个时候你不能用心思来考虑要转得多快，或者说调整转速要多长时间。它是一个关于实践智慧很内行的阐述。比如你不会骑自行车，我让你去骑自行车，我告诉你"骑自行车的方法其实很简单，掌握平衡就行了，而且这个平衡是动态的平衡，你试一试"，你要是没试的话，肯定骑不走，肯定会摔跤；但你要是会骑自行车，你就知道你骑上就能走。炒菜也是的，我们每天都炒菜，我看有些人炒菜的时候就上小红书，用上菜谱，什么东西用多少克，火候怎么样，看火苗……这根本炒不了菜。平常在家里面炒菜肯定不是用这个方法，你按照菜谱来炒，根本炒不熟菜，几下就给搞砸了。所以他说"指与物化，而不以心稽"，那些东西都没用，实践就是实践。"故其灵台一而不桎"，灵台指的是心所住的那个地方，因为它非常的专注。但是专注归专注，不会死在那边，不是很刻板的僵化呆滞，而是既专注又很灵活。

在这个地方我要给大家解释一下。庄子讲灵台是心，但其实灵台是个比喻。灵台不是指前面说的心思活动，而是通过逻辑性的概念推理判断形成的一个功能，执行这个功能的叫作心。它是更深层次的东西，那个心住在灵台里。《庄子》里讲灵台呀、灵魂啊，大概就是他讲的心，但它是更加深层次的心。理解"指与物化，而不以心稽"的时候，就进入了一种精神状态，这个状态也是一个艺术真理，是艺术作品的本源。我们讲"理论之透彻"，在这种理论的指导和影响下，创造出来的作品无与伦比。

大家熟知的《庄子·养生主》里的庖丁解牛的故事，就是这样一个实践故事，讲的是庖丁与刀和牛之间的关系。本来一个人手里面拿一把刀去割肉切菜，手里面这个刀跟你是矛盾的关系，弄不好会把手指给切了，但是只要你运用得灵活，不但切不了手，而且刀也毫发无伤。刀和牛当然更是一种矛盾的关系了，刀要把牛肢解掉，牛的皮肉和骨骼会把刀锋给磨损殆尽。但是庖丁的技艺很高超，他能游刃有余，刀刃能在牛的脉络、纹理、骨节当中找到空隙。最后这个刀用了十九年，若"新发于硎"，毫发无伤，就像新刀一样，这说明庖丁的手和刀、刀和牛之间，达成了一种和谐关系。这种和谐的关系，就是我刚才讲的融为一体了。这就叫物化。

所以从精神境界或者实践智慧的角度来讲，物化就是进入一个不是与物相反相离的状态。我们人生活在这个世界上总有磕磕碰碰，从小到大肯定会跟其他的事物发生一些冲撞，也会跟其他人发生一些冲突和矛盾。社会冲突论是不是社会学的一个基本准则？我们的社会是不是充满了矛盾和冲突？我们跟万物之间的关系也是这样。但是庄子提示了一条路——物化，讲的就是物跟物之间的和谐关系，融为一体的关系，这个关系的理论基础就是化的理论。化的理论和梦的概念结合在一起，我们就会发现关于生活、生命的重要答案就在这里。千载以来，其实答案就在这里。

第十四讲　批判、理想和自由：
道家哲学的精神气质 *

[按语] 本文是郑开教授《道家形而上学研究》（增订版）分享会的文字整理稿。除郑开教授外，台湾大学荣休教授、北京大学人文讲习教授陈鼓应，北京大学哲学宗教系教授、教育部长江学者特聘教授王博也参加了分享会。中国人民大学哲学院教授张风雷是会议的主持。

一、形而上学与《道家形而上学研究》

郑开：拙作《道家形而上学研究》，从 2003 年第一版到现在，篇幅差距大到足以说是两本书，为什么还是延续了同一个架构？

---

* 本文整理自 2018 年 6 月 24 日中国人民大学出版社《道家形而上学研究》（增订版）分享会。

我想强调的是，它的理论结构和 2003 年版是密切相关的，理论的动机也是一脉相承的。

形而上学是一个特殊的东西。特殊在哪里呢？这个理论从古代哲学发展到今天，它是哲学理论思维、理论讨论里面最中心的一个，无论在古希腊还是古代的中国都是这样的一个情况。要通过深入开掘把道家哲学阐释成一种形而上学，本书的这个动机是很清楚的。中国有很成熟、很深刻的哲学的思考、哲学的体系，这种阐释有助于改变我们目前中国哲学面临的问题。

从 2003 年版到这一版，我增加了很多篇幅。书中第一个部分讲的是从物理学到形而上学，这是从古希腊的哲学发展来讲。这个是比较流行的，但是在中国哲学史料里面看不出来，需要哲学分析才能看出有这样的层次，这个很重要。在这部分我们加强了和古希腊哲学的会通和比较，这个工作我觉得还是做了一些推进。

在知识的理论、伦理学或者审美的理论这几个方面我都试图通过一种近代以来的哲学方法和视野，重新来理解道家的思想。这是近代以来的一套结构，特别是康德以来确定的一套哲学具体的门类，我们按照这样的方式进行研究。对于这部分我有这样的想法：我们中国哲学需要和西方哲学建立一个深刻的对话关系，如果缺乏这种联系，我们回到传统学术里面，回到我们思想史的研究，就不能称之为哲学的研究。这个动机也是明确的。

《道家形而上学研究》的最后一部分叫"境界的形而上学"，境界的理论是西方哲学比较陌生的，至少说西方哲学这方面跟中国哲学反差特别大。这样一种安排我个人觉得有一定意义。当时写这本书的时候也没有这样预想，先是写了一个篇章结构，然后就是按照篇章结构很自如地写，写着写着就写成了这样的结构。再接下来用十五年的时间反复推敲打磨，我觉得这个结构是稳固的，通过这样的一个路径，哲学、哲学史的研究越走越深入。

第二我想讲一下《道家形而上学研究》第一版的写作。大概是1992年、1993年的时候，我写了《庄子道德形而上学》，这是很难的一个题目。这本书初次出版是2003年，也就是大概过了十年才出版，现在我们增订版距离第一版出版又过了十几年。我想强调这个十几年。有的人可能会夸奖我十年磨一剑，这个冷板凳坐了多久什么的，这都是表扬的词。我想也可能会有人说一些批评的话，比如怎么这么懒惰啊，或者不够聪明啊，别人两三年写了一本书，你怎么花十几年啊，修改也用了十几年？在这里，我想强调，可能有各种各样的一些局限性，我没有很快地把这个书修订好。

我想说的是从论文到初版、到改编用了这么久的时间，它其实代表了我们非常自觉地把中国哲学推向专门化的努力。我跟同行交流的时候、和同学们一起上课的时候经常强调这一点，我们中国哲学研究和教学，现在已经呈现非常明显的专业化的趋势，这本书里面会包含非常多这样的细节。专业的论著是这样的，有了这样一些细节，然后我们进一步前进就有了一些基础。我是希望这本书的读者在阅读这本书时，能把之前的很多东西梳理出来。这就是专业著作的一个意识：我为什么这样写，为什么是这样的讨论。

二、"无""有"与"道德之意"

王博：我经常拿"郑开"这个名字开玩笑，因为"郑开"这个名字中间是一个耳朵，左边是关右边是开，其实很有哲学的味道。我总觉得有时候一个人只有关上一个东西才能打开另一个东西，哲学也是一样，关上一个视角你才能打开另外一个视角，你只有舍弃一些东西才能获得一些其他的东西。能做到这点不容易。我想起《老子》五十二章里面讲"塞其兑，闭其门，终身不勤。开其兑，济其事，终身不救"，看来郑开兄就是在两者之间，有时候陷入某种困惑、质疑或者追问，有时候达到一个境界。

我读郑开很多文章和书的时候，都有一种很欣喜的感觉。所谓欣喜是说，我能从中获得一种新的知识。郑开教授的很多观点中，有一个观点我经常引用，在课堂里面我会跟同学们做更多介绍，就是他在比较儒家和道家对"德"的不同理解时，特别提炼出"明德"和"玄德"这样两个说法，这是一个新的知识。这个东西在那里，你发现了它，把它很系统地叙述出来，最后让读者眼前一亮。这就是我们学者应该做的事情。

对"无"这个观念的阐发，其实对于整个道家哲学乃至中国哲学来说都是一个极其重要的观念。我甚至认为"无"是比"天"还要大的一个观念，因为这个观念我觉得代表着一个创见。从历史上来说，从老子提出来后，在庄子或者黄老传统当中进一步深化和细化，经过汉代以后到王弼又给了它精彩和深刻的阐述。我们知道所谓的"以无为本"或者"贵无论"等，后来成了很重要的一个传统，另外一个传统就是佛教里面的对"无"深刻的理解。

对"无"的意义怎么把握？我一直觉得这是我们比较准确、能够心知其意最重要的一个东西。我们似乎能够看到它在魏晋时候的影响。对"无"有一个我觉得非常贴切的理解。我总觉得哲学最后是来安顿万物的，安顿我们每一个人的。而且哲学和科学还有一个区别，即科学是实证的，但是哲学背后有很强的价值动机，这个有时候是无法被实证的东西。我们根据什么样的价值去安顿万物，安顿这个世界？我觉得这是哲学形而上学也包括道家形而上学里面一个非常核心的主题。

如果我们立足这个地方来思考"无"的意义，我们可能就能够获得更多的东西。从老子到王弼，从黄老到庄子，你如果仔细地去阅读他们关于"无"的思考，你会知道对"无"这样的一个发现、这样的一个思考，恰恰是为了安顿"有"的世界。

王弼在价值上强调万物是"真"。我们怎么样让每个人、每个存在能够以更真的方式呈现，这当然就需要结合自然观念、人性观念等去呈现出来。同时，要让不同的东西可以有存在的理由，换句话说，我们不会因为我们跟别人不同就觉得我们是另类。这点很重要，因为有的时候我们经常会质疑自己：我们存在是不是不合法的？这是很大的问题，很多人焦虑于这一点。怎么保证我们不同的存在都是合法的，这点我觉得非常重要。郑开老师讲"道德之意"的时候特别强调的东西就是形而上学的动机，以"无"为中心去讨论这样一个最基本的观念。

郑开：刚才王博老师提了很多重要的问题。我们看一下今天活动的这个标题——"批判、理想和自由"。其实道家的精神气质我们用几个词就可以概括。我本来想的题目是"道高物外"。由于有了道高于物外这样一种视野，它就有很强烈的批判的意识，一种对现实不妥协的、不屈不挠的批判的意识。

我们用"无"审视那个"有"的逻辑也是一样的。"理想"是因为"道"高出那个"物"，这个"物"我们说包含了很多方面，说宇宙万物是毫无疑问的。还有一层意思，就是指的一切"有""无"的东西。比如说礼教，有名的，也是物，当然这个问题我们可以讨论，但道家就是这样的想法，它也要批判，这个批判不是破坏性的，而是说一切既有的东西、一切成型的东西都是不完备的。没有哪一个社会制度或者文明的体系是永恒的。我们看托克维尔把美国民主夸得比一朵花还漂亮，但是我们会发现，现在看美国问题也很多。

在道家思想中就有这样的意思：现实是不完备的，我们为了打破这种束缚、改变这种状态，就要有理想的东西。理想就是高于物外的，自由也是这样，挣脱现实的窠臼、束缚、藩篱，把这些东西突破了以后，打破各种中心主义，打破了这些就显示了道高物外的精神。

王博老师提的问题很能引起大家进一步思考，我们想结合古希腊的物理学的路径分析这个问题。另外，道家哲学里面讲的"物"，其实含义是分好几个层次的。一个是讲宇宙万物，它从来没有否认过宇宙万物，"自然"这个观念其实体现了这一点。儒家也一样，儒家没有说过天地万物虚幻，虚幻是佛教说的，不是儒家说的。道家从来没有质疑它的真实性，只是认为它是不够的，不足以寄托我们的价值企盼或者更复杂的东西。

三、道家的精神共鸣权

王博：道家看起来是很古老的传统，但它无疑地，尤其在现在这个时代，绝对拥有现代世界的精神共鸣权。至于价值的话，我觉得对道家传统来说最重要或者最核心的价值是自然。有时候我们对自然会有很多误解，郑开老师书里面对自然有很多解读，他把自然分成三个方面，我们现在讨论自然大概有三种含义。

如果我们做一个概括的话，自然一方面是存在意义上的自然，比如说，今天我们来了，陈老师穿了一件粉色的衣服，郑开老师穿黑色的衣服，这就是存在，风雷兄穿了一件花的衣服，这也是存在。另一方面是价值意义的自然，价值意义自然就是说哪一件衣服是最恰当的，我们现在这个场合穿什么衣服最恰当，是穿半袖恰当还是长袖恰当，还是把长袖挽起来。这就是价值上的观念。我觉得自然里面这个观念很重要的一点，就是它把决定恰当与否这样的一个权利还给万物自身。这点也非常重要，在这一点上跟前面"无"的形而上学的"道德之意"有一个根本连接：只有"无"才能保证自然，自然的价值必然导致对"无"的追求。

我觉得这本书一个最大的优点，就是对于中国哲学的专门化。这种专门化我是这样理解的，我们可能要把任何东西转化成一种系统化的知识，转化为一个有逻辑的、可以被建构起来的知识体系。这一点是非常重要的。我们经常讲中国哲学是一种生活方式，儒家、道家哲学是一种生活方式，佛教是一种生活方式，这个话本身当然没有错，可是说得过了就会错，说得过了会变成某一个宗教，变成某一个信仰，说得过了哲学家就变成了教主。

哲学最重要的一个品质还是理性的思考，我觉得哲学不是生活，而是对生活的思考，换句话说，哲学追问生活的意义，它牵连到我们对世界的理解，牵连到知识，我们通过知识把这样的理解建构出来，这就是哲学的本质所在，哲学的本质仍然是"理"。

我觉得我们在道家这个地方，可以看到郑开讲的"物理""明理""伦理",所有的"理"最后归结为"道理",这是很重要的,这就是哲学的学问,以"理"为中心的追问。在这个地方我也想对郑开兄请教一个我一直没有想通的问题。书一开始是从物理学到形而上学,这当然是古希腊的一个思路,(视频里)安乐哲老师刚才也特别提到了。道家哲学当然会思考物理学,但是这种物理学的说法有时候会不会给我们开了一扇窗的同时关了另外一扇窗?因为中国思想最大的背景仍然是伦理学和政治学,为什么不是从伦理学讲到形而上学或者从政治学到形而上学,为什么非要采取一个从物理学到形而上学这样的说法呢?

最后我想说的是,我前两天看赵敦华老师一本新书《马克思的哲学要义》,我读起来也很过瘾,他第一部分讲启蒙哲学,他提到马克思的博士论文是关于德谟克利特和伊壁鸠鲁,他使用了一个词,他说伊壁鸠鲁虽然是很早很早的人物,但他无疑拥有现代世界"精神共鸣权"。这句话我觉得说得挺好的,我借用这句话说,道家看起来是很古老的传统,但它无疑地,尤其在现在这个时代,绝对拥有现代世界的精神共鸣权,而且我也认为它会拥有未来世界的精神共鸣权。

四、从"反形而上学"到道家形而上学

张风雷:刚才郑开教授、王博教授提到道家是纯粹的形而上学。我们以前经常讲哲学,特别是中国哲学,像王博教授讲的那样,就是生活,王博教授提出批判性的思考,不能说它本身就是生活,而

是对生活的思考。但是我想以前这个话也不是没有道理，生活本身确实对我们的哲学思考有非常深刻的影响，即使纯粹的形而上学也牵扯到价值，这个价值既包括人生的追求，也包括社会的批判。这点在陈先生这儿体现得特别明显，我想起三十年前陈先生富有激情地讲庄子和尼采与他的生活融在一起、与他的精力融在一起。

陈鼓应：我从20世纪60年代第一次写文章，我的论文《悲剧哲学家尼采》也是我第一本书，大概在1962年出版。我这几十年写了一些书，但我从来没有过新书发布会，今天一来看到这么多人，不只是高兴，还感觉很温暖。我们四个人坐成一排让我感觉到很温暖，我会想到我们做过好多好多事情。

我三个多月之前开过刀，我眼睛白内障，所以我看远的很清楚，但是近的我看一两页以后就不行了。所以，《道家形而上学研究》原来的版本我看过，增订版因为我最近眼睛不能看长时间的书，所以我就请王博的一个博士生帮我细细地读，细细地画。

《道家形而上学研究》中讲到的，比如说"道德之意"和形而上学，和我原来讨论的很多议题有关联。形而上学这个问题我也发表了意见、写了很多文字，比如我也写了一篇阐述道物关系的《中国哲学史上的一条主线》，还有《"理"范畴理论模式的道家诠释》。将"理"放到哲学意义中的应该是庄子，从庄子到王弼跟郭象，一个是"理意"，一个是"分疏之理"，然后到成玄英这个"理"代替"道"或者等同于"道"，所以理学家的"理"也跟道家有关系。张广保在《道家文化》第七辑第一篇把"理"说成主要从道教来的，而且把两者做了对比。同样的，道不离物，物不离道，郑开这本书也引了，其实来自于成玄英注《道德经》第二十一章里面的文字。

从这本书目录看，比如说"审美的形而上学""境界的形而上学"。我在写跟形而上学"道""物"有关问题的时候，就会回想到我念书的时候。在刚刚开始的时候有一段时间，我是有反形而上学内心动机的。有一本书叫《庄子浅说》，我加了后来我到大陆各地演讲的《庄子思想散步》，还有帮蔡志忠编一些书时，写过两本关于老子和庄子的书，帮他写的附录里面我有一点点反形而上学意味在里面。为什么呢？跟我的教育环境，跟我在台湾的白色恐怖政治环境有关。我们同样念道家，可能走向不一样。

我当时为什么反形而上学？因为大学的时候我整个是念西方传统哲学，那个时候老师的课程差不多与西方哲学有关，大陆很多书我们不能看。如果你看简体字被抓住可能被判七年以上有期徒刑。我为什么到中央民族大学去了一次？因为我年轻的时候看费孝通的东西越看越起劲，《乡土中国》什么的，我家里面还有他的书，很旧很旧。我1981年第一次在香港跟费老见面，高兴得不得了，我也被认为有问题。第一次到大陆，被记者拍照在《大公报》登出来，那还得了？本来国民党就不让我回台湾。

我第二次到美国是1979年，用了十四年我才能够回来，1984年到北大，跟大家在一块。这倒是老子讲的祸福相依。我一次、两次、三次因为政治的问题被解聘，每次都说我思想有问题，最后搞了三年，五个安检单位跟我谈，还是老师的老师帮助我，才说调查了三年说你思想没有问题。我那个时候连《资本论》都没有看到过，我现在一看到《资本论》眼睛都亮了。后来有个机会看了但是也没有看懂，因为必须要有经济学的训练。我们那个年代读西方哲学，形而上学理论系统的保证最后都要抬出上帝，一路就是上帝，神本主义的思想。我读研究所的时候读到尼采，才激发对于神本思想的一种反思。两千多年受基督教影响的西方哲学之中，注入了过多神学的血液，这样我慢慢从存在主义转到庄子，我是经过一个过程，因此有过反形而上学。

后来到北大，很偶然读到《易传》，发现里面有很多道家的东西，道家的天道观、道家的宇宙论、道家的形而上学。所以我第一篇文章1988年写《易传》，写所受老子思想的影响，同时《易传》道家主干说，这个书我已经写了三十年了。

郑开这本书我要等配上眼镜才能细看，虽然我和郑开是师生，他在书的后面写到我，我很感激，但是我还是觉得他是青出于蓝胜于蓝，王博、郑开讲庄子都不一样。我总觉得我们七八个人讲庄子，在北大大家能够相处得很好，这个原因是什么？我想老子讲"无"，庄子讲"无"，庄子讲"有有也者，有无也者，有未始有无也者，有未始有夫未始有无也者。俄而有无矣，而未知有无之果孰有孰无也"，它这个"无"是把空间一直无限性地拉大、拉长；老子讲无是"无中生有"，创业的人常常白手起家。

王博写了一本《庄子哲学》，我写了一本《老庄新论》。我常常跟别人说，文章上我常常引用王博的，他的书比我写得好。我跟王博好像跟好些学者有一点不一样，我跟王博讲庄子可能常常会把现实的时代感和生命感带进来。

第四篇

时代精神与学术志业

第十五讲　饮之太和 *

——余敦康先生访谈

　　[按语] 早春二月的一个下午，我在四面八方的风的簇拥下，穿过喧哗与骚动的街道，来到了余敦康先生的寓所。路上，我一直在想：余敦康先生戴了二十余年的"右派"帽子，他的学术研究工作也由于不可抗拒的政治因素而长期中断，这种曲折经历和他的研究旨趣之间，究竟有没有或者有什么样的关系呢？这个问题萦绕在我的心头。

一、人生经历、思想与精神气质

　　郑开（以下简称郑）：记得费希特曾说，你信奉或主张哪一种哲

＊　本文整理自余敦康先生访谈录，原载《学问有道——学部委员访谈录》，方志出版社，2007年。

学取决于你是哪一种人。能不能反过来说：你是哪一种人亦决定了你倾心于哪一种哲学？之所以提这个问题，是想请您谈谈您的经历和思想、精神气质（包括研究旨趣）之间的关系。

余敦康（以下简称余）：1957 年的时候，我是北大哲学系的研究生，有感于当时北大大字报的议论，写了几封信给我在武汉大学任教的同学，这几封"北京来信"引起了武汉高校的热烈关注。信中写的是我对于当时霸权话语的横行、人性压抑、思想创造力受到扼制以及精神不自由（扭曲）的思考，确切地说就是对当时的社会政治现象的哲学反思。我也因此而被划成了"右派"，成为时代的弃儿。我当时的思想已趋于成熟，对时局的思考也比较深。回过头来看，把我定为"右派"，并不是错划，我本来早就"右派"了。

郑：这当然是个人的悲剧，更是时代的悲剧。我称它为"悲剧"，是因为它是不可抗拒的命运。这种命运是出于历史的偶然——如您自己所评说的那样——抑或历史的必然，也许无关宏旨。而对于您来说，哲学思考的"生命线"是不是坚持"独立之精神，自由之思想"和"开放的心态"呢？这一点，和您的玄学研究很有关系吧？

余：我对魏晋玄学情有独钟，是因为我的性情契合于那个时代的哲人，他们思想解放、个性自觉的人格是我再三致意的，也是我要表彰的。实际上，有意无意之间，玄学成了我的精神寄托，从中寻求"理智的了解和情感的满足"。我在 2004 年北大新版的《魏晋玄学史》的"后记"中写道：

由于历史的偶然的因素，五十年代以后，北大的传统和北大的学风受到了更为严重的破坏，几乎是荡然无存了。我也被迫中断了学业，离开了北大，到社会底层去承受生存的考验。在这个漫长的时段，关于玄学的基本性质，关于玄学的抽象思辨，关于郭象是否剽窃了向秀的《庄子注》，这些纯粹属于高深学术的问题与我的生存毫无关联，值不得去用心细想了。但是对于玄学之所以成为玄学的文化底蕴，对于"魏晋之际，天下多故，名士少有全者"的玄学家们的悲惨命运，对于阮籍、嵇康诗文中所表现的深沉的时代忧患感以及痛苦矛盾、彷徨无依的心态，却有着一种切身的感受和强烈的共鸣。金岳霖先生有一句名言："知识论底裁判者是理智，而元学的裁判者是整个的人。"汤用彤先生把玄学的方法论的原则归结为"得意忘言"。"言"是属于知识论层面的理智分析，玄学家普遍认为，如果不能"忘言"，仅仅停留于知识论的表层，就不能"得意"。而"意"则是把整个的人投身于其中的主客合一的对象，是玄学家承受着生存困境和悲惨命运的情况下仍然苦心孤诣去进行探索的天人新义，这才是玄学的本质。这么说来，我被打入另册作为一个时代的弃儿，凭借着在特殊的历史条件下所获得的特殊的历史经验，竟然意想不到地发现了我作为整个的人的本体性的存在，找到了一条不从知识论入手而以整个人为裁判者来解读玄学的新途径，对金岳霖、汤用彤先生的那些早年的论述增添了一层新的体会，这也许是不幸中的幸事。

这段话表明了我的心态，我以自己的生存体验来契会何晏、王弼和郭象，表彰他们的理想追求，同时抒发我自己的情思。

郑：您以这样的方式、进路研究玄学史，具有鲜明的个性风格。您喜欢喝酒、高谈阔论，颇有魏晋风度，而且您曾说过，如果不喝酒就不配研究魏晋玄学，是吧？

余：你这话既对，又不对，得失参半。喝酒与玄学研究没有必然联系，这一点不必多说，我以前是说过那样的话，只是句玩笑话。现在，我想说两点意思。第一，我写的玄学文章都倾注了我的生活经验，这种经验是从吃了很多苦头的、长期颠沛流离的生活中切身体验出来的（因为我是"右派"嘛），所以我的研究方式和结论不同于其他人：我是用自己游离于时代边缘的精神诉求，即人性解放与思想自由，来印证何晏、王弼、阮籍、嵇康、郭象的玄学理论的。他们在当时意识形态高压、恐怖的年代仍坚持理性和自由思想，为什么？因为他们身上体现了中华民族自古而然的一种核心价值观念。所以，我的玄学研究就是为玄学"翻案"，阐扬其正面价值，当然这都是后话了。总的说来，玄学研究，正如金岳霖先生所说的那样，既要有"理智的了解"，又要有"情感的满足"。性情不同，他所选择的情感满足的对象亦自不同。比如说，汤用彤先生的性情有似王弼，所以对王弼的本体之学倍加赞扬。冯友兰先生的性情有似郭象，所以对郭象的独化论倾注了过多的关爱。至于鲁迅先生的性情，则有似于嵇康，这就是他为什么花费那么大的精力去校勘《嵇康集》的精神原动力。第二，你说这种研究只是我个性、个人风格使然，其实并不尽然。这也是一种诠释学的进路。我在最近的一个演讲中提出学史的唯一进路，强调中国固有的"我注六经，六经注我"的诠释学传统，特别强调了诠释经典的过程展现真正的自我，而不是一味盲目地追随古人，找什么根本不存在的"原义"，把学问事业局限于考证这个字、那个句什么的。

二、经典诠释与研究方向

郑：插一句话，西方的诠释学也主张根本没什么"原义"，另外也提出了诠释的有效性问题，古代经典毕竟有它的相对确切的含义与意义，离谱的诠释不就成了瞎解释？再者，您是否能"诠释"一下您所说的"自我"——"六经注我"的"我"？

余：经典诠释当然需要诉诸传统学术中的某些技术或工具，比如说小学。但我强调的是另外一个问题。历史上的中国哲学的发展就是通过诠释经典进行的，例如各种注解疏证，但你看嵇康、阮籍诠释《庄子》，说"越名教而任自然"，率性而行就是真庄子，很有启发吧。再看郭象诠释《庄子》，主张名教与自然合二为一，你能说他没有道理？汉宋学者，包括经学家（特别是今文学家）诠释，为什么让人感到千载之下虎虎有生气？就是他们不依傍古人，敢于把自己的价值取向与时代精神注入经典诠释中去，通过诠释，体现我的关怀、我的理解，把我的生命融入古人和经典中去。这就是"六经注我"的"我"，这样才能真正"成一家之言"。回到刚才的问题。从这个意义上说，我自己的玄学研究，既有个人风格的因素，也有某种方法论上的普遍意义。

郑：您曾经自述自己的研究方向主要集中于三个领域：儒学、玄学和易学。我的问题是：古人常常认为《诗》《书》《春秋》《易》都出于乱世和季世，诸子著作亦是"古之道术为天下裂"的产物。

用今天的话说，哲学思想的经典著作折射了社会政治结构的变动和转型，体现了产生于其中的那个时代的"时代精神之精华"和"忧患意识"。这就是为什么人们常说悲愤出诗人、乱世见思想的缘故。那么，您的中国哲学史研究之旨趣里面有没有映照古人的"忧患意识"呢？或者，更一般的说，您的研究、著述背后的精神动力、人文动机究竟是什么呢？

余：说来话长。扯远一点。中国哲学史这门学科草创于"五四"时期，而"五四"以来的主题则是"中国向何处去"。我是搞中国哲学的，我一直在思考这样一个问题：民主、法制和公平这些价值理想观念，在孔孟老庄里有没有渊源？冯友兰说的"旧邦新命"，我认为还是很有道理的。我早年北大求学时期的想法就是如此，二十多年间我仍坚持自己的信念。现在回过头来看，我的思想没有根本的变化，可以说是一以贯之的，这一点，我与大多数同辈学者很不一样。当摘掉"右派"帽子重操旧业之后，我就有机会发表自己的省思和看法，这些省思与看法载于 20 世纪 80 年代以来的各种文章中。

我写的玄学文章是"翻了个案"，针对侯外庐他们。因为他们对玄学的评价基本上是负面的。实际上，何晏、王弼的玄学正是一种批判思潮，批判曹魏时期推行的"刑名法术"。

自 20 世纪 80 年代初期开始《周易》研究，也是翻案文章，我想从中挖掘某种正面的、有价值的东西，我的文章力图揭示这样一点：《周易》融合儒家和道家思想，并把它们提炼为天地人和谐为主流的思想体系，伟大而宏深！

《内圣外王的贯通》针对的是海外新儒家，从某种意义上说，近于余英时的《朱熹的历史世界》。新儒家主要是讲"内圣"，其实

"外王"亦很重要。牟宗三企图从"内圣"开出"外王"，开出来了吗？开不出来。于是乎搞了个什么"转化"，什么"良知""坎陷"。

我写《夏商周三代宗教》和《春秋思想史论》，目的是"对中国的宗教、哲学和伦理的诠释作出合理定位"，从历史的根源上解决中国哲学的合法性问题。这两篇文章"主要是从发生学的角度提出了中国文化具有本原性的看法"。但遗憾的是，这一工作现在看来是一个不可能完成的任务。

郑：为什么？

余：老了，力不从心了。

三、文化价值和精神理想

郑：您的著述中经常提到"文化精神价值"，那么，如果说儒学代表了中国文化的主流的话，它的文化价值和精神理想是什么？它与我们现代社会的关系又是什么呢？

余：1988年，我去德国参加一个学术会议，发表了论文《〈周易〉的"太和"思想》。这篇论文的主旨就是论证蕴含于《周易》思想体系中的"和谐"思想。《乾·象传》说："乾道变化，各正性命，保和太和，乃利贞。"这里所说的"和"不是抽象的东西，只能从冲突与矛盾中去理解"和"。强调"和"作为中国文化的核心价值观和政治社会理念，就是要冲决阶级斗争的网罗。儒家常说"致中和"，"和谐"就是中国哲学的精神和特征，也是我们这个时代、这个社会急需的东西。

郑：您所说的，不，您所诠释、表彰的"太和"思想，是不是也包括人与自然层面的和谐？

余：那当然，古代哲人往往是从天人之际观察、分析和阐明问题，既然"究天人之际"，那么《周易》的"太和"思想就不会仅局限于社会关系层面。

郑：现在，天下谈论"和谐"者滔滔，可在当时（1988 年）恐怕是孤明独照吧。那时的反响是什么？

余：现在想起来，1988 年写的那篇文章见证了近年来社会政治的深刻进程。你说，从过去的政治挂帅、以阶级斗争为纲到以经济建设为中心，再到构建和谐社会，难道不是社会政治结构的深刻变动吗？我当年表彰、推崇的《周易》"太和"（最高的和谐）理想，与现在提倡的构建和谐社会，可谓不谋而合。但在当时，很多人还是不那么理解。我发言之后，德国学者很感兴趣，通过翻译（我不懂德语）交流了若干看法，而中国学者却批评这篇文章"太过理想化了"。

郑：可是，从某种意义上说，哲学就是理想，古希腊哲学中idea，旧译"理念"，新译"相"，其实就包含了"理想"的意味；哲学表达了希望，具体地说就是表达了政治期望和生活理想。冯友兰先生曾区分了"真际"和"实际"，我觉得很有意义。如果说政治学、经济学和社会学的对象在于"实际"，哲学的对象则在于"真际"。是不是这样？另外，我觉得您强调的"和谐"思想，也体现于道家思想中。

余：当然。老子关于"万物负阴而抱阳，冲气以为和"强调的就是一个"和"字。道家的这种自然和谐的思想是颇有说服力的。

郑：还有《庄子》。司空图《二十四诗品》中有两句话："饮之太和，独鹤与飞。""饮之太和"据说出于《庄子·则阳篇》的"故或不言而饮人以和，与人并立而使人化"。当然《庄子内篇》经常提到"和"，例如《齐物论》有"圣人和之以是非，而休乎天钧，是之谓两行"与"和之以天倪"之说，《人间世》有"心莫若和"之说，《德充符》有"游心于德之和"之说。这里所说的"和"以及"太和"都是指超越了对立的、完美的和谐。

余：可见，"和"不仅意味着人与人之间的（社会）和谐，同时意味着人与自然之间的（宇宙）和谐。我们应该从天人之际的角度理解这种"太和"概念和和谐思想。用今天的话来说，公平、正义和法制是实现、维系社会和谐的前提条件，推进环境保护、维护生态平衡和生物多样性才能促进人类的可持续发展。

郑：我还记得您曾批评过我方法论上不够自觉，所以我很留意您的方法论。

余：是吗？我不记得了。

四、文化史学的方法论

郑：这一点也不重要。重要的是想请您谈谈自己方法论方面的"金针度人"的体会。

余：方法论自然很重要，但如何切入问题也很重要。有很多学者，才高八斗，但由于抓不准问题，就逐渐江郎才尽了。没有敏锐的问题意识，是不可能做成大学问的。在方法论方面，我一直强调文化史学方法论，就是说从广义的文化视野来诠释中国哲学史。这一点，我受到了陈寅恪先生的影响。

郑：您在《论儒家伦理思想》中试图阐明儒家伦理思想，比如说仁义忠孝，应该在宗法社会结构层面进行理解和诠释，是否就是文化史学方法论的作业方式？

余：对。我看你最近的书稿，其实就是文化史学的写法。

五、困惑、遗憾与无奈

我印象中的余敦康先生，具有魏晋风流的气质与风采，幽默，爱喝酒，喜欢高谈阔论，唇吻之间时常妙语连珠。但我又想，他的幽默洒脱的背后，是否隐匿着某种深沉的痛苦，就像魏晋名士那样？

可是，我在访谈中发现，余先生似乎对过去的坎坷遭际并没有"耿耿于怀"，却流露出另一种负面的情绪：困惑，不安，无奈。这也许是某种只属于哲学家的深刻痛苦吧。

郑：让我感到触动的是，您在许多文章和很多场合都不讳言您的困惑、迷惑，还有遗憾与无奈。这不仅仅是自谦吧？

余：我曾写过一篇论文《从〈庄子〉到〈庄子〉郭象注》。这篇文章提到了这样一个看法：古人的思想往往就是某种悖论。也就是说，历史上的哲学思想体系难免有自相矛盾的地方，庄子如此，郭象亦如此。他们的哲学贡献在于通过自己独立的思考，提出了自己的疑问。从这个意义上说，哲学就是困惑，是一个伟大的问号。既然如此，我们从事哲学史研究的人感到困惑与茫然，不是很正常吗？我曾说过："就我个人的专业知识而言，关于中国宗教、哲学、伦理的文献资料以及历史上的种种经验事实，或多或少总算有一些了解，我所感到的困惑关键在于找不到一套诠释系统，形成某种确定的看法，把零碎饾饤的专业知识提升到文化自觉的理论高度。当年王国维曾经把他的困惑表述为'知其可信而不能爱，觉其可爱而不能信'的吊诡。这种情感与理智的矛盾在现代中国人身上是普遍存在的。"另外，像"哲学的贫困""中国哲学的合法性危机"等说法与讨论一直不绝于耳，说明困惑不是我个人的"神经过敏"，而是这个时代的普遍问题。

实际上，值得追究和反思的是其中的原因。你看，过去那些诗人、文学家和艺术家，为什么到了后来都不再创作了呢？哲学领域也好不到哪儿去。冯友兰先生是个哲学家，贺麟也提出过自己的新心学，那是一种很有建树的哲学体系，可他们都是半截子哲学家，因为冯先生成了一个哲学史家，贺先生则致力于翻译黑格尔的著作。

我曾在一篇关于传统文化的答问录中说过，哲学家是那种提炼、把握了时代精神的人。我不配称为哲学家，因为我不能从哲学上，或者说以哲学的方式，把握自己所处的时代的精神精华。黑格尔说，哲学家是理性思维的英雄。大哲学家是英雄中的英雄。萨特曾说："20世纪欧洲真正的哲学家只有三人：笛卡儿、康德和马克思。其他的人，包括我本人在内，都只是思想家，还称不上哲学家。"

说来说去，我最欣赏的还是张载的那四句话："为天地立心，为生民立命，为往圣继绝学，为万世开太平。"这是一个真正哲学家的精神气象。20世纪的学者、思想家比不上古人，主要是精神气象略逊一筹。我曾想，要是像邵雍那样就好了，因为他写了一部哲学书《皇极经世》，另外他还有一个安乐窝。

我对自己很不满意，我们这一辈学者很悲剧。我寄希望于你们这一代能出大学问家、大思想家，出现真正意义上的哲学家。这是实话。

郑：可是，我觉得现在钱多了，生活水平大幅提高了，而学风却浮躁不已，学术研究的前沿进展却停滞了，学问在许多人的眼里就是利禄之途。

余：我仍然对青年一代寄予厚望。因为你们可以在名利和学问之间自由选择，不像我们这一代。

郑：既然这样，就请您用一句话表达一下您对青年一代的期许，抑或告诫。

余：我想寄语青年一代一句话：要有勇气直面真正的问题，坚持独立之精神、自由之思想、开放之心态。我衷心地期望而且坚信，你们这一代能够产生出濡染时代精神精华的哲学与哲学家，无愧于中国哲学的源远流长的伟人传统，无愧这个你们置身于其中的伟大时代。现代中国的和平崛起，民族文化的伟大复兴，"旧邦新命"，如果没有哲学上的创新和建树，是不能想象的，也是不可能的。

归途中，蓦然回首的瞬间，我看到了日落西山时的余晖。我问自己：人生的暮年，难道仅仅是晚霞沉入黑暗么？想到这里，内心深处涌起一种莫名的感触：余敦康先生荣木将老，但他的执著、激情、睿智、困惑、无奈与不甘都值得我们体认与借镜。我想起了巴尔扎克的一句话：一个有思想的人，才是一个真正法力无边的人。

第十六讲　学者的使命与哲学的追寻 *

[按语] 郑开先生是中国哲学研究领域的著名学者,在之前的早期思想史及道家哲学研究方面就显示出深厚根底与宏阔气象;他还广泛涉猎了道教心性学的历史和理论、早期人性概念的来源与发展、中国意识的思想史建构、庄子哲学、古礼蕴含的思想史问题以及古典空间的艺术表象等诸多领域和问题,在国内外重要会议、刊物、讲座上发表重要观点;此外,他在学术发展、治学经验、课程教学、人才培养等方面也有长年思考和真知灼见。因此,《学衡》辑刊编辑部特请贺敢硕博士专访郑开先生,以飨读者。

一、一代人有一代人的学术

贺敢硕:郑开老师好,首先请问您如何看待中国哲学这一学科

＊　本文整理自 2023 年 4 月《学衡》辑刊采访。

的整体发展，以及您觉得晚近二三十年以来中国哲学学科在研究、教学等方面有什么新的变化？

郑开：从中国哲学研究包括中国哲学史课程教学的开端来看，我们经过了大概三四代学者一百多年的耕耘，历史地来看应该说基础还是比较薄弱的，其发展轨迹总的来说比较清晰。实际上，胡适、冯友兰之前已经出现了两三种《中国哲学史》著作，但当时没有非常明确的学科意识，即便对中国哲学的内容与特点做了一点儿探讨，终究浅尝辄止。这方面，胡适和冯友兰算是开创了一个新局面。此前的中国哲学研究学者的知识背景都是旧学底子，例如马叙伦、刘师培可能有一些近代学科的意识，但脑子里依然还是旧的东西，胡、冯以来的中国哲学研究和传统学术形成了一个很强的张力，为近代以来中国哲学研究、中国哲学史教学奠定了哲学学科意识的基础，这是功不可没的。在冯友兰写完《中国哲学史》两卷本之后，一种新的学问已初具规模。除此之外，还出现了一些不同方向、不同类型的探讨，例如张岱年先生写作的《中国哲学大纲》所涉及的问题基本上不出胡、冯的范围；《大纲》的写作和出版比较命途多舛，写完后大概过了四十多年才开始被世人广泛了解，所以尽管《大纲》一直得不到出版的机会，事实上这本书在民国年间就已经写成了，因此书中体现的工作依然属于一个开中国哲学学科研究新局面的草创阶段。

胡、冯的工作很大程度上塑造了中国哲学学科的特点。胡适先生对中国哲学基本上是一个囫囵吞枣的理解，大多数都是按照近代西方的那一套内容来套用，胡适写作《中国哲学史大纲上卷》的基础是他的博士论文里对先秦名学的研究，那个基本上就是将西方哲学里的逻辑方法拿来进行套用，这个和日本人讨论中国哲学的问题意识有点接近，因为日本人理解的所谓"哲学"也有一个模板，就是德国唯心论（德国古典哲学）的那一套系统。但我们要看到的是，胡适虽然用一些有关西方哲学的不太深的素养反过来审视中国的史料，但也存有一种近现代史学的意识，他清晰地认识到古代史籍记载的传说不能称之为历史，不能当作可靠的史料。胡适的聪明之处，在于能看到孔子和老子是一个新的起点，孔、老时代的文献与思想具有不同以往的全新面貌；这样的话，孔老之前的那些东西就不需要讲，讲也讲不清楚。胡适先生的贡献之一就是截断众流。

第一代学者的工作留下了一些问题。比如说，对中国哲学的研究和教学，必须要对中国哲学史的内容，包括思想史、学术史、义理学的来龙去脉进行梳理，但是光梳理历史其实并没有给出对中国哲学的深度刻画，或者说没有对其合法性提供有力论证。对这个问题，熊十力作出了一些突破。我想从一个特殊的视角看熊十力先生哲学思考的意义：倘若说世界上没有所谓的中国哲学，那说到底就是没有中国的哲学家，过去没有，现在也没有；而熊十力先生的思考与著述的意义之一就是现身说法，就是表明我就是个哲学家，我这套东西就是哲学，按照近代哲学的那个尺度看我的思想无疑就是过硬的、不折不扣的哲学。那我的哲学从哪来的呢？我这个哲学是从传统里来的，这样的话他就有一个现身说法，用这个东西来证成中国哲学是自成一体的。熊先生的思考具有这样的重要意义。

冯友兰先生的学术工作更能代表中国哲学、中国哲学史研究的整体面貌。由于冯友兰先生著作等身，可以说他的学术工作的贡献与意义比较清晰，比熊十力先生的工作更加清楚，但这并不意味着熊先生不高明。有一次张庆熊教授在北大开会时讲，熊十力先生是特立独行的哲学家，北大应该引以为傲。我很赞同他的说法。与熊十力先生相较，冯先生走的是不同的路子，《中国哲学简史》后记里面冯友兰讲了一些他的思考，主要是说他写完《中国哲学史》两卷本之后又回到美国去讲课，后来整理成了《简史》这本书。在准备这本书的时候，冯先生就在琢磨一个问题：光讲中国哲学史的话，那中国哲学在哪？所以接下来要做的工作，就是要讲中国哲学。所以他就发明了"照着讲"和"接着讲"的说辞。冯先生的脑子很清楚，他说如果没有经过古今中西的淬炼，就不可能有中国哲学史这个学科，必须要说这是一个新学问，开出了新局面，它和宋明理学之类的旧传统是不一样的，用我们今天的话讲就是创造性转化。历史的经验也告诉我们，每一个时代都有每一个时代的主题、形式和内容，这样的话就不能照着讲，否则我们就回到古代了。如果要穿过古今之间的界限，就肯定要接着讲。但是怎么接着讲？当时找不到很多头绪。冯先生的这个经验其实是很重要的，我们今天一天到晚说中国哲学要登场了、中国哲学要发扬光大、中国哲学具有世界意义，但是怎么接着讲？怎么讲出这个时代的精华？并非那么容易。这个时候就要看到，冯友兰先生的困惑是真切的。我们为什么说冯先生是中国哲学的代表，因为从整个学科发展的条理上来说，还是冯先生给出了更强的提示，冯先生这个时候就在思考一个问题：怎么能从中国哲学史这样一种对古代史料的梳理、发掘的学科，转变成一个对中国哲学的创作。为什么他说要接着讲，也是因为冯先生有一个很生动的体验。那时抗战已经开始，七七事变之后华北乱成一团，北大、清华、南开三校就一路南迁到了长沙。就在那种艰难的环境里，冯先生对这个问题的思考找到了一些头绪，或者说冯先生确认了一些信念：我们的中华文化怎么能亡于倭寇之手呢？而且当时在抗战的决策方面，很多人认为打不过日本，干脆投降算了，只有少数人说打不过也要打！对于一个哲学家来说，他就能把这些问题提升为时代精神的精华，能把这个问题看得更远，通过这种方式，冯先生把之前关于中国文化的讨论延伸到他在这个时期中国哲学创作的问题意识里，这个思考的成果就是在西南联大时期写作的"贞元六书"。"贞元六书"里面涉及了非常多的问题，但最重要的是，它反映了中国哲学与大时代的关系，也就是中国文化该何去何从的问题。张岱年先生对冯先生有过一个评价，他说"贞元六书"的新理学就是关于抗战建国的理论。从这点来说我们应该表彰冯先生。面对西方列强的蹂躏，我们会发现有许多问题需要从哲学上思考：中国文化应该何去何从？是全盘接受西方的东西，还是要讲我们独有的价值？因此，不管冯先生写了多少稿子，实际上"旧邦新命"的意识一直萦绕在他的心中。

近现代以来的中国哲学从来都不是象牙塔里面的学问。第一代的学者具有这种特殊的品质。作为其中的代表，冯友兰先生就把中国哲学史和中国哲学这两个看起来不一定一样的东西相互贯通，这是我们北京大学中国哲学研究的一个非常重要的范式，也可能是冯友兰先生为我们留下的最重要的遗产。直到今天，我们讲中国哲学的时候还会从中国哲学史开始讲。有人就会不明就里地诟病，说你们讲的不还是中国哲学史吗？我们讲的不只是中国哲学史，我们是通过中国哲学史来讲中国哲学，这一点需要搞清楚，需要继承下来、坚持下去。反过来也是一样，我们一定要通过中国哲学来进一步分析中国哲学史的几个关键点。我们可以发现，第一代学人的工作基本上笼罩了第二代学人的工作，因为第二代没有什么独立的特点，一般都是在第一代确立的研究范式之下继续从事这个工作，主要体现出一些修补、细化、专题化的特点，根本的东西没有太多改变。

除了港台的新儒家可能会抖搂出来一套别的理论，认为儒家的思想能够开出一些新的东西。我们说儒家能够为我们现代人的精神价值的讨论提供思想资源，这当然是毫无疑问的，但是我们一定要清楚，港台、包括个别海外的新儒家所讨论的一些东西，实际上没什么特别大的建树。牟宗三先生是一个代表，牟先生的哲学素养很强，继承了一部分熊先生的衣钵，这当然是毫无疑问的，但说句老实话，他的哲学史研究其实不被我们所承认，或者说，牟先生的哲学史造诣和我们北大传统的第二代学者相比，比如说和朱伯崑先生、汤一介先生、余敦康先生相比，没有产生特别的优势。

总的来说，由于各种各样的原因，第二代的学术成就主要偏向历史性的研究，包括梳理历史资料、编撰教科书这一类工作，没有那种大开大阖的格局。从学术史的发展来说，第二代学者算是一个过渡。由于第二代存在的这些问题，接下来一代的学者实际上和第二代没什么太大的区别，但他们已经开启了一些专业研究的进程，也就是专题化的研究。这个时期我们会发现他们不会专门写中国哲学史，这个传统在港台学者那里还有一些延续，虽然写得并不好。从新时期以来，我们如果把这些学者认为是第三代学者的话，他们的研究就进入了一个专业化研究的阶段。从新时期以来的主流研究就是大家都开始回归于学术，学术有自己的规律，我们虽然开启了专业研究的精神，然而起点还是比较低的。20 世纪 80 年代刚开始的时候，诸如萨特、海德格尔的书都是洛阳纸贵，包括美国汉学家、日本汉学家的那些书，还有我国港台地区的书，当时对我们都是如获至宝，因为那时候我们很闭塞，资讯不发达，现在看起来那些东西的学术水平不见得很高，但是对当时打破廓清那些僵化的、刻板的、狭窄的话语具有很强的助力。进入上世纪 90 年代后的状况好了很多，形成了一个新的时期。进入新时期以来，我们其实就很难用代际对学术史进行划分。但可以发现，像陈来、阎步克、苏国勋这些学者一下子登上了历史舞台，就是因为前面是一个断层，而后面的学者还没有成长起来，所以他们在学术舞台中心的时间就非常长，也作出了很大的贡献。

虽然冯友兰先生的那些书，尤其是哲学史研究的著作，我们现在可能觉得有些过时了，其中的一些细节、一些结论，今天看起来都经不起推敲，绝大部分的说法都太个人化。但是他的哲学史仍然有它的价值，这个价值就在于它是一个哲学家写的哲学史，别人代替不了，我们现在哲学史写得再好，但依然没有哲学家的品质，也就是说你没有从中国哲学的角度来看中国哲学史。这里存在一个我们尚未解决的问题，有些学者产量很高，著作本身从专业研究角度来讲水平也很高，但是大家不愿意读，或者说读了没什么收获。怎么看待这个问题？我们现在的研究得到了一些经验，就是要直接从第一代的中国哲学的前辈学者那里接过火炬，即哲学跟哲学史要会通。这样我们就知道对中国哲学来说，必须要保持学术自由，要立足于独立、自由的思考。哲学家不能给世界贡献几斗米、几斤萝卜，他没有什么实际上的贡献，他存在的唯一的价值在于提出一些创造性的思想，创造性的思想永远不能从别人那里来，永远都要从自己的体会中来思考。所以有几点非常重要：第一点是救亡图存的意识，中国哲学与中国哲学史必须结合；第二点是自由、独立的思考；第三点是必须要走专业化道路，我们不断讲学术研究有它自己的规律，它和其他东西都不一样。我们的研究和教学如果没有走专业化的道路，就无法提高水平。新时期以来，专业化道路的发展是一个很强的趋势，而专业化研究就是我们这一代学者的特点，也一直延续到你们这些刚毕业的青年学者身上，我们形成了一套和第一代、第二代很不一样的东西，特别是第一代学者他们没有很强的专业化。冯友兰先生在生活中基本上是一个传统文人，这是无论如何都改变不了的。过去那些老先生在西南联大时期写的硕士论文，在我们今天看来根本就不能通过，根本没有达到专业研究的水平，但我们也理解那时候人心惶惶，有各方面的客观条件限制，不是说他们个人不具备这种能力。这就是一代人和一代人之不同，一代学术和一代学术之不同。自我回到北京大学教书以来，我发现北大就是中国哲学学科专业化的急先锋。研究西方哲学的教授们对于中国哲学曾经有一种很鄙夷的态度，认为自己随便一弄就可以讲得比我们清楚，现在这种情况一去不复返了，中国哲学的研究和他们的专业领域是隔行如隔山的情况，他们也知道我们不是随便搞一套东西，这就是专业水平的提高带来的效应。我国港台地区和日本的学者以前不看我们的书，对于大陆的学者也不屑一顾，认为我们这些人都是受僵化教条的影响，好像被穿上了小鞋一样。这种状况从上世纪八九十年代一直到二十世纪初期都是很普遍的现象，但现在这种情况已然改观，对于日韩，还有我国港澳台地区的学者来说，中国大陆的一些重要学术研究成果他们是不能视而不见的。

这些改变再一次印证了我们的想法，就是我们要尊重学术发展的规律。我们要看到更广阔的东西，走专业化的道路。我在世界宗教研究所工作了大概十几年，宗教所的学风保持了很纯粹的状态，它相当专业化，就是为了培养专家，我们写的专业论文都是给专家看的。虽然这和现在的教学有些不同，但是我们养成了很强的专业化工作意识，这一点我个人受用也很大。沿着这样的脉络梳理下来，我们就可以从这几代的学人里大概看到一些规律。

二、所有科学严谨的东西最终都会殊途同归

贺敢硕：郑开老师在本科期间学习的主要是土木建筑工程的专业，毕业之后还到内蒙古煤炭研究所工作了一段时间。能否谈谈是什么动力让您后来又决定考研到北京大学中国哲学专业，进而在毕业后还继续从事中国哲学的研究和教学工作呢？

郑开：说起来话长，但是说简单也很简单，就在懵懵懂懂之间就走上这个路了。因为我从小就有了比较明确的自我意识，到了十三四岁上中学的时候其实最喜欢的是数学，当时就一心想当一个数学家。但是大学还是要考的吧，综合各种情况就考到内蒙古工学院的建工系了。这个专业也不是我自己选的，家里和周围的人都说这个专业好，将来有前途。实事求是地说，安分守己、老实巴交当个结构工程师也挺好的，从生活角度来讲也是个不错的职业。但我个人对那些经验学科不是特别感兴趣。当时学习力学的时候，高等力学（例如弹性力学）我反而学得好一点，基础一点的我反倒学不好。因为基础的东西很难说是一个理论学科，而我当时还停留在受数学思维影响比较深的阶段，就觉得这些东西没多大意思。

应该说我当时也是走了一个弯路，因为我更适合于学习理论科学。但是大学之后你也来不了数学系，数学系非常专门，你要是没有经过它的本科训练就上不了数学系，那就没有办法了。那理论学科里还有什么？只剩下哲学了。所以虽然比较懵懵懂懂，但是也存

在一个必然性。大致是这么一个状况。

贺敢硕：郑老师的硕士论文是关于道家伦理学的研究，博士论文又是以早期思想中德的观念为主要话题，这两篇文稿在大幅增订之后成了《德礼之间》与《道家形而上学研究》这两部代表作。此外，您在黄老政治哲学、道教心性学等各个学术领域都有建树，据了解您在北大还开设过魏晋玄学、宋明理学的相关课程，请问您如何推动和维系这种广泛的学术兴趣，以及在研究过程中，您是否具有一个比较统一的问题意识或问题关切？

郑开：首先，中国哲学史的范围非常广阔，在几千年的历史积累中间有相当多的思想内容，从研究的角度讲全面掌握肯定是有好处的。所以我同时讲"中国哲学史上""中国哲学史下"这两门课，一开始要花很多时间来备课，有些地方还要做一些相应的研究，这些东西都不见得能马上体现为研究成果，它是一个教学相长的过程。这个是比较重要的经验。可能有人会觉得时间不够用，但对我来讲一点儿问题也没有，因为我也不干别的，心无旁骛。所以，了解中国哲学的几个重要发展阶段，对于我的教学和研究来讲都是很重要的。

接下来关于你刚提的几个问题。首先就是我的博士论文，这个选题其实有一些偶然，当时可能还没意识到这是一个比较重要的问题，也不见得计划写成一部很大的著作，只是觉得这个问题挺有趣，也找到了一些新的线索、新的头绪。我在参加博士开题之前还同时写了一个关于道家哲学方面的稿子，研究道家哲学里的"神明"问题，在开题的时候已经有了10万字左右的初稿，这部分初稿后来也移用到了《道家形而上学研究》，所以当时我的状况几乎就是一开题就可以提交论文、结束学业了。但是关于"德"的问题可能更吸引人，问题脉络更复杂、研究潜力也更大，陈来老师就建议我可以做这个题目，许抗生先生也同意做这个。后来就写了现在这个以"德"为主题的博士论文，写完之后大家评价还可以，而后续的研究其实也证明了这个问题涉及的范围相当的广。我们刚才说到胡适截断众流，从老子、孔子开始讲中国哲学史，但是中国的历史资料和历史观念都会认为从夏商周以来是一个一脉相承的状态，虽说史料不太清楚，但是存在这样一个历史的前因后果、来龙去脉的信念，因此孔子、老子的那套东西和之前的思想一定是有关系的，那么对孔老之前的历史背景进行追溯，就是一个新的课题。此前像郭沫若等学者也都有讨论，但是这些讨论还比较初步，大家对"德"这个词的复杂性也认识得不够清楚。

《德礼之间》这本书的研究范围是前诸子时期思想史。中国哲学从诸子时期的哲学突破开始发展，但是在哲学突破之前它有一个很深远的历史背景，这个背景很值得探讨。以我目前的能力和条件，可以把中国哲学的思想来源追溯到殷周之际。我们通过思想史的方法，可以把前诸子时期——也就是从殷周之际到春秋战国之交的这段时期——讲得更清楚一些。陈来老师写过一本书叫《古代宗教与伦理》，那本书奠定了一个基础。陈梦家先生他们早年也援引过一些西方人文科学的理论来讲从宗教到哲学的发展，包括李泽厚等人都是同一个路数，基本上是西方汉学家很喜欢讲的巫史传统，这些都是我需要回应的问题。我在《德礼之间》的结论其实很清楚：前诸子时期唯一的思想主题就是"德"。过去都讲什么天命神学，"天命"这个词它就是针对殷商所讲的"命"，殷商时期不讲"天"只讲"命"，到了周人开始讲"天"了，就会把"天命"放在一起去讲。

大家都觉得"天命"很重要，但其实它就是个词，它的内核是要通过"德"来填充的，关键就是周人是用"德"来解释"天命"。一切问题都和"德"有关，都笼罩在这个话语之下。所以，前诸子时期的思想史不需要讲什么天命神学，用一个"德"字就能概括好。一般我们会觉得"德"好像是一个虚无缥缈的观念或精神价值，但光讲思想的话，大家都可以说出自己的一套东西，彼此不同或相反都很正常。所以我们还需要依靠现实的东西，包括实际的那些制度、设施、风俗、文化模式来讲它，虚的东西要和实的东西结合在一起讲，这就是西周礼乐文明的特点，西周所有的"礼"都要讲一个背后的意图和价值，那就是"德"的意义。《德礼之间》对这个问题进行了比较专门全面的研究，通过"德"和"礼"的配合就可以涵盖一切前诸子时期的问题，我想这是比较重要的。

我在 2003 年写作的《道家形而上学研究》，确实包含了一部分写作硕士学位论文时期的思考和研究，当然后面也做了很多的工作，其中比较关键的工作有两个：第一就是对道物关系的分析，第二是我们如何在道家的"知识论"视野下来看待"道"。因为道家的"知识论"和西方意义上的知识论不同，"道"肯定不是一个知识的对象，那么如何把这种思考说得能够让人理解，这就是我们进一步工作的目标。我之所以要对"神明"这个辞例进行分析，就是要打破西方哲学意义上的知识论的窠臼，来重新审视"道"的问题，去发掘它是作为一个觉悟或洞见层次上的东西，这些都是我们工作的基础。关于道物关系的问题，我的书里有一个比较惊人的发明，就是道家对于因果规律持有一个很强的怀疑态度，甚至是否定的态度，这个思想放在世界哲学的范围来看也是独具特色的，因为很多西方的哲学家都没有否定因果关系。佛教的思想讲因缘，因果关系构成一个不证自明的东西。西方哲学家自亚里士多德以来都把因果关系当成一个本能的思考，其中休谟已经快把因果思维扔到一边去了，但是他还是要接续着因果思维去讲，因为他们的脑子已经被这套东西控制住了。我们今天从更广的角度去看，打破因果关系有什么不行的？这个是我对道家哲学研究的很重要的一个体会，在古今中外的各种各样的哲学和思想体系里面，只有老子和庄子对因果规律提出了深刻质疑，这就是它很独特的地方。这些部分的研究再加上道德形而上学的内容、讲伦理学的部分，就很快形成了一套道家形而上学的理论。然后我又用一种特殊的笔法写作了审美形而上学的部分。总的来说，《道家形而上学研究》是依照德国观念论提供的近现代以来的哲学框架来写的，从这个角度来讲，我们基本上是迎着近代哲学的典范而上，与它进行一个对话，这个对话本身我觉得是有意义的。当然我们还可以"接着讲"，比如书中的境界形而上学的部分就是西方哲学里没有的，这是中国哲学所独有的，要讲中国哲学的特色可能还是要围绕着它来讲。总结起来，这本书应该可以说很明确地回答了这样一个问题："道"是什么？

总结一下，《德礼之间》这本书澄清了"德"是什么，包括被道家、儒家所加强的那个"德"的来源，这些内容在《德礼之间》的书里没有，但在我的《德的研究》的旧稿里是有的。这样，我们就把"道"和"德"这两个中国哲学里特别关键的概念给搞清楚了，为接下去的研究奠定了基础。这两个关键概括恰恰具有划时代的意义。我们可以说，前诸子时期的思想史的核心范畴就是"德"，我们可以说这是一个"德的时代"；而从孔子、老子开创的哲学时代，无论哪一家都离不开"道"这个词，我们可以说这是进入了"道的时代"。所以，我们必须既讲哲学，也讲哲学史，沿着哲学的一些主要的语词和概念，我们可以对历史进行划分，通过哲学的规律把哲学史各个阶段的贡献讲清楚。在《德礼之间》书里面还有几个没有涉及的部分。首先是儒家思想的突破，当时写作的时候还没有能力讲清楚，比如孔子哲学的核心就是"仁"和"礼"，是构成他的哲学理论的框架，但是"仁"与"礼"在孔子之前对应的就是"德"与"礼"。这样我们可以发现孔子作为一个哲学家，作为哲学突破时代的重要代表，他就把"仁"从一般的德目里面抽拔出来。孔子之前的时代所讲的"仁"不具备很重要的地位，它就是一个一般的德目，但是在孔子那里，"仁"成了一切问题的根源。包括后面的儒家讲仁义礼智信，宋明理学讲"仁包四德"，这其实在孔子那里就有了端倪。孔子从各种德目里把"仁"抽出来，赋予它更高层次的地位，这就是哲学的思维。

另一个问题是从"德—礼"向"道—法"的转折。要讲明白"道—法"的问题就要从黄老学那里去讲，通过研究黄老学会发现，这基本上就是战国时期的一个趋势，是一个时代精神的集中体现，这是一条非常重要的线索。这样看来，《德礼之间》的研究和黄老学的研究就构成了一个互相联系的整体，这个联系我一开始并没有察觉，研究的过程中就逐渐发现它们之间的关系了。这对我来说是一个鼓舞，证明了我们的研究坚持了比较科学严谨的道路，所有科学严谨的东西最后都会殊途同归。比如"德"与"礼"的前诸子时期思想史的研究和后面的黄老学有联系，而"德"的思想也演变成老庄道家里面有关"道德之意"这些问题的讨论。我之后的几个稿子都是要讲清楚"道"是哲学突破的重要标尺的问题，而老子讲的"玄德"和前诸子时期的"德"也很不一样，包括我们用"道"和"法"的关系去讲黄老学，这样我们就能建立起道家哲学的一个体系。

三、寻找一些新的学术生长点

贺敢硕：刚才郑开老师也提到，您在过往的研究对道家哲学有很多用力之处，最近几年您出版的著作大多也与道家，尤其和庄子哲学有关系。现在中国哲学学科内部对道家哲学的研究规模也有显著扩张，想请郑老师谈谈您对目前庄子哲学、道家哲学的研究有什么看法，以及您对这一领域将来的研究有什么期望。

郑开：过去的中国哲学研究里，最主流的肯定是儒家哲学，尤其是宋明理学的研究，道家可能相对比较小众一点，这和道家在中国哲学史、思想史上发挥的作用并不像儒家那么显著有关系。当然这个本身没什么太大问题，对我个人来说，我没有什么特别的偏好，其实让我研究儒家也没多大的问题，只不过由于个人精力所限，也就没有做出很多成果。但对于我们来说，存在一个条条大路通罗马的状况，随着研究逐渐深入，就会体会到即便是做道家研究，也会和其他的内容建立起一种深刻的联系。很多人会说北大现在是道家哲学的研究中心，但我们有很多专做儒家哲学的老师，而且我们都会研究得比较均衡。我本人虽然儒家方面的稿子写得少一点，但我敢说自己不是外行，接下来我可能会逐渐发表一些研究儒家思想的稿子，里面有关于《中庸》《孟子》《荀子》的一些研究，有关宋明理学可能也会做一点研究、写一些论文。现在的宋明理学研究开始趋向专业化的、细密甚至枝节的工作，因此我现在也不敢贸然去写它，不过长期的研究和关注还是有的。

在道家哲学的研究中，庄子是很重要的一部分，我自己也有一些心得。庄子哲学研究在北大有很深的根基，早先在北大教授中国哲学的马叙伦先生就是研究老庄的专家。晚近的道家哲学研究我想应该追溯到改革开放以来陈鼓应先生在北大的教学、办刊、举办学术会议等活动。陈鼓应先生在北大长达三四十年的教学和研究活动，功不可没，在他的推动下大陆学界逐渐形成了一个道家、道教哲学研究的学术共同体。这个共同体对我来说是有影响的，但并没有左右我的偏好，我一直坚持独立思考、自由探索。现在看起来，新时期以来的道家研究取得了长足进步，对庄子哲学的研究应该说进入了一个新阶段。我个人研究庄子已经很多年了，大概三十年了吧。《庄子》这个书很有趣，但如果我们要对它进行专业研究，就会发现很多问题还没搞清楚。比如《庄子》里面有一些词，我们根本不知道它是什么意思，非常难解。有一些内容可以进行分析，但是这些分析还没有积累到一定规模，不足以让我们看出更多规律。这些内容都需要进一步推进、进一步研究。举个例子来说，我在过往研究里比较强调庄子是一个心性论哲学的典范，但是《庄子》里还有很多其他的元素。我们过去总是认为庄子讲的是境界，或类似的比较偏向主观的东西，但是《庄子》里面还有很多客观呈现的东西，例如其中有一些接近或类似"自然法"的表述，很值得挖掘。这些研究的基础都不是非常牢固，需要更多的积累。或者说，《庄子》内容很丰富，需要多元进路去探讨，或者更平衡地审视它的方方面面。所以说，道家哲学和庄子哲学的研究之所以兴起，和陈先生在北大的学术活动有一些关系，但是大家的兴趣之所以被激发，主要还是由于《庄子》、包括其他道家哲学著作本身的深刻性所导致的。我们这几年开了几次以庄子哲学为主题的学术会议，几乎每年都要开，今年还要继续。

随着专业研究的深入，我们看到了一些以往没有看到的问题。冯先生他们写过很多有关庄子的稿子，但是他们那会儿基本上是属于拍脑瓜型的，就是讲他对庄子的体会，有的体会是比较深入和准确的，有的就是他们个人的私见。我们现在进行专业研究，有个人的看法是可以的，但必须要讲出道理来，必须要在和经典的对话关系里面给出一个论证，没有论证的话你就是一个感想而已，不符合我们专业研究的态度。现在北大的一些研究，包括各兄弟院校、研究机构的学者同行，他们对庄子的兴趣呈现了比较多样化的状态，而且都开始专业化，变得更加深入了，这会逐渐把很多问题联系在一起。

贺敢硕：在传统中国哲学研究之外，郑老师最近发表了《自然与PHYSIS》《德与VIRTUE》两篇关于比较哲学的文章，您近期在一些学术会议上还做了《道与LOGOS》的讲演。想请问郑老师为何开始关注比较哲学的领域，您认为进行中西比较的合理标尺是什么？

郑开：比较哲学的兴趣也不是最近才有的，我在《德礼之间》和2003年版的《道家形而上学研究》里就已经提到了这些内容，但是当时写得比较粗略，不够深入，实际上就是一种比附，很浅薄。我后来也有过反思，认为这些研究还是不够的，也可以说当时我还没有能力写好，对这些概念领会得都还不够透彻。比如说"自然"的概念及其理论，我过去就很少写，也是获益于最近王中江老师、刘笑敢老师、王博老师、王庆节教授等学界同人，他们写了不少有关"自然"的文章，我也是被大家拉着、推着参加了一些讨论自然概念及其理论的学术会议，被动地进行了一些相关研究，然后发现"自然"的确是一个比较有意思的问题，也就写了两个稿子，接下来

可能还会再写几个有关"自然"的稿子。《德与 VIRTUE》也涉及到
比较哲学里一个很重要的问题，这个稿子之前也写过，但是没有写
好，后来又花了很长时间，一度我自己都觉得写不成了，但是坚持
了一下，最终还是有很大的收获。

　　我们对中国哲学的研究从一开始就有一个比较哲学的追寻，这
是必须要承认的，因为我们中国哲学、哲学史研究一定以 Philoso-
phy 作为参照系，而中国古代就没有"哲学"这么一种学问、一个
学科。现在这个学科存在了，你先别问这个学科的存在合理不合理，
首先要考虑的是怎么才能把它做好，做好了就是合理的，做不好就
是不合理的。如果没有中西比较哲学进行的比较和会通，凭什么说
自己研究的是 Philosophy 呢？所以，比较哲学是必要的。但是，狭
义的比较哲学其实没有严谨的方法论，比如说，朱熹可以和德国古
典哲学做比较，也可以和亚里士多德做比较，但这种比较实际上没
有必然性。所以我们会发现，如果比较哲学的研究就是要找一些双
方的表面相似，那么这种相似是无穷无尽的。这个时候我们就需要
有一个很强的方法论的自觉。我这两篇文章比较有贡献的地方就体
现在比较哲学方法论的自觉上，我们不管比较什么东西，哪怕是局
部的东西，都必须要把它提升到理论范式之不可通约的高度来进行
审视。只要把理论范式搞清楚了，很多时候不需要特别的比较也有
可能会获得一些洞见，在把两边的范式都搞清楚的状况下，有的时
候看起来两个根本不相干的东西也可以进行比较研究。就像倘若我
们不观察两个东西的分母是不是一样，就在那里说分子之间是个什
么关系，那没有用，这个比较不具备必然性，也没有启发性，所以
这是一个方法论的问题。在《德与 VIRTUE》那篇文章里，我的一
个核心的观点就是中国哲学里讲的这一套才是真正的"德性论"。西

方哲学讲的那个叫作"美德伦理学","美德伦理学"和"德性论"之间不能够画等号。将来有机会我们还要和研究伦理学的专业学者一起讨论。这一点从理论范式的角度看就比较清楚,西方哲学说"知识即美德",他们讲的 Arete 有两条主要线索,一个是通过城邦的伦理价值,就是以"正义"概念为核心的"四主德";一个是通过"理性",也就是知识论意义上的认识。这和伦理生活实际上不构成直接的关系,或者说根本没有看到人性的复杂性。我知道哪个是好的,帮助别人是好的,但是帮助别人我吃亏了我就不干;我知道敌人来了,都说要奋勇向前,但我被打死了怎么办,我就会先躲起来,让别人去打。人性都是这样的。伦理生活的意义就在于它是行动,不是说你要明白这个道理,它不是一个思想。如果我们从知识的角度来讲,你明白这个道理,如果不这样做的话就没有好处甚至会有坏处,所以我做出一个明智的选择,这是西方的伦理学,但这种伦理学在伦理实践中肯定要碰壁的。伦理行动有的时候是知道前面就是一面要撞的南墙,但是有时候作为一个人我必须这么做,不计算任何的功利性的后果。这个时候我们就会发现,中国哲学里无论是儒家还是道家讲的那个德性,它其实指的都是内在于你自己的、必须要去全力以赴的那个要求,它不是别的,就是一个内在的要求,哪怕对我没有好处也要这么干。这才是中国的伦理学的核心。古希腊哲学的 Arete 一开始讲的是人的特长和本性,然后在柏拉图、亚里士多德的时代演变成以"正义"为核心的各种德目,它和城邦的政治理论是相配的。我们中国哲学里没有这套东西,也不需要这套东西。中国哲学讲的伦理原则是超过现实生活的,这才叫做伦理学,没有超过现实生活那就只是一条条具体的伦理准则,它们不在一个层次上。关于这个问题我将来还会再写一些稿子,目标就是一定要写出中国哲学讲伦理的那个理论高度，把它超出习俗、超出规范的层面论述出来。这部分研究本身对于思考整个中西哲学的全局都是有关系的。

《自然与 PHYSIS》的那个稿子也研究了一个比较重要的问题。我们知道，道家哲学讲的"自然"和前苏格拉底时期讲的 Physis 非常接近，但是苏格拉底之后的哲学家讨论 Physis 的时候就逐渐被目的论的概念所奴役了，尤其是进入了基督教神学之后，Physis 的概念就被彻底掏空，成了一个被动的、有待于我们去征服的外部的实践对象。这种自然观念随着近现代西方文化大规模席卷中国，深刻地影响了我们对自然的认识。如果我们用这种代入的东西来理解古代哲学，无疑是错误的。这样看来，中国哲学、特别是道家哲学讲的那个自然就有独特的价值，我们现在要用这个自然的观念来抵抗他们说的那种被动的自然，也就是说，我们要对那种目的性很强的理论保持警觉。其意义就在于中国哲学能够成为反思西方哲学体系的理论资源，如果将来我们能形成一个世界哲学，这会起到很大的作用。比如我们前面提到的道家哲学里对因果关系的深刻质疑，就和自然观念有密切的关系，这些内容都聚集在自然的概念之下，构成其理论的一部分。

贺敢硕：郑开老师于 2020 年在《同济大学学报》上发表了《新考证方法发凡——交互于思想史与语文学之间的几个例证》一文，包括您在较早的文稿中就已注意到视觉语词、否定语词、状态语词对道家哲学表述的重要性，您还多次在北大开设"早期思想与语文"课程。想请您具体谈一谈这种思想史与语文学相交互的研究路径的重要性，以及这种方法是否能为传统的中国哲学研究带来什么新的视野与启迪。

郑开：这个问题是我近年来教学、研究上致力于开拓的一个新方向。最近这几年上了几次"早期思想与语文"的课程，也开了一些学术会议、写了几个稿子，现在我有个初步想法：这是一个新的学术生长点。这个生长点要解决什么问题呢？我的主要研究范围是早期哲学，研究早期哲学就不能忽视一个经典的学科，叫作古典学，它的意义就是对古代经典进行深入解读，这种时候我们会发现，它必须依靠语文学的方法。西方的语文学在生长发展的历史过程中所针对的就是关于《圣经》的解经学。如果要把这种解经学从各种宗教语境的意识形态里拯救出来，就必须要用到语文学的方法，这个学科的使命就是这样，它要用科学的方法进行经典研究。类似的这种学科建设，其实是我们中国传统学术，特别是中国思想史研究的领域里面还尚未完成的。

从 20 世纪 90 年代末期以来，存在着两种威胁到我们哲学研究乃至整个人文学术的趋向。其中一种是说我们要回到传统学术，不需要西方现代化的科学成果。另一种在北大体现得比较明显，就是要把人文学科吞没在社会科学的潮流之中，把人文学科给社会科学化，这都是我们需要警惕的趋势。我们就要在这两种态度的威胁里探索一条新的路径。语文学的方法就是，通过分析语文学的规律和早期思想史的规律，探索他们相互之间产生的影响。我们还发现中国古代的传统学术有很深厚的土壤，包括训诂学、音韵学、版本学等这些知识都有深厚的积累，这些积累往往是有用的，这是传统学科留下的最有价值的东西，我们现在解读经典也绕不开它们；但它们不够科学，相对于我们期待的那个现代意义上的解释学来讲还差得很远。所以，如何利用好这些传统学术的精华，如何能为我所用、开创新局，是一个很大的问题。其中语文学涉及的内容，对我们研究思想史的规律就很有帮助。但是这部分呈现在语文学上的规律对于中文、历史这两个学科的学者来说，他们都有些不屑一顾，不会关注你思考的思想规律的问题，而且他们往往也不擅长这些，所以说我们也是被逼无奈，只能一边学习一边开拓。

这里面有几个比较重要的问题。第一个就是存在一些具有特殊特征的语词，它们能够反映一些思想史的规律。比如我们一直在研究的状态语词，其实古代叫作况词，我个人认为这个况词在西方，也就是印欧语系各个语文里找不到准确对应的东西。这种时候我们就要注意到，如果要探索中国哲学的特质，语言的特点在其中就是非常值得研究的维度。比如说，道家在讲"道"的时候经常起用一大套状态语词，如果我们对它有一个清晰的认识，指出状态语词不同于一般意义上的名词，那么我们对"道"的理解空间就会被打开，它要关切的是另一套东西。第二个比较重要的问题是文体的使用。我们相信任何时代，特别是人类历史的早期，他们的思想表达形式一定会和文本、文体的形式存在关系。蒙文通写的《周代学术发展论略》里就提到：《论语》为什么要称"语"？它指的是一种题材。例如《春秋》称作"国语"，《晏子春秋》称作"家语"，它们都在"语"的基础上去讲一些东西，这个"语"就不同于前诸子时期的"辞"，"辞"是官方已经拟定好的，我们看《左传》《国语》里的一些议论，尤其是一些外交的往来，它都有一个固定的稿子，虽然有时也会有一些随机发挥的临场变动，包括《左》《国》的作者为了让写作更生动，会通过修辞渲染气氛，但它们在本质上都是一些"辞"，而不是"语"。早期哲学的总体趋势是，"语"的成分变得越来越多，也就是说哲学时代的开启和"语"包含的问题的出现和成熟是有关系的。我们再举个例子，"论"是一个战国中期以后逐渐形成的文体，我们通过分析可以发现它以明确的"名学"作为基础，而孔、老之前的各种史料就没有这个特点，"名"要通过"辩"才会更加清楚，这个过程中"论"的形式就会发展出来，而有了"论"之后，哲学的思维也能得到更好的运作。

无论是语词还是文体，这些语文学的视角都具有重要的意义。传统学术的资源对我们研究经典是很重要的，但有的时候也必须借助现代的理论，比如我讲"无"的概念的时候就会借用俞敏先生在《经传释词札记》里的讲法，这就是一个现代方法作用于传统学术的典范，它有助于把那些问题讲得更清楚。我们现在看哲学书，打开一本康德的《纯粹理性批判》，里头那些字你都认识，但理解起来却很困难，因为你还没有掌握它的哲学语言。我们看着一本小说，写得很好，字你也都会写，情节你也都能掌握，看完了你却写不出来，这就是没有理解它的文学语言。包括文学语言、哲学语言在内，这些东西都很难讲清楚，但它们的确就在那里。古代的思想家对语言是具有一种明确的自觉性的。在早期思想和语文的关系中，我们会处理一部分相关的问题，就是通过语文学的视角去梳理和发现古代哲学的一些理论特点。

四、为中国哲学的学术共同体培养人才

贺敢硕：郑开老师平时经常会提到在求学与工作期间与诸位先生的交往，您认为哪些学界前辈对您的研究产生了比较大的影响？

郑开：我这人的个性其实有点儿反权威，对很多人都不服气。我在北大求学的过程中当然最熟悉的就是许抗生、陈来两位老师，他们是我的业师，我和他们打交道是最多的。除此之外还有陈鼓应、王博这些老师，和他们来往也比较多，可能是受了一点点影响。不过我自己觉得我的研究其实不太受外部的影响，或者说这种影响不是根本性的。

在哲学系里面，我受教比较深的应该要数王太庆先生。王太庆先生虽然是研究西方哲学的，但他实际上是很博学的。王先生的著述不是很多，好像大家都觉得他就是一个翻译匠，但是他对很多问题都很清楚，我在哲学研究方法受到他很多启发，在学风方面也比较受他的影响。王太庆先生的白话文写作是很厉害的，他的文章你乍眼一看很家常，但是人家一开始说的两句就都是直击要害，我对他非常崇敬。

余敦康先生我也比较熟悉，经常打交道。我的博士论文就是请他来做答辩主席，因为我那时候也确定毕业后要去世界宗教研究所工作，所以余敦康先生来了之后我们相谈甚欢。和余先生聊天特别愉快，天南地北什么都讲。而且，余先生的问题意识实际上我们也一直都很重视，他最关切的一个问题就是：中国哲学作为一种独立发展出来的文明和思想传统，它的根源是什么？余先生当时讲这个的时候，我们还不太理解，或者说觉得没有足够的能力去驾驭和把握这样的问题。余先生后来写的著作其实都是想要解决这个问题，但是现在我们看起来他只是写了一个比较简略的、提纲挈领式的东西。那个时候他已经七十多岁了，几乎已经不可能完成那样的任务，但他希望把这个研究任务交给我们这一代来继续，这一点令我十分感念。他的人格魅力也是让我们都很崇敬的，他是非常正直的一个人，思想深刻、学问渊博，人又坦荡、正直、洒脱，这是非常难得的。所以余先生去世的时候，我们都非常难过。余先生对中国文化和中国哲学的根源的问题特别重视。他特别想要做一点具有开创意义的东西，但是精力已经不太行了。余先生晚年和我们聊天，让我印象很深刻，他说：我是想要做一个哲学家的，只是时运不济，因为时代没提供那样的条件，等到我回到学术工作的时候已经六十多岁了，很多问题已经没办法继续投入精力了。我也从余先生身上看到了时代的悲剧。在余先生八十多岁的时候，我们为他准备一个庆祝活动。余先生一开始就说：你们今天过来为我庆祝八十岁生辰，我是心怀感谢的，但说实话没啥太大意义，因为我做的那些东西啥也不是，我想成为一个哲学家，但我也没成为一个哲学家，我的那点东西也谈不上学问。座中的学者面面相觑，不知道说什么好。尽管余先生自己这么说，我们必须承认，余先生的研究代表了那一代学人独立思考的顽强精神，代表那种在困境中百折不挠地探索中国哲学的道路的努力。作为那一代人的代表，余先生做的东西是好是坏要交给后人来评鉴，但这些著作的出版本身是有意义的。

余先生对我的《道家形而上学研究》这本书其实不太以为然，但我比较重视。主要的原因就是他认为这些虚无缥缈的东西都没用。这一点我一开始不太理解，后来我和一些同事讨论这个问题，发现余先生做学问的特点就是不讲那些虚的，总是要把那些虚无缥缈的抽象的东西都转化为相对实际的内容。这和他个人的经历有关系。你看王夫之也是这样，从来不讲那些虚无的概念，而是通过张载讲那些看得见、用得着的东西。他和余先生有一些共同的特点，但我想这都是他们个人际遇的一部分，现在我们看这些问题的视野可以更开阔一些。

　　贺敢硕：最后想请问郑老师，您自从来到北大任教以来，除了承担教学工作之外，还培养了多位博士生和硕士生，能否谈谈您对自己的学生在学术培养和论文选题方面有什么独到的心得。

　　郑开：其实也没啥心得。不过我还是想说，我虽然算不上教育家，但是也会有一些自己的教育理念。最重要的一点就是我们要给国家、民族培养人才，这不是虚言，也不是我的自我标榜。我坦率地说，现在国内不少大学里的博士生、硕士生导师培养学生都有自己的小算盘，在于他要培养自己的势力，将来能为我所用。但是国家把学生交给我们来培养，如果我们怀着这样的小九九，我觉得是不负责任的。需要明确的是，培养学生不是为了我们自己那一点点事情，而是为学术共同体培养人才，为中国哲学这个事业培养人才。我们这些师资能发挥的作用里，很重要的一个方面就是给这个学术共同体作补充，特别是那些高端人才。你发现没有，高端人才永远是稀缺的。所以过去我们这里说要培养"读书种子"，这个说法不是很准确，我们要培养的是人才，让他们将来在学术共同体里面能开拓新局面，有新建树，补充新的血液。因为我们的学术共同体其实是十分脆弱的，很多人都会为自己去争取一点蝇头小利。但是，学术共同体需要维护，这并不是唱高调，而是我们进入专业研究之后会发现你离不开这个学术共同体，你的一切工作都和它有关系，那你就有责任把这个共同体维护好。有些人光在里面捞好处，只讲他个人的那一点点东西，这些做法格局都太低了。

　　这样，我们培养学生的方法就很明确了。我绝对鼓励我的学生进行自由独立的思考，也鼓励我的学生转益多师，去学习其他老师的长处，这是很重要的。我的学生如果要追随其他的老师问学，我是没有任何意见的，但并不是每个老师都能做到这一点吧？虽然我们也知道学生的才能资质各不相同，有的同学能力有欠缺的话，那我就考虑不让他自由选题作学位论文，也许会直接给他一个题目。但是一般情况下，学生要根据自己思考的所得去发现一个问题，我鼓励他们这样做，因为这就是他的自得之学；我们作为指导老师的任务，就是和学生讨论，判断这个选题是否有价值，接下来的指导过程，基本上就是看写作是不是符合要求、碰到一些困难应该如何解决。这些都是很正常的情况。但是首先必须要自由的、独立的思考，因为学术的生命力就在这个地方。我们不需要学生做的工作一直和老师一模一样，或者说鼓吹老师的研究有多么了不起，那没啥意义。我自己可以说自己在道家研究方面能够独当一面，但这个不需要我的学生为我鼓吹，一代人有一代人的学术，每一代人都应该开创自己的学术。有次我的一个学生拿了篇稿子来让我看，我说你和我讲的都一样，我不允许你和老师写得一样，回去重写。这一点很重要，学生的研究绝不应该和老师一样，有的老师要求学生必须模仿、效法老师，和老师一样才能过关；我个人不这么看，也不鼓励学生做老师特别熟悉的研究，作为学生必须要有自己的自得之学。

　　我们这个学期开了一个新课，叫作"中国哲学的前沿研究和学术论文写作"，这个课主要是讲我们现在研究的旨趣。首先，要讲出中国哲学在整个中国近来以来的人文学科中具有的独特的价值和地位，它是很特殊的。其次就是我一开始讲的那些内容，你要知道这个学科是怎么来的，早期的、第一代的中国哲学研究是如何从草莽中开拓出来的，它的历史经验、教训在哪里，哪些东西是我们不能放弃的。至于学术论文的写作，则需要更多的磨砺，这些技术现在比较成系统了。我们还要给学生讲一些几代学人中出现的研究典范，要求学生观摩和学习，我们过去写稿子也是这样一点点锻炼出来的。

　　所以我们对学生的培养能教的也就是这些东西，帮学生挑选一个有价值的题目，但是最终的造化还是要靠学生自己。学生是否具有做学问的那种志向和信念，这是很重要的。有的学生可能很聪明，但他没有这种意志，那基础再好也没用。有的学生可能擅长学习，在考试方面是过关斩将，但是一进入到研究，就缺乏了创造性的自由思考。这些东西都是没办法教的。如何能够从信息爆炸的潮流中，准确地掌握到时代精神的精华，洞见到我们时代需要的东西，这就更不容易了。有可教的东西，也有不可教的东西。我们让你掌握一些知识，剩下的都是靠学生自己的努力。是这样的一个情况。

第十七讲　学哲学是要成为独立思考的人 *

[按语] 11 月 15 日，一个微雨的早晨，耕读社社员代表拜访了郑开教授。郑开教授作为北京大学哲学系资深教授，讲授的中国哲学课程在同学们中间广受欢迎。面对同学们提出的困惑，郑开教授侃侃而谈，朴素而诚挚的言语中时不时流露出一丝幽默，使得同学们逐渐放下了拘谨，更加轻松地和郑开老师交流起来。时间飞逝，这次访谈在一片和谐愉快的氛围中结束了。根据访谈录音，整理成以下文稿，经郑开老师审定后在《遇道》"对话"板块推出，以飨读者。

一、如何学习哲学、阅读经典？

问：郑老师好，非常感谢您能同我们做这次访谈，我想先提一

---

* 本文整理自 2022 年 11 月 15 日北京大学耕读社访谈。

个问题。我们在大一中哲讨论课会阅读一些经典文本，每次读的时候，第一步工作当然是把字面意思弄懂，但是，理解字面意思之后，我们又该做什么呢？

这是一个大家很自然会遇到的问题。但这个问题在大家现在这个阶段，说多了也无益。在目前的阶段，大家可以按照自己的兴趣去读，积累一点读古文的经验。

古文与白话文的差距有点大。虽然说我们可能之前有点积累，但是我们进入中国哲学的学习，或者说将来进入中国哲学的研究的话，对古文基础的要求是很高的。所以我想第一步是先积累一些古文阅读的经验。第二步，随着经典研究的深入，你就会知道，我们要探讨的是 context（语境），而不只是一个 text（文本）。Context 比 text 要更复杂一点。

举个例子，《尚书》里面讲"丕显文武，昭升于上，敷闻在下"，初读你可能会以为是这个意思：秉持了先祖的德性，然后就可以昭明于天，然后让下面老百姓也知道。表面上的意思是这样的，但实际上经过分析这句话的含义更加深刻丰富，从字面上来理解肯定是不够。它讲的就是那种仪式，就讲的是通过仪式来沟通人神。表面上看，这句话里面的仪式感是看不出来的，但不能透视其中的仪式感的话，这句话基本上是读不懂的，就是这样。这些内容，我觉得需要将来慢慢积累，一步一步进入。

因此，我认为大家现阶段首先是要熟悉古文。我推荐比较典型的读本就是《左传》，如果读《左传》觉得难的话，读《史记》也比较好。这两本书会对大家积累古文阅读方面的经验起非常好的作用，内容也比较有意思。这样有了一定的阅读经验，古汉语的水平肯定会上一个台阶。

我没有专门学过什么"古代汉语"一类的课，我的古汉语知识积累靠的是阅读，大量的阅读。我的经验是：阅读积累到一定程度，你会发现自己跟专家也差不了太多。专家讨论的那些问题，我们研究深入之后，就发现有好多专家说的也不靠谱，有待商榷。我给大家举一个例子。我们前不久开会讨论《齐物论》，里面有个"朝三暮四"的故事，这个故事之后有一句总结："劳神明以为一，而不知其同也。"大家就根据旧注探讨"劳神明以为一"，这个咋能"一"呢？众说纷纭。后来我就说，其实按照我们对文本上下文的理解来讲，这个地方的"一"有可能是错的，有可能是"二"。"劳神明以为二，而不知其同也"，要不然的话就读不通了。有一个老师是专门讨论这个问题的，他当时就说：要按郑老师这种说法，我们这些问题都没了。的确没了。而且原文若本是"劳神明以为二"，这个"二"字很容易在流传的过程中变成"一"，这种现象有很多。相似的，我们说"丕显"就经常会变成"不显"，"丕"底下的这一横经常会在流传的过程中会磨灭，但是读成"丕"是毫无疑问的。你看，这些东西是相关专家讨论的，但我们会积累到一定程度也有发言权。

问：在高中的时候我们很多人没有看过太多中国哲学的书，如果要在课外看一些书，系统地了解一下中国哲学，我们可以看哪些书呢？

这个没有一个什么一定之规吧。顺着自己的兴趣，自由一点，我觉得就挺好。自由一点很重要，根据一些自己的兴趣，或者根据一些机缘。我们说中国古代的学问是一体的，你从任何一个点深入，都能见到很根本的东西。其实你要是说研究中国哲学，甚至说我们整个哲学的学科的性质都是这样——你不管从哪里入手，是一种什么机缘或者从哪一种知识的背景开始探讨问题，最后都可以抵达哲学的这一个领域。

你看我们哲学系就有各种不同的学科知识背景的人来，其他的院系几乎没有这样的，或者像我们这样普遍的。而且不同的学科、不同知识背景来的这些人，不见得学得就不好。比如说我们研究中国哲学的老师，像陈来老师他以前是学地质的，立华老师他的专业过去就叫锅炉，现在叫热能。我的专业就更土，土木嘛，过去叫土木工程。你这样看的话，它不在于从哪儿开始。兴趣其实挺重要，自由一点，自由的思考是非常重要的。

问：还有一个问题，我经常是看完书之后，会想建立一个比较系统的体系，但是看完就忘了，甚至边看边忘。比如说墨家学说，虽然您讲得很有框架，但自己课后很难回想起来。这种情况是因为对文本不熟悉吗？

这种情况其实也正常。

我们过去学习看书，看了就忘是家常便饭。现在为啥就突然不忘了呢？不是说记忆力突然变强了，而是说你在研究相关的问题，或者说你对这些问题熟悉了之后，你有了一些自己的想法，这样你就很容易记住书里面的内容。我们过去看一些同行的书，比如张岱年先生的《中国哲学大纲》，或者说冯友兰先生的《中国哲学史》，我们记不住，看完全忘了！这很正常。

但现在我们做研究，我们看完就不容易忘。为什么呢？就是说我们跟书有了一个对话的关系。我们一边看一边就想：哦，他是这样讲的，这些问题我们也遇到过，而且我们有的地方同意，有的地方不同意。看完之后效果非常好，记得很清楚它是怎么回事。

如果我们自己对这个问题没有研究，或者没有自己的看法，比如说你对墨家没有自己的看法，你就记不住我讲的。所以我们说最需要的就是自由的思考，这是第一点。

另外，你对墨家的原始文献要做到熟悉，只有熟悉，才会有自己的看法。熟悉之后，你再读别人的书，一提到原文，你记得就很好。但是这一点我觉得咱们同学现在做不到，因为要求阅读量太大了，但是你讲到这个问题，我就把这个规律给大家说一下。刚开始记不住很正常，用不着特别焦虑，我们当年也是这样的。

问：在本科的低年级阶段，我们应该怎样去打好学习中国哲学的基础？

首先，我想我们要思考，学哲学跟学别的专业有些不一样，哲学主要是要使你能成为一个独立思考的人，就是说你知道了很多知识，在哲学系我觉得好像意义没有在其他专业那么大。

中文系培养不了作家，对吧？但我们哲学系按照我们现在的这种专业的教学体系也培养不了哲学家，也是同样的问题啊。说中文系不培养作家，我们都觉得想笑，但是这个问题对于我们哲学系也是这样，也有这样的一些问题。

但是，虽然哲学系主要是在培养专业学者，但当中肯定会有一些人在很早的时候就开始起步，要成为一个独立思考的人，要向哲学家的目标迈进，这是毫无疑问的。任何时代都有这样的冲动，其实每个人大概都有，但是可能由于才情、才分不同，机缘不一样，就可能走上不同的路。

我说的重点是什么？就是说在哲学系你可能学了不少知识、变得非常博学，但我觉得博学不是哲学教育的最终目的，最终目的是创造出独特的思想，或者说你要能独立思考，你真正的魅力真正的价值主要体现在创造性思想，创造性思想的前提就是独立思考，你要是不独立思考，你说的都跟哪一个老师一样，跟哪一个著名学者一样，或者跟哪一个哲学家一样，那你知道得再多、了解得再多，我觉得意义都不大。

二、道家思想及其当代启示

问：您长期研究道家哲学，您认为道家的思想对我们当代社会有哪些启示呢？

道家思想，有几点我觉得是很重要的。

第一点是道家的批判精神非常强。它的批判精神相比其他各家都要强，有的时候可能让人觉得都有点过分了，但是的确它就是要保持这种批判意识，它不妥协。

儒家容易妥协。儒家你别看它也有理想主义，但是它很容易跟现实政治中的各种各样的势力媾和。（你看像孟子那么理想主义，但是他说首先你要跟那些大族大姓搞好关系，很现实。）但是道家不同，它说，一切有形的，一切社会政治制度都是不完善的，它坚信这一点。这个想法是不是很合理？我们今天看一切制度，美国的民主制度或者欧洲的这些福利制度，都有很大的漏洞，只要是现实的，都是有缺陷的。只要你是一个"物"，是实际存在的宇宙万物，任何一个现实的"物"都是有限的，都是会消灭的。所以说第一点，道家对这个问题的认识非常清楚。这一点是我们要学习的，是很有价值的，如果没有这种批判的精神，对我们哲学学习来讲，你第一步都迈不出去。

第二点是说，哲学能给人什么帮助？给人什么力量？我们经常会这样讲，你们到哲学系来学习，能获得啥呢？不是说这些老师探讨学问非常高深或者很玄妙，我们就满足了。其实，这个对你有啥帮助呢？这是一个很重要的问题。我们有时候会跟社会上其他的人交流，我们说哲学其实没啥用，你看看一个社会，无论是公司也好，或者政府的各个部门也好，都是处理一些实际事务的，这些事务里面没有一个是关于哲学的。那么，无用的哲学有什么大用呢？至关重要的是，哲学能使我们从日常的思维中摆脱出来，"思想"的力量在于这里，道家哲学尤其如此。

"思想"的力量不是说给你一个坚定的信念，给你一种思考的方法，这些别的学问、知识也会给你，任何一种主义，它都会给你一种世界观、方法论。但是道家和任何一种主义都不一样，它就是要打破这一切，一切都放在它解构的框架中。不管外界给了一个什么东西，都要从相反的方向来审视，这个就体现了非常哲学的特点。比如说我们问"道是什么"，我们平常默认了这是一个正确的问题，按照这个方向来思考，但是道家会提醒，这其实是个错误的问题，你必须要从"道不是什么"这样另外一个方向来探讨。这样看起来很抽象，但有助于使我们从各种各样的成见的束缚中摆脱出来。

问：在学习时遇到一些困难，像一些抽象的思想，比如道家的"道""德"，还是不能清楚地理解它们的意思。

我想第一个策略是要在哲学史中去理解。"中国哲学"的前身是"中国哲学史"，我们现在做了一点点改变，课程名改了，变成"中国哲学"，但是保留了一些之前的内容，就是说大部分的内容我们还是按照哲学史来讲这个问题。哲学史也是我们北大研究中国哲学的一个传统，就是我们要通过哲学史来讨论哲学问题。我们首先是想通过哲学史来把这些问题讲得清楚一些。当然说是这么说，但是我们现在课时不多，可能讲得非常粗略，这样会影响大家的理解。

比如说我们要看到老子讲"道德之意"，"道"跟"德"这两个概念，它是对于之前的思想进行的一种很大幅度的改变。但是，你如果不知道之前的思想是什么，你就对这种改变很难理解。但是我们如果详细地分析，会占用非常多的时间。你可以把这个命题先记住，之后不断检验它。

在老子之前中国的思想世界里面最核心的词就是"德"，其他的都不能和它相提并论。但是在老子思想里面就开始以"道"为核心，当然"德"也比较核心，但起码可以说"道"一点儿也不下于"德"，这样一比较你就知道，变化非常大。应该说，"道"已经取代了之前"德"在思想世界中的地位，而且，这个"道"又是通过"无"来讲，这是之前完全没有的。"道"这个语词早就有了，但是"道"基本上被放在"德"的下面来讨论，或者为了补充"德"来讨论。但是到了哲学时代，它的结构一下变过来了，以"道"为第一位、最重要，"德"虽然也相当重要，但是"道"比它还要重要一点点。然后老子里面"德"也变了，对"德"的解释和之前很不一样。总的来说，老子通过"无"来解释"道"，又把"德"进行了改变，变成"玄德"，这样一个结构性的变化，是老子哲学的主要的东西。如果不从哲学史上来讨论，这一点就搞不清楚，对吧？

再具体地讲，"道"可以"道"（言说）是吧？如果"道"不能讲出来的话，你就进入不了思想的世界，也不能讨论，也不能传达，所以说"道可道"。但是说出来的都不是"道"，这一点非常重要，也许更重要。所以说，一方面，"道"本来也是个字嘛，字肯定是有的，或者这个概念也是有的，要不然谈一切都没有根据。但是另一方面，"道"的难点在于什么地方？它无法被"名"相捕捉，"道恒无名"，一切说出来的都不是"道"。

所以你能说出来"道"，给它一个名字、标记，使得这样一个观念进入我们思想的世界。这是第一步，这个跟其他的东西是一样的。比如说这一盆花或者那棵树，我们有了这样的"名"的话，这些东西都进入了我们的头脑，进入语言时它本身有个分类，就放在我们头脑里面，它本身是有条理的，对吧？我们认识任何一个新事物都是这样的，一说飞机，一看"机"知道最起码是一种机械构造的东西，再看"飞"就知道它是可以在天上飞的。事物通过语言本身的分类，再进入我们思想里面就是有条理的。但问题的复杂性在哪里？通过"名"进入我们思想世界的各种各样的东西，是一般的规律，但是不适用于"道"。"道"的第一个层次可以用"名"来命名它、来标记它，来使它进入思想世界；但是"道"是不能像别的东西一样分门别类，不能被当作一个对象性的东西来思考，这是它更根本的特点，因而它又不可以用"名"来直接表达。

我们总结一下。第一，"道"要通过"名"才能进入思想世界；第二，"道"又超出了思想世界，它的复杂性在这。这两个层次分清楚，我觉得有助于对"道"的理解。

三、独立的思想，与哲学的融会贯通

问：郑老师刚才提到，知识广博不能代替独立思想，我们很受启发。基于此，我有一个疑问，我在读《管锥编》时，发现钱锺书先生的学问特别广博，会把很多相关的材料排布在一起。钱先生这样做，是因为他只是知识广博但思想不够深刻吗？还是另有深意？

钱锺书《管锥编》的著述旨趣在于比较会通。他博闻强记，能记忆很多东西，据说他们家没有太多的书，书架上只有几本字典词典。他文章里征引那么多书，从哪里弄来的？全是靠记笔记，全是靠博闻强记，这个绝对是天赋异禀，没有什么办法。

所以我还是比较钦佩他，他主要做打通的工作，把各种各样的东西打通。他用这种排比，有一个好的作用，就是他会让你一看这么多材料，自动地就会明白；材料本身很有条理，不用多说。

有的时候你会发现，我的文稿里也会征引不少比较繁复的文献资料。不是说我喜欢繁复，喜欢掉书袋，而是想把这些材料的细节、面貌都呈现出来，呈现出来你就知道它的分布、脉络和规律。不是说我们用这个东西来炫耀自己的博学，不是这个意思。接下来做专业研究，你就会发现，读我的稿子，你再做研究的话就容易很多，你就会知道材料的分布、脉络和规律。我觉得我要没做这一点，我也不会特别深地理解钱锺书。

问：刚刚接触中国哲学各家，会觉得他们的思想比较零碎，脑海里还没有构建起那种各家之间的对话模式，难以将他们顺畅地联

系起来或者对他们进行全面的比较，针对这个问题我们应该怎样
解决？

刚开始大家觉得中国哲学比较零散、零碎，这种情况也是不能
避免的。你自己要考虑整理一下，自己想办法把那些知识变成你自
己可以理解的。

但是中国哲学这一点我觉得不太能够从根本上改变，不管谁来
了也改变不了。我们希望讲得很有条理，但是怎么说呢，就是它绝
对不会像西方哲学那样可以变成那一条线、变成那种形态的东西。
因为中国哲学史上出现的这种多元化、不可以系统化的东西，是非
常多的。历史上出现的这些思想、形成的思想世界，本身就是一种
事实、一个讨论的前提，哲学史的研究常常也就是那种被动研究，
我们也要因其固然给大家讲授，以此让大家能够理解中国哲学就是
复杂，就是多元，情况就是如此。

中国哲学有一些部分比较难理解，它作为一种哲学理论的形态，
和西方哲学的差距是比较大的。西方哲学也有它非常精深的地方，
但是中国哲学从它所达到的那种思想高度来讲，它并不逊色，它走
的是另外一条道路，采用是另外一套理论语言和思考方法。中国哲
学有一套自己的理论语言，特别是道家，我们看得更加清楚一点。
这一点我们还没有把它发掘、诠释得很好，但是我们现在已经开始
探讨这些问题。

哲学不能用日常的语言来讨论它，但是我们会发现一切的哲学
著作，都是混杂日常语言跟专业语言的。我们知道文学的语言，诗
就不是日常的语言，这种形态就很清楚。但是你一般写个散文，写
个小说，你会觉得那不就是日常语言嘛，但是研究文学的人，会告
诉你这是文学的语言，跟日常语言是不一样的。《红楼梦》就是文学

的语言，绝对和一般的语言不一样，但是就算研究文学史的人也不见得能把这个问题讲得很清楚。我们哲学跟这个有点像，因为讲哲学需要一种不同于日常语言的东西。但是这一点我们还没有搞得很清楚，大家都是用日常语言的方式跟方法来读哲学著作，肯定会有一些偏差。

古代的这些哲学家，他们对这种理论语言的自觉使用跟认识，有的强、有的不强，像庄子就很强，有些就不见得很强。但我们现在教的，无论是中国哲学还是西方哲学，首先你要把概念搞清楚，概念是比较稳定的。概念跟一般意义上的语词是不一样的。比如说"道"，"道"在日常语言里有"言说""道路""准则"的意思，但是老子讲的"道"，它之所以能成为一个概念，首先日常语言里面这几种意思都有，同时又比这些多了一部分，多的那个部分就是它概念化的核心。多的是什么呢？就是"无"。把"无"的观念加到"道"里面，这在老子之前是完全没有的。有了这个之后，我们才能讲"道"是"无名"的，就是说"道"是一个概念，但是我们会发现它跟西方一切的哲学概念都不一样，就是它一方面是可以概念化的，另一方面它又打破那种概念化。这样我们就会发现它非常深刻，也非常复杂。

问：道家一些比较抽象的概念不太好理解，比如说"道""德"。根据老师您刚才讲的，就是说我们要看到，一方面这些概念需要借助语言来进行思考，另一方面它又不是语言文字所表达的那个东西。那么在这个基础上，我们能不能借助道家的这样一个特点，来更好的理解儒家里面一些您上课提到的那种"精神知觉性"的东西？比如说二程讲的中和、仁、体，张载说的天德良知、天地之心等，怎

么更好去理解这些东西？

这当然是一个比较深入的问题了。我们现在做研究，特别强调的一点就是，儒家跟道家之间的会通关系，这一点是特别重要的。

坦率地讲，我现在对儒家哲学研究的现状不是特别满意，特别是宋明理学的研究，因为宋明理学的研究基本上变成了一种学术史、思想史的研究，至少很大一部分研究是这样的。这些你们可能理解起来困难一点，但是我觉得还是应该稍微说一下。我上课的时候，为什么有时候会重点讲哲学史、思想史的区别，就是说现在有很多研究我们觉得不够，必须要从哲学的这样一种高度来探讨儒家的思想。

在这个时候我们就会发现，儒家的思想跟西方哲学的隔阂是很大的。要是想把儒家思想理解成一种哲学，跟西方哲学比较会通或者跟马克思主义哲学进行比较会通，鸿沟是很大的。这样道家哲学的优点就显示出来了，道家哲学跟西方哲学、跟其他各种各样的哲学的对话基础要比儒家好很多。我们的想法就是，既然道家的哲学我们做了一些研究，跟西方哲学有一个比较和会通，桥梁在逐渐建立起来，而且儒家的哲学跟道家的哲学也有一个对话的关系，这样的话，我们就把道家当成一个桥梁，当做一个中介，来使它和西方的哲学、西方的思想进行比较沟通。这个是挺重要的一点。

另外一点是，沿着这一点继续讨论我们会发现，要讨论儒家哲学的一些精微的、复杂的、不是特别容易理解的东西，如果通过道家的哲学来探讨，也许就会容易一些。比如说，儒家哲学里面讲的"诚"是很难的，"中庸"也是非常难的，对不对？我们如果跟道家哲学建立起来联系，在这种关系里面来思考，就发现道家哲学里面有一些东西有助于理解儒家里面那些不好理解的内容。这些还要讨论，但对于这个方向，我觉得我们将来还会继续做。尤其对于我个人来讲，我将来有可能对儒家哲学投入更多的关注，做更多的研究。

四、"旧邦新命"与传统的激活

问：在《文化思想史中的"旧邦新命"之问》一文中，您提到"要回到历史深处，重新激活包括'德的精神气质'在内的历史文化传统之自觉意识，这是历史的使命，也是时代的精神"。您最近新出的《道家政治哲学发微》一书，通过发掘道家传统，来探讨当下十分热门的"政治哲学"这一主题。在新书发布会上，提到"要重新激活我们思考的传统"。这是否正可以理解为一种"旧邦新命"的尝试？您对这样的道路有怎样的展望？（全场大笑）

现在做的一切工作都可以说是"旧邦新命"的尝试。冯友兰先生的遗产（"阐旧邦以辅新命"）一直在起作用，我们一直在这样做。这位同学提到的那篇稿子是比较早写的，现在有一个新的稿子涉及的内容更广。我讲两点意思，我们为什么提"旧邦新命"这样的一个命题，特别是在我们现在的时代，它有很强的现实性。

在历史上大多数的旧邦（古代的文明）都没有命了，或者奄奄一息了。如果大家愿意比较的话，不妨以印度作为参照。印度这个国家，在古代它也是印度，但它在古代是分裂的，跟我们有很大的差距。印度核试验成功是在 20 世纪 90 年代，我们是在 60 年代，而且印度人口也很多，不久就将超过中国，成为世界上人口最多的国家。到了印度，你会发现它没有给人什么整体的印象。这不是说我们非要抹黑印度，我们其实特别关注印度这种古代文明是不是能有新命。

"旧邦新命"好像是每一个古代文明，自然地都要面临的一个问题，因为文明发展都会起起落落。如果把"旧邦新命"看成是古代文明受自己的动力支配、按照自己的节律发展，就会遇到可能有"新命"也可能没有"命"的情况，这种看法也可以，在近代以前可以这样看，各个文明都独立发展；但是进入近代之后，就不能这样看。问题在哪儿？就在于资本主义发展推进了全球化，催生了世界历史。资本主义使全球进入一个世界历史时刻，全球各个角落全部统一化，它不允许任何一个国家、一个地区、一个文明，独立于世界体系之外。在这样的一种大的格局下，我们知道"旧邦新命"的提出，意义就更加非同小可。

我们今天讲构建人类命运共同体。你要知道，把这些东西提出来，绝对不是说了一句漂亮话，我认为没有迹象表明这种说法是出于偶然，相反它绝对是经过深思熟虑的。深思熟虑的地方在于什么？人类命运共同体，之所以这样说是因为地球上任何一个角落，已经由于资本主义扩张而联系在一起了，全球化已经建立起来了。我们提出"命运共同体"的意义是什么？结合"旧邦新命"的想法，我们就是要在资本主义的这条路之外，开拓另外一条道路，让全人类有新的、更多的选择。所以说我们现在在中国搞哲学、搞理论，无论是搞中国哲学还是搞马克思主义哲学，其实都有很重的使命感。

所以说我们要看到这些问题都是关联的，我们讲"旧邦新命"，其实含义是很深刻的，可以从不同方面来讲。美国的这些人，或者说其他受美国洗过脑的这些人，你给他讲和平崛起、讲怀柔远人，他根本就不信，就认为你弄出来一套东西来忽悠他，他说你这都是战略上的诈骗。这是因为在他们的历史经验里面，找不到这样的经验和规律。但是在我们中国，我们说要确立"德"的这样一种精神气质，要从文化传统里面找原因的话，我们发现在西周时期，就是这样实践的，西周时期的大幅度扩张不是通过古代文明里面常见的杀戮来解决问题，你要是服我、能讲道理、能认同我，不需要杀人盈城、杀人盈野，不服、不讲道理、不认同才诉诸武力。我们发现西周开国时，大概是天下万国——"万"是一个虚的数字，但几百个还是有的。这几百个邦国，很快就剩下几十个诸侯。绝大部分小的邦国都去哪里了呢？不是被消灭了，这些邦国互相融合了。我们中国的历史有这样的经验，也留下了这样的一些思想传统和文化传统，所以说我们现在讲合作共赢。

但是西方人满脑子都是零和观念。比如说只有一个馒头，我吃完了，你就没有吃的了，我不管；但是你吃了，我就得饿着，我不干。倘若这种思维还能在 21 世纪大行其道的话，人类的前景和命运堪忧。所以说必须改变，构建人类文明共同体，如果不改变的话，一定会走到死胡同。我们讲"旧邦新命"，讲"德"的这样的一种精神气质，其实都有很强的现实针对性。

问：那我们现在要通过什么样的方式才能改变呢？是要通过"富之""教之""修文德以来之"吗？

首先，还是自己要富起来吧？自己不富起来，就没有说服力，就没有根据。比如说现行的国际政治基本上是一套强盗规则，基本上是强权逻辑。你在强权上能跟它能抗衡、他吃不掉你的时候，你才讲别的。否则的话，你给他讲仁义，一讲仁义亡了国了。

徐偃王讲仁义，国家没了，最后成为天下之笑柄；宋襄公讲仁义，最后屁股上挨了一箭，不久一命呜呼了，也成了天下的笑柄。只讲仁义？没有用嘛！该干啥就得干啥，自己首先得强大了。他不是讲谁的拳头大、谁的拳头硬，谁说了算吗？我们首先自己的拳头要够大够硬，要有敢于对决的这种气势，他才会和你坐下来谈，讲别的才有用。否则，他根本听不进去你给他讲那些东西。你看毛主席说啥？西方列强、美帝国主义他能不讲理是绝对不会讲的，他能坐在那儿和你讲理，是因为他不得不坐那儿讲理。你有实力，他觉得必须尊重你，这时候他才给你讲理。

你说修文德啥的，这会把我们中国讲垮的。你光讲文教是没有用的，解放军没有战斗力，或者说我们没有核武器，只能任人欺凌。所以"发展才是硬道理"，没有什么别的。我们搞思想的，千万别被古代的各种各样的理想主义所绑架。

问：郑老师刚刚谈到了"旧邦新命"的问题。那么，这个问题对于中国哲学来说有什么意义呢？一方面，我们不可能孤立地接着中国传统学术的脉络讲下去，有不得不回应的时代的、外来的问题；另一方面，如果我们引进西方的理论范式去来解释中国哲学，也会削足适履。我们一直在讲中国哲学在现代中国的创造性的转化，那么这种转化我们应该怎么来把握呢？

我们当然应该把这些想法确立为高远的目标。但是，现在同学们的主要任务，还是把自己的学业搞好。因为我们这套教育方案不是偶然的，我们之所以这样教，是有原因的。比如说我儿子现在算的那些数学题，如果设未知数的话，其实是很容易算的。但是现在就不让他设未知数，而是画一个图之类的。你现在不能教他那些，你教那些东西，你就知道他掌握不了，而且那么早教他其实没啥用。大家现在其实也有这个问题，就是说我们先把基础的东西掌握了。但是哲学与其他专业不同，掌握这些东西的时候，还要通过自己的判断，要不断地试图跟它对话。

哲学系也有一些老师的教学理念跟我不太一样，有一些老师觉得让大家很快地掌握一些基础的知识，比如说解读经典，多读一些文献，多写一点文章，大家很快就觉得收获很明显，知识肯定会在增长。处理这种阅读或者处理文本能力会有切实的提高。这种方法当然也是对的，但是我觉得最重要的还是要有自由的、独立的、批判性的思考，这个非常重要，你有了这个，你就在不停地对话，也在不停地思考。

我们的培养方案是一个体系。因为我们在本科阶段不会讲过多专业化很强的内容。可能提到的时候，我们会讨论一下，但也不会过多强调。比如说"中庸"这些我们都不会让大家掌握。但是我们进入研究生阶段的话，就会加强这种研究类型的课程训练。大家现在也可以上些研究生的课，我觉得对智力没有什么特别大的挑战，大家智商都没问题，但是效果不见得好。大家可以先有了一定的基础，在更广的知识的基础上再上研究类的课。

哲学系有什么产出？我们首先是产出思想，我们培养的学生要有独立的、创造性的思想。如果一个哲学系的学生懂的都是别的老师或者前人已经澄清过或者已经讲清楚的东西，我觉得价值意义都不大。当然，我们不见得说要把知识灌输跟传授当做第一要务，但是仍需先打下一定的基础，因为哲学这个学科，包括中国哲学，它涉及的东西很广、很复杂。

图书在版编目（CIP）数据

旧邦新命讲谈录 / 郑开著 . — 南宁：广西人民出版社，2024.1
ISBN 978-7-219-11576-3

Ⅰ . ①旧… Ⅱ . ①郑… Ⅲ . ①哲学—研究—中国 Ⅳ . ① B2

中国国家版本馆 CIP 数据核字（2023）第 100736 号

旧邦新命讲谈录
JIUBANG XINMING JIANGTANLU
郑　开 / 著

出 版 人　韦鸿学
策　　划　白竹林
执行策划　吴小龙
责任编辑　许晓琰
责任校对　梁小琪
封面设计　刘瑞锋（广大迅风艺术）

出版发行　广西人民出版社
社　　址　广西南宁市桂春路 6 号
邮　　编　530021
印　　刷　广西民族印刷包装集团有限公司
开　　本　880mm×1240mm　1 / 32
印　　张　11
字　　数　267 千字
版　　次　2024 年 1 月　第 1 版
印　　次　2024 年 1 月　第 1 次印刷
书　　号　ISBN 978-7-219-11576-3
定　　价　69.80 元